Gert Koppel

Untergetaucht

Eine Flucht aus Deutschland

Arena

In neuer Rechtschreibung

1. Auflage 1997
© by Arena Verlag GmbH, Würzburg
Alle Rechte vorbehalten
Einbandillustration: Astrid Krömer
Gesamtherstellung: Westermann Druck Zwickau GmbH
ISBN 3-401-04767-1

Inhalt

Dank

Im Jahr 1987 war ich zu Besuch in Hamburg. Es war nicht die erste Reise in meine ehemalige Heimatstadt, aber dieses Mal kam ich mit einem besonderen Anliegen: Ich wollte mit der Generation von Kindern und Jugendlichen ins Gespräch kommen, die so alt war, wie ich damals, während des Zweiten Weltkriegs, war. Die jungen Menschen sollten von mir erfahren, wie diese Zeit auf mich gewirkt hatte, wie ich mich als Verfolgter, als unschuldig Geächteter gefühlt hatte, was wirklich passiert war.

Meine langjährige Freundin, Frau Eva Jannsen, machte mich mit Frau Hella Trapp bekannt, die mich ins Carl von Ossietzky-Gymnasium in Hamburg einführte. Schulleitung und Lehrpersonal empfingen mich mit großem Verständnis und unterstützten mich vorbehaltlos, wofür ich mich bei ihnen allen an dieser Stelle sehr bedanken möchte.

Bei meinen Recherchen lernte ich Frau Dr. Ursula Randt kennen. Wir wurden sehr gute Freunde und ich kann gar nicht beschreiben, wie sehr sie sich für dieses Buch engagiert hat und wie viel Hilfe sie mir zukommen ließ. Ich schulde ihr ganz besonderen Dank.

Durch Frau Dr. Randt kam ich an die Universität Hamburg, wo sich Prof. Dr. Malte Dahrendorf und Prof. Dr. Reiner Lehberger meiner annahmen. Vielen Dank ihnen beiden und auch Timo Lehberger, der mir als Zwölfjähriger half wieder wie ein Zwölfjähriger zu denken.

Herrn Jürgen Sielemann vom Hamburger Staatsarchiv danke ich ganz herzlich für seine Freundschaft und die viele Arbeit, die er mit dem Heraussuchen alter Dokumente leistete.

Vielen Dank auch an Frau Dr. Christiane Pritzlaff für ihre guten Ratschläge und an Herrn Thomas Sievers, der seine große Begabung und Erfahrung als Deutschlehrer in meinen Dienst stellte und mir unzählige Verbesserungsvorschläge machte.

Schließlich möchte ich Herrn Hartmut Becker und seiner Familie von ganzem Herzen danken. Ohne ihre Hilfe wäre dieses Buch wohl nie erschienen.

1988 verbrachte ich zwei Wochen lang täglich zwei Stunden in der damaligen Klasse 6.1. des Carl-von-Ossietzky-Gymnasiums. Die klugen Fragen der Schüler, ihr offensichtliches Interesse und ihr Mitgefühl vollendeten meinen »Heilungsprozess«. Stück für Stück erarbeiteten wir gemeinsam, welchen Wissensstand über den Nationalsozialismus die Schüler bereits hatten, was ihnen nicht bekannt war und vor allen Dingen, was sie wirklich wissen wollten.

Das Buch möchte ich den Schülern und Schülerinnen der 6.1. von 1988 widmen, es ist mein Dank an die Klasse.

Ich hoffe, dass meine Geschichte dazu beiträgt, diesen jungen Menschen und auch meinen Lesern und Leserinnen zu helfen in ihrem eigenen Leben die richtigen Schlüsse zu ziehen!

San Diego, Dezember 1996
Gert Koppel

Im letzten Moment

Wir rannten los und erwischten gerade noch das Trittbrett des letzten Waggons. Der Zug setzte sich in Bewegung. Wir hatten es geschafft.

Mein Atem ging wie rasend und mein Herz klopfte so schnell es konnte. Auf dem Bahnsteig standen die Beamten in den uns so verhassten Nazi-Uniformen und schauten gleichgültig dem davonfahrenden Zug nach. Ich war nahe daran meine Faust zu heben und ihnen zu drohen. Bis zum Schluss hatten sie uns gequält, eingeschüchtert und verängstigt. Es tat gut sie nun vom Zugfenster aus immer kleiner und kleiner werden zu sehen. Auch die Bahnhofshalle war kaum mehr zu erkennen. Ich starrte auf die silbernen Linien der Schienen. Ilse zerrte ungeduldig an meinem Arm. Sie wollte zurück ins Abteil, zu unseren Koffern. Energisch schüttelte ich den Kopf. »Noch nicht!«

»Was willst du denn hier?«, fragte sie erstaunt.

Da stand ich nun, erleichtert diesem Land endlich den Rücken zu kehren, aber schon jetzt voller Sehnsucht nach meinen zurückgebliebenen Eltern. Ich spürte, wie die Trauer mir den Hals zuschnürte, presste die Lippen aufeinander, um nicht aufzuschluchzen. Ilse, meine sechzehnjährige Schwester, legte behutsam ihre Hand auf meine Schulter. Muttis Worte klangen in meinen Ohren: »Ilse wird immer für dich da sein, du kannst dich auf sie verlassen!«

Neben den Schienen verlief die Landstraße. An einem

großen Mast wehte drohend eine Hakenkreuzfahne. Ich fröstelte. Auch jetzt noch machte mir diese Fahne Angst. Wie ich dieses Hakenkreuz verabscheute! Wut und Hass erfüllten mich, Rachegefühle stiegen in mir auf.

Was habe ich euch eigentlich getan?, fragte eine Stimme in mir.

Deutschland war doch meine Heimat, das Land, in dem ich geboren wurde, das Land, dessen Sprache ich sprach, ich, ein deutscher Junge wie jeder andere.

Mit dieser verfluchten Fahne änderte sich plötzlich alles. Auf tausend verschiedene Arten habt ihr uns jeden Tag gesagt, dass wir nichts wert seien, dass wir keine Deutschen, sondern nur Juden, eine minderwertige Rasse, wären.

Weg mit euch, habt ihr geschrien, weg von hier, wir dulden euch nicht länger. Wenn ihr bleibt, werden wir euch totschlagen! Ihr seid unser Unglück! Ihr plant unseren Untergang!

Warum muss ich, der elfjährige Gert Koppel, plötzlich mein vertrautes Hamburg verlassen? Warum ist mein Vater, der im Ersten Weltkrieg sein Leben für Deutschland eingesetzt hat, plötzlich ein Feind?

Das stimmt doch alles gar nicht! Das sind doch nur Lügen!

Und mein Elternhaus, das ich so liebte, meine große Familie, meine Freunde, meine Schule, meine Klavierstunden, meine Bücher, mein Fahrrad, meine Spielsachen . . .

Alles weg, zurückgelassen, für immer?

Wie hatte das eigentlich alles angefangen? Wann wurde die Angst mein täglicher Wegbegleiter?

Dunkle Wolken am Horizont

(Winter 1933-Sommer 1935)

Kurz nach dem Ersten Weltkrieg (1914-1918) wurde 1920 in München die »Nationalsozialistische Deutsche Arbeiterpartei« (NSDAP) gegründet. Diese konnte sich im Verlauf der Weltwirtschaftskrise ab 1929 zu einer Massenpartei entwickeln. Die Zahl der Arbeitslosen stieg ständig und lag 1932 bei 5,5 Millionen.

Adolf Hitler, der seit 1921 Vorsitzender der NSDAP war, fand in dieser Zeit viele Anhänger für seine offiziellen Ziele: Arbeit, Brot, Sicherheit und Ordnung. Am 30. Januar 1933 wurde er Reichskanzler. Die NSDAP erhielt bei den Reichstagswahlen am 5. August die absolute Mehrheit.

Hitler versuchte gezielt die deutsche Jugend im Geist der NSDAP zu schulen. Aus dem schon seit 1926 bestehenden »Bund deutscher Arbeiterjugend« wurde 1933 die »Hitlerjugend« (HJ), eine Jugendorganisation der NSDAP. Sie gliederte sich für die Jungen von 10 bis 14 Jahren in das »Deutsche Jungvolk in der HJ«, auch »Pimpfe« genannt, und für die 14- bis 18-jährigen in die eigentliche »Hitlerjugend«. Für die Mädchen von 10 bis 14 Jahren gab es die »Deutschen Jungmädel« sowie den »Bund Deutscher Mädel« für die 14- bis 18-jährigen. Die Hitlerjugend diente schon bald nur noch der militärischen Vorbereitung.

Zur NSDAP gehörte eine uniformierte politische Kampftruppe, die SA (Sturmabteilung). Diese militärisch organisierte Parteiarmee wurde oft als »Hilfspolizei« eingesetzt, um bestimmte Anweisungen durchzuführen oder zu überprüfen.

Unter der Führung von Heinrich Himmler, der 1936 zum Chef der deutschen Polizei, dann zum Reichsinnenminister und ab 1944 schließlich zum Oberbefehlshaber des Ersatzheeres ernannt wurde, stand die SS (Schutzstaffel), eine verbrecherische Organisation, die den Judenhass schürte und später die systematische Vernichtung und Ausrottung der Juden organisierte und weitgehend durchführte.

Bereits ab 1923 wurde das antisemitische Hetzblatt »Der Stürmer« von dem fränkischen Gauleiter Julius Streicher aus Nürnberg herausgegeben. Es war ein Propagandablatt der NSDAP, das die Bevölkerung bis 1945 gegen die »Feinde des Deutschen Reiches« aufwiegelte. Damit waren z. B. der Bolschewismus, aber in erster Linie das Judentum gemeint. Himmler und Streicher wurden nach dem Krieg von den Alliierten für ihre Verbrechen gehängt.

1933 lebten im Deutschen Reich ca. 500 000 Juden. Am 1. April dieses Jahres rief die NSDAP zu einem eintägigen Boykott jüdischer Geschäfte, Waren, Ärzte und Rechtsanwälte auf. Ab dem 7. April wurden Juden aus dem Staatsdienst in den vorzeitigen Ruhestand versetzt. Immer mehr Anordnungen führten in der Folge dazu, die Juden allmählich aus der Öffentlichkeit und dem wirtschaftlichen Leben auszuschließen, ja sie bald an jeglicher Berufs- und Erwerbstätigkeit zu hindern.

Bereits im März 1933 wurden in Dachau, Oranienburg, Lichtenburg und Esterwegen Konzentrationslager errichtet. Insassen waren zunächst Gegner des Nationalsozialismus, wie etwa Kommunisten und Sozialdemokraten. 1934 unterstellte Hitler die KZ Himmler. Die SS baute dann ein weit verzweigtes Lagersystem auf, sodass es schließlich im März 1944 zwanzig Konzentrationslager mit 165 als »Außenlager« der KZ bezeichneten Arbeitslager gab, in denen seit 1935 politische Gegner, Widerstandskämpfer und vor allen Dingen rassisch, religiös oder gesellschaftlich nicht akzeptierte Menschen wie Juden, Zigeuner, Freimaurer oder Homosexuelle zusammen mit Gewohnheitsverbrechern unter unmenschlichen Bedingungen interniert wurden.

Der sechste Geburtstag

Schon beim Erwachen spürte ich ein unbestimmtes Freudegefühl. Mit geschlossenen Augen blieb ich eine Weile ganz ruhig liegen, bis mir einfiel, was für ein Tag war: Heute war der 21. Dezember 1933, mein Geburtstag, und ich wurde sechs Jahre alt. Ob ich mal nach den Eltern schauen sollte? Leise schlich ich durch die stille Wohnung. Nein, sie schliefen noch fest. Aber vielleicht war Ilse, meine große Schwester, schon wach.

»Ilse«, flüsterte ich, als ich vor ihrem Bett stand, »Ilse, wach doch auf!«

Ilse schaute verschlafen auf den Wecker. »Es ist sechs Uhr, Gertchen«, sagte sie mit vorwurfsvoller Stimme. »Komm schnell ins Bett und schlaf noch ein bisschen. Wir haben doch Weihnachtsferien.« Ilse war mit ihren fast elf Jahren immer sehr vernünftig. Ich kroch zu ihr und schlief wieder ein, bis mich Geräusche weckten.

Jetzt konnte mich nichts mehr im Bett halten. Ich rannte ins Wohnzimmer, das schon wunderbar warm war, denn Mutti hatte im Esszimmer nebenan Feuer im großen Kachelofen gemacht. Sie war wohl in der Küche und kochte Kaffee. Erwartungsvoll schaute ich mich im Wohnzimmer um. Alles war wie immer: Im Erker, neben den vielen Zimmerpflanzen stand steif und ausladend der riesige Ohrensessel. Keine Geschenke auf dem Wohnzimmertisch, nur der Chanukkaleuchter[*] mit seinen abgebrannten Kerzen und darunter Wachsflecken auf der schönen Tischdecke. Gestern Abend

---

[*] Der Chanukkaleuchter wird an den acht Abenden des Chanukkafestes angezündet. Dies ist ein jüdisches Freiheitsfest, das dem jüdischen Kalender nach etwa auf Mitte Dezember, also fast auf Weihnachten fällt. Am ersten Abend des Chanukkafestes bekommen die Kinder Geschenke.

hatten wir Maos Zur* gesungen und ich hatte die Familie am Klavier begleitet.

Im letzten Jahr stand der Leuchter noch, wie es Brauch war, auf der Fensterbank. Dieses Jahr hatte Papa gesagt: »Wir wollen ihn lieber auf den Tisch stellen. Es muss nicht gleich jeder von der Straße aus sehen, dass hier Juden wohnen.«

Mein bester Freund Walter, der im Haus nebenan wohnte, war kein Jude. Bei ihm stand jetzt ein Tannenbaum in der Wohnung. In wenigen Tagen würden die vielen Lichter daran angezündet werden und ich würde mir wie jedes Jahr alles ansehen und ein paar von den leckeren Schokoladenkringeln abpflücken. Und dann würde mir Walter seine Weihnachtsgeschenke zeigen . . .

Doch wo waren meine Geschenke? Ich stürzte in die Küche. Noch bevor ich etwas sagen konnte, wurde ich von meiner Mutter umarmt und geküsst. »Herzlichen Glückwunsch, mein großer Junge«, lachte sie, »das ist ein ganz besonderer Geburtstag. In ein paar Monaten kommst du in die Schule. Zieh dich schnell an und komm, wenn ich dich rufe, ins Wohnzimmer. Ich glaube, dann wartet eine Überraschung auf dich.«

Als ich wieder ins Wohnzimmer kam, war die ganze Familie bereits am festlich gedeckten Frühstückstisch versammelt. Ein großer Geburtstagskuchen mit sechs Kerzen darauf und einem Lebenslicht in der Mitte leuchtete mir entgegen und auf dem Schreibtisch meines Vaters waren viele Geschenke aufgebaut: Eine Gruppe Spielsoldaten mit Musikinstrumenten stand ganz vorne. Die fehlten noch in meiner Sammlung. Soldaten mit Gewehren hatte ich schon. Außerdem war da der Elefant zum Aufblasen, den ich im Spielzeugladen bewundert hatte, eine Fahrradklingel von Ilse, eine Kiste mit Zigaretten.

---

* Maos Zur heißt der hebräische Gesang, der während des Chanukkafestes täglich nach dem Entzünden der Kerzen gesungen wird.

»Damit wir zusammen eine rauchen können, Gert«, erklärte Papa schmunzelnd. Ich hatte aber gleich gesehen, dass es Schokoladenzigaretten waren. Natürlich gab es auch eine Menge »praktischer« Geschenke wie Hosen, Hemden und Taschentücher, die ich allerdings nur flüchtig anschaute.

Als wir gerade den Kuchen anschneiden wollten, klingelte es. Das konnte nur für mich sein. Ich rannte zur Haustür. Da stand Walter mit einem Päckchen in der Hand. »Gratuliere!«, rief er und kam mit ins Wohnzimmer. Mutti gab ihm gleich ein großes Stück Kuchen.

Danach spielten wir mit den neuen Sachen, bis Walter gehen musste, um mit seiner Mutter Weihnachtseinkäufe zu erledigen.

Mittags gab es mein Lieblingsessen: Kalbsbraten, Erbsen, Petersilienkartoffeln und zur Nachspeise Schweizer Reis. Das war Milchreis mit ganz viel Schlagsahne, verziert mit Sternchen aus in Scheiben geschnittenen Geleebonbons. Ich aß den Reis sehr langsam. Beim letzten Mal hatte ich ganz schnell zwei Portionen davon verschlungen. Dann war mir schrecklich übel geworden und ich hatte den Weg ins Badezimmer nicht mehr geschafft.

Ilse hatte mich ausgelacht, Papa hatte geschimpft, Mutti hatte mich getröstet und Anna, unsere Hausangestellte, hatte vor sich hin gebrummelt, dass sie wahrlich genug zu tun habe.

Heute konnte es sich Ilse trotz meines Geburtstages nicht verkneifen zu sticheln: »Du isst wohl so langsam, weil Anna nicht mehr da ist und du selber alles sauber machen müsstest?«

Anna war nicht mehr bei uns. »Wir können uns das nicht mehr leisten«, hatte Mutti erklärt. »Papas Geschäfte gehen nicht mehr so gut.«

Warum gingen Papas Geschäfte schlecht? Er war doch so beliebt bei seinen Kunden. Arbeitete er nicht genug?

»Die meisten Kunden mögen mich schon gerne«, hatte Papa mit trauriger Stimme gesagt, »aber einige wichtige Kunden wollen nicht mehr bei mir kaufen. Sie sind jetzt Parteigenossen. Seit Hitler und die Nazis an der Regierung sind, gehören viele der Nazi-Partei an. Sie behaupten, sie könnten nichts mehr bei Juden kaufen. ›Gegen Sie persönlich, Herr Koppel, habe ich natürlich nichts, aber man steht ja unter Druck, das müssen Sie doch verstehen‹, pflegen solche Kunden mir zu sagen.« Papa hatte nachdenklich den Kopf geschüttelt und dann noch leise hinzugefügt: »Hoffentlich wird es nicht noch schlimmer!« – »Und wenn es schlimmer wird?«, hatte ich voller Angst gefragt. Da hatte Papa gelacht und mir beruhigend auf die Schulter geklopft. »Mach dir keine Sorgen. Du weißt doch, ich war mal Soldat, und ich werde mir schon zu helfen wissen.«

Dass Anna nicht mehr da war, machte mich traurig. Trotz ihrer Brummigkeit hatte ich sie gerne gemocht. Sie hatte mir oft Märchen erzählt oder mich zu ihren Eltern aufs Land mitgenommen.

Aber jetzt war mein Geburtstag und ich freute mich auf den Nachmittag, denn da sollte die ganze große Familie zum Feiern kommen.

Bald klingelten die ersten Besucher.

Nacheinander kamen meine vielen Tanten mit ihren Kindern und gleich darauf trafen auch Oma und Opa Koppel ein. Oma Partos, die Mutter meiner Mutter, stieg ächzend und stöhnend die 106 Stufen bis zum vierten Stock hinauf.

»Das ist das letzte Mal, dass ich in meinem Alter hier hochklettere!«, verkündete sie wie immer mit Nachdruck und Oma Koppel erwiderte ebenfalls wie immer: »Du musst eben langsam gehen!«

»Langsam?«, wiederholte Oma Partos aufgebracht. »Ich kann nicht langsam gehen, dazu habe ich keine Geduld!« Das konnte ich gut verstehen. Ich hatte ihre Ungeduld wohl geerbt.

Inzwischen war der Schreibtisch voller Geschenke. Ich stand im Mittelpunkt des ganzen Trubels und genoss es sehr. Später musste ich noch Klavier vorspielen, was mir weniger gefiel. In unserer Familie spielte fast jeder ein Instrument und ich hatte doch erst ein Jahr Unterricht. Mutti ließ jedoch nicht locker, bis ich mich schließlich ans Klavier setzte.

Da ich am kürzesten Tag des Jahres geboren war, wurde es schon früh dunkel und die meisten Gäste machten sich bald auf den Heimweg.

Endlich kam auch Papa nach Hause. Er hatte auch an meinem Geburtstag arbeiten müssen. Ich lief ihm wie üblich zwei Stockwerke entgegen und traf ihn auf einer ganz bestimmten Stufe. »Wir sind ein gut eingespieltes Team«, war Papas Kommentar.

Heute trug Papa eine Tüte in der Hand. Er hatte noch in seinem Lieblings-Schokoladengeschäft eingekauft: Krokant, Marzipan, saure Drops, Pfefferminzplätzchen mit Schokolade, Nugat und für Mutti bittere Schokolade. Wir verbrachten einen gemütlichen Abend miteinander und ließen meinen Geburtstag bei Radiomusik ausklingen. Als es acht Uhr war, brachte Mutti mich ins Bett.

Es war wieder ein so schönes Fest gewesen. Alle waren gekommen, um mir zu gratulieren und mit mir zu feiern. Auch Erna, unsere frühere Hausangestellte, hatte mich nicht vergessen und mir wie in jedem Jahr ein großes, mit Schokolade überzogenes Marzipanbrot vorbeigebracht.

Jetzt war ich endlich sechs Jahre alt und würde in die Schule kommen. Ich konnte es kaum abwarten.

Der erste Schultag

Ich wusste genau, wo meine Schule lag. Mein Vater war schon einmal mit mir hingegangen. Eines Tages hatte er zu mir gesagt: »Nun zieh mal deinen neuen Ranzen an. Wir wollen dem etwas zeigen. Der muss noch was lernen.« Papa machte gerne solche Späße.

An diesem Tag hatte ich mir den Schulweg eingeprägt: Vorbei am früheren Haus von Tante Lieschen, die »Rutschbahn« entlang (die Straße hieß wirklich so), dann eine Fahrbahn überqueren und schon sah man die Talmud Tora Schule, ein recht imposantes Gebäude mit einem kleinen Uhrenturm.

Wieder daheim war ich damals gleich zu Walter gelaufen und hatte ihm alles berichtet. Walter war gar nicht beeindruckt gewesen von meinem Schulweg. »Ich gehe jeden Tag alleine zu meiner Schule, die ist viel weiter entfernt als deine und ich verlaufe mich nie«, meinte er nur.

Walter besuchte keine konfessionelle Schule. Ich würde in eine jüdische Schule gehen. Mein Vater war als Kind auch schon in diese Schule gegangen. Damals lag sie noch in der Altstadt.

Als ich am ersten Schultag endlich in meinem Klassenraum stand und ein netter Mann, Herr Hirsch, sich als unser Lehrer vorgestellt hatte, war ich überwältigt und verunsichert zugleich. Wohin sollte ich mich setzen? Ich kannte doch niemanden. Die Kinder sahen sehr unterschiedlich aus. Nicht alle waren sauber und ordentlich gekleidet. Manche hatten eine Mütze auf, die sie nicht herunternahmen, was ich sehr unhöflich fand.* Mein Blick fiel auf einen sympathisch wirken-

---

* Orthodoxe, also sehr fromme jüdische Männer und Jungen, tragen immer eine Kopfbedeckung – im Freien einen Hut oder eine Mütze, im Haus ein Käppchen (Kipah) – auf dem Hinterkopf. Die Kopfbedeckung soll u. a. daran erinnern, dass ein höheres Wesen über dem Menschen steht.

den Jungen mit offenem Gesicht in der mittleren Bankreihe. Ich setzte mich neben ihn.

Als der Lehrer alle Schülernamen vorlas und zu meinem kam, fragte er, ob ich mit Max Koppel verwandt sei. Eifrig setzte ich zu einer langen Erklärung unserer Verwandtschaftsbeziehung an, wurde aber schnell unterbrochen. »Nun sei mal still«, sagte Herr Hirsch ziemlich barsch, »ich hoffe, du wirst ein so guter Schüler wie der Max Koppel!« Und schon wurden andere Namen aufgerufen: »Kohrmann, Kugelmann, Lilienkron . . .«

Mein Nachbar hieß Rolf Heinemann. Leise erzählte ich ihm: »Der Max Koppel war so gut in der Schule, dass er eine Klasse übersprungen hat, der hatte nur Einsen im Zeugnis . . .«

Plötzlich stand Herr Hirsch neben mir. »Ruhe, hier wird nicht geredet!«, sagte er streng. Als daraufhin einige Kinder lachten, fügte er hinzu: »Gelacht wird auch nicht, nur ich lache manchmal!«

»Das fängt ja gut an«, flüsterte ich meinem Nachbarn zu, der aber nicht mit der Wimper zuckte. Dafür stand Lehrer Hirsch schon wieder neben mir. Dieser Mann sah und hörte wohl alles. »Nimm dir ein Beispiel an Heinemann«, schimpfte er, »wenn du ihn störst, setze ich dich auf die Strafbank ganz hinten.« Das wollte ich auf keinen Fall. »Er stört mich aber gar nicht,« wandte Rolf ein. Herr Hirsch tat so, als ob er es nicht gehört hätte.

Später erzählte uns der Lehrer eine interessante Geschichte von Adam und Eva, über die ich noch nie etwas gehört hatte. Dass die beiden so hart bestraft wurden, nur weil sie einmal ungehorsam gewesen waren, erschien mir übertrieben. Herr Hirsch fragte, wer die Geschichte nacherzählen wolle. Er hatte uns gezeigt, wie man sich melden musste. Wenn man mit den Fingern schnipste oder »ich, ich« schrie, würde man bestraft. Vielleicht würde man aus der Klasse geschickt, für immer, wie Adam und Eva aus dem Paradies? Das sollte mir nicht passieren. Ich meldete mich ganz zurückhaltend. Herr Hirsch rief mich nach vorne und ich begann vor der Klasse die Geschichte aus der Bibel wiederzugeben. Es machte mir Spaß. Mutti hatte mir oft Geschichten erzählt oder vorgelesen und dabei ihre Stimme verstellt, mal laut, mal leise gesprochen. Das machte ich jetzt auch so und bemerkte, dass die ganze Klasse aufmerksam lauschte.

»Gut Geschichten erzählen kannst du ja«, lobte Herr Hirsch am Ende, »aber du sollst nicht so viel schwätzen. Das hat der Max Koppel nie gemacht.«

Ach, der blöde Max Koppel, was geht mich der an, dachte ich verstimmt.

Dann war Pause und wir wurden in den Schulhof geführt. Ein kleiner Teil des Hofes war mit einem dicken Tau abgetrennt, hinter dem wir in den ersten Wochen zusammen mit der Parallelklasse bleiben mussten. »Babyklasse, Babyklasse!«, riefen einige der Jungen aus der zweiten Klasse, wenn sie an das Tau kamen.

Kurz nach der Pause war der erste Schultag bereits beendet und wir rannten zum Ausgang, wo unsere Eltern schon auf uns warteten. Mutti und Papa standen mit einer großen Schultüte, die ich stolz in Empfang nahm, in einem Hauseingang.

Zu Hause wartete Oma Partos auf uns und hatte auch noch eine wunderbare Schultüte mitgebracht. Sie war doch wieder die vielen Treppen heraufgestiegen: »Das war aber jetzt wirklich das letzte Mal!«, schwor sie wie immer. Ich fand es großartig, dass sie extra für mich gekommen war. Als ich dann über alles genau Bericht erstattete, erwähnte ich die Strafbank nicht.

»Mit der Frau vom Lehrer Hirsch, der Berta, bin ich in eine Klasse gegangen«, erzählte Mutti und Papa erinnerte sich, dass Herr Leopold Hirsch, als Max Koppel in seiner Klasse war, den Spitznamen »Poldi« getragen hätte. Das musste ich morgen gleich dem Rolf verraten.

»Vielleicht bekommst du auch mal den alten Lehrer Stein«, überlegte Papa. »Der hat mich schon unterrichtet und den nannten wir ›Olivo mit dem Glaspopo‹«.

Ich fiel fast vom Stuhl vor Lachen, wollte wissen, wie es zu diesem Namen gekommen sei, und erfuhr, dass damals ein Italiener Namens Olivo am Großneumarkt Eis verkauft habe und angeblich Herrn Stein ähnlich sah. Die Schulkinder waren dann um einen passenden Reim nicht verlegen gewesen.

Papa kam nun richtig in Fahrt: »Alle Lehrer hatten Spitznamen, einer wurde ›Kümmelkäs‹ genannt, weil er dafür schwärmte, ein anderer, der alte Lehrer Isaak, eigentlich ein sehr gelehrter Mann, ›Kindermädchen‹, weil er immer Klassenlehrer bei den Jüngsten war.«

»Bist du denn gerne in die Schule gegangen?«, fragte Mutti nach.

Jetzt druckste Papa herum. »Na ja, damals war es nicht so lustig. In der ersten Klasse saßen über 60 Kinder. Das war 1902. Alle mussten in einem Jahr deutsch und hebräisch lesen lernen. Heute sind es nur halb so viele Kinder, da ist das eine Kleinigkeit. Manche Lehrer waren sehr streng und machten oft vom Rohrstock Gebrauch. Ich bin auch ein paar Mal richtig doll verhauen worden.«

»Warum hast du dir das gefallen lassen? Haben sich deine Eltern nicht beschwert?«, fragte ich empört.

»Das war damals nichts Besonderes. Die Talmud Tora Schule machte da auch keine Ausnahme.«

»Heute ist es anders«, beruhigte mich Mutti, »aber eine

Ohrfeige oder ein paar Schläge mit dem Lineal auf die Hand kann es durchaus geben.«

Ich nahm mir fest vor, dass mir das nie passieren sollte.

»Ich war schon ein schlimmer Rüpel und habe manche Lehrer absichtlich furchtbar geärgert«, lachte Papa. »Du wirst ganz anders sein. Und die Talmud Tora Schule ist und bleibt die beste Schule, die ich kenne. Opa, Urgroßvater Hirsch Koppel und vielleicht sogar dein Ururgroßvater sind schon in diese Schule gegangen. Unsere Familie lebt ja schon seit mindestens 1750 in Hamburg. Und auch deine Mädchenschule, Ilse, gibt es schon seit 1800. Aber jetzt wollen wir zusammen essen und deine Einschulung feiern.«

Familientag

Nach dem Aufwachen am Morgen zählte ich oft nach, wie viele Tage es noch bis zum Sonntag waren. Ich rechnete: »Noch sechs, noch fünf . . . noch drei Tage.« Am Sonnabend hüpfte ich in der Wohnung herum und sang: »Einmal werden wir noch wach, dann ist der Familientag!« Zu dem Vers hatte ich sogar eine kleine Melodie auf dem Klavier komponiert.

Der Familientag fand am Sonntagnachmittag bei Oma Partos in der Eppendorfer Landstraße statt. Oma Partos stammte aus Ungarn und war verwitwet. Ihr Mann war der Inhaber des großen Bandagengeschäftes am Schulterblatt gewesen. Es ging Oma recht gut, weil ihr noch die Hälfte des Geschäftes gehörte, das allerdings inzwischen von ihrem Sohn, meinem Onkel Laczi, geführt wurde. Mir erschien Oma furchtbar vornehm, was wohl damit zusammenhing, dass sie immer so elegant angezogen war und sich sehr gerade hielt. In ihrer Wohnung musste man brav sein, durfte im »Salon« weder spielen noch auf die Stühle klettern.

Einmal, noch vor meiner Schulzeit, war ich mit Mutti bei ihr zu Besuch und muss wohl ungezogen und laut gewesen sein. Da klatschte Oma plötzlich in die Hände und schon hatte sie mich am Wickel und das Klatschen ging auf meinem Hinterteil weiter. Ich war verblüfft. Es tat nicht besonders weh, aber ich war sofort still. »Hier wird kein Krach gemacht!«, drohte Oma nur und lächelte schon wieder. Als wir später nach Hause gingen, sagte ich zu Mutti: »Die Oma ist groß und streng und fabelhaft!«

Oma benutzte in ihrem Haus nie eine Handtasche. Sie trug ein zierliches Körbchen mit sich herum, in dem alles übersichtlich geordnet lag: ihr Portmonee, ihre vielen Schlüssel, ein zartes Taschentuch und noch vieles mehr. Einmal kam ich sehr traurig zu ihr. »Was ist denn passiert, Gertchen?«, fragte sie gleich. »Ach Oma, ich bin mit dem Rad hingefallen und die Gabel ist gebrochen. Wir waren schon im Geschäft, aber die Reparatur kostet vier Mark. Mutti sagt, ich muss warten.« Ich hatte noch nicht ausgeredet, da holte Oma schon ihr Portmonee hervor und drückte mir ein Fünfmarkstück in die Hand. »Für den Rest kaufst du dir und Ilse was Süßes«, sagte sie.

In späteren Jahren, als die Zeiten immer schlechter wurden, wanderte noch so mancher Geldschein aus dem Körbchen in die Hände ihrer Töchter.

Am Familientag setzten sich zunächst alle an den für zwanzig bis fünfundzwanzig Personen festlich gedeckten Tisch. In der Mitte lag, auf Schalen angerichtet, das Gebäck. Berge von schneeweißer Sahne türmten sich in Kristallschüsseln. Für die Erwachsenen waren feine Porzellanteller und -tassen mit

Goldrand angerichtet, vor den jüngeren Gästen standen solide bunte Becher mit dazu passenden Tellern. Leider musste man warten, bis alle versammelt waren, bevor man zugreifen durfte. Wenn aber dann der Kaffee und der Kakao in den Tassen und Bechern dampfte, konnte jeder so viel essen, wie er wollte.

»An Omas Tisch haben die Eltern nichts zu melden«, pflegte Oma zur Begeisterung der Kinder zu sagen, die von den köstlichen ungarischen Spezialitäten nicht genug bekommen konnten. Niemand konnte so gut backen wie Oma und niemand bereitete so reichlich von allem vor!

Nach dem Kaffee bildeten sich verschiedene Gruppen. Die Männer spielten Skat, die Frauen Bridge, die größeren Enkel beschäftigten sich mit Schreibspielen. Die ältesten Jungen und Mädchen hielten sich in der »dunklen Kammer« auf und rannten mit großem Gelächter und roten Köpfen rein und raus. Wir Kleinen spielten meist auf dem langen Korridor. Oma hatte sogar zwei Dreiräder und ein Tretauto für uns angeschafft.

Am Abend gingen die Kinder mit den Müttern nach Hause. Die Männer konnten sich jedoch oft nicht von ihrem Spiel trennen. Oma forderte sie dann zum Bleiben auf und lud sie zum Abendbrot ein. Danach spielten unsere Väter noch weiter.

Mein Vater kam manchmal erst am späten Nachmittag zum Familien-Kaffee. Er war ein leidenschaftlicher Fußballfan und versäumte kein wichtiges Spiel des HSV (Hamburger Sport-Verein) auf dem Sportplatz Rotherbaum. Mir war das recht, denn er erzählte mir immer alles haargenau und ich konnte am nächsten Tag in der Schule mit der Beschreibung des Spieles angeben, von dem die anderen nur in der Zeitung gelesen hatten. Ganz selten nahm Papa mich auch mal mit.

An einem Sonntag kam Papa schon viel früher als üblich bei Oma an. Wir hatten im Radio gehört, dass das Spiel gerade erst angefangen hatte.

»John«, rief Oma bei seinem Anblick ganz erstaunt aus, »du bist doch hoffentlich nicht krank? Das Spiel hat doch erst begonnen und ich dachte, es sei besonders wichtig?«

Papa sah auf einmal sehr müde und traurig aus, obwohl er zu lächeln versuchte.

»Krank kann man das nicht nennen, aber unerwünscht, das bin ich, das sind wir alle hier.«

Plötzlich war es ganz still im Zimmer.

Dann hörten wir die Einzelheiten: »An der Kasse«, berichtete Papa, »war ein unübersehbares Schild angebracht, auf dem in großen schwarzen Buchstaben geschrieben stand: ›Juden unerwünscht!‹ Es schlenderten auch ein paar SA-Leute in ihren braunen Uniformen herum, die lästerten: ›Die Judenschweine sind wir jetzt los. Da traut sich keiner mehr rein.‹ Einige meiner Bekannten hatten in der Nähe der Kasse aufeinander gewartet, wie wir das immer machten. Als sie mich sahen, verdrückten sie sich schnell. Nicht einer hat mich angesprochen oder mir irgendetwas Tröstendes gesagt, nicht mal Karl Schmidt. Mit dem war ich im Weltkrieg 1914-18 zusammen in Russland. Wir waren gute Kameraden, aber nun will sich niemand mehr daran erinnern. Das Vergangene zählt nicht mehr.«

Hatte Papa sich eine Träne weggewischt? Mein tapferer, starker Vater weinte doch nicht? Aber es war eine Träne, ich hatte richtig gesehen.

Das Ende einer Freundschaft

Obgleich ich mich auch in der Schule mit einigen Jungen gut verstand, war Walter immer noch mein bester Freund. Wir besuchten uns oft gegenseitig, um miteinander zu spielen. In unserer Wohnung errichteten wir mit leeren blechernen Zigarettenschachteln riesige Anlagen. Papa behauptete oft, dass er sowieso nur rauche, um mir die Schachteln schenken zu können.

Wir bauten ganze Städte mit hohen Häusern, Türmen und Kasernen. Dazwischen wurden dann die Spielsoldaten strategisch aufgestellt. Wir spielten Krieg, den aber niemand gewann, da wir erst aufhörten, wenn alles zerstört war und die Schachteln überall im Zimmer verstreut lagen.

»Spielt doch nicht immer Krieg«, mahnte mein Vater. »Krieg ist furchtbar!«

Papa musste es wissen. Er war im Ersten Weltkrieg vier Jahre in Russland Soldat gewesen, wo er auch verwundet worden war. Aus dem Krieg hatte er sein Seitengewehr, eine Art Bajonett, mitgebracht, das er immer noch aufbewahrte. Auf unser Bitten hin holte er es gelegentlich aus seinem Schreibtisch und Walter und ich durften es anfassen.

»Haben Sie damit auch Menschen erstochen?«, wollte Walter einmal wissen. Papa gab eine für ihn typische Antwort: »Ach wo, das habe ich nur zum Brotschneiden benutzt!«

Ich konnte das nicht ganz glauben, denn Papa war schließlich zum Feldwebel befördert worden und hatte auch das Eiserne Kreuz bekommen. Ich hatte auch schon Bilder vom Kaiser Wilhelm II. und von dem berühmten Feldmarschall Hindenburg gesehen. Die hatten die Brust voller Orden und Schnüre, waren mit geflochtenen Schulterstücken geschmückt, trugen spitze Helme und ordentliche Schnauzbärte. Papas Kriegsbilder zeigten ihn nur als einfachen Soldaten, sehr jung, sehr schmal und ganz ohne Bart. Weil mein Vater nicht über seine Kriegsjahre sprechen wollte, lebte ich mit meiner eigenen Vorstellung vom Krieg:

In langer, gerader Linie standen die Russen und auf kurzem Abstand ihnen gegenüber die Deutschen. Genau in der Mitte der deutschen Linie stand der Kaiser, links neben ihm Hindenburg und zur Rechten mein Vater. Auf Befehl wurde dann geschossen. Die Russen trafen nicht und so gewannen wir den Krieg in Russland . . .

War ich bei Walter, so wurde dort meistens um Punkt vier Uhr Kaffee getrunken. Die Schnecke oder das Stück Bienenstich aß ich gerne, aber wir mussten auch immer einen Becher warme Milch trinken, die ich verabscheute. »Trink nur schön deine Milch«, lachte Walters Mutter, »dann wirst du auch so groß und stark wie der Walter!« Walter war wirklich kräftiger als ich, aber ob das von der Milch kam?

Walter und ich spielten auch oft auf der Straße, alleine oder mit anderen Kindern. Wenn die Laternen angezündet wurden, mussten wir beide nach oben. Bis dahin waren wir unzertrennlich.

Irgendwann zog Walters Familie in eine größere Wohnung auf der anderen Straßenseite. Es schien ihnen gut zu gehen. Walters Vater verlor offenbar keine Kunden.

Manchmal wachte ich in der Nacht auf und ging in die Küche, um mir ein Glas Wasser zu holen. Dabei fiel mir auf, dass in letzter Zeit im Wohnzimmer oft noch sehr spät das Licht brannte. Hinter der geschlossenen Tür hörte ich meine Eltern leise, aber heftig miteinander reden. Warum schliefen sie nicht längst? Einmal erhaschte ich ein paar Sätze.

»Wir müssen weg«, verlangte Mutti aufgeregt, »weg, solange noch etwas Geld da ist. Du verdienst immer weniger. Wie soll das denn weitergehen?«

»Aber wohin denn, Magda? Was sollen wir denn in einem anderen Land mit einer fremden Sprache anfangen, ohne Geld, dafür aber mit zwei kleinen Kindern?«

Mutti entgegnete nichts und Papa fuhr fort: »Der braune Spuk wird bald vorbei sein. Das kann doch nicht ewig so gehen. Bald werden die Menschen merken, dass alles, was Hitler tut, nur zum Krieg führen kann, und den will doch sicher keiner!«

Ich schlich zurück in mein Zimmer. Von welchem Spuk war hier die Rede? An Geister glaubten wir doch nicht, oder?

Hatte die Sache von Onkel Herbert, Tante Ruth und Kusine Marion auch damit zu tun? Eines Tages war Papas Bruder mit seiner Familie vorbeigekommen, um sich zu verabschieden. Er wollte nach Palästina fahren. Ich hatte in der Schule gelernt, dass dieses Land einst die Heimat der Juden gewesen war und auch Israel genannt wurde. Onkel Herbert meinte, er wolle lieber dort Steine klopfen und wenn nötig unter der Hitze draufgehen, als hier in Hamburg bleiben, wo man uns allen bald den Kopf abschlagen würde. Kusine Marion, die sowieso eine Heulsuse war, hatte während der ganzen Verabschiedung geweint. Wie konnte man bloß heulen, wenn man mit seinen Eltern so eine große Reise machen durfte? Dass es vielleicht eine Reise ohne Wiederkehr sein würde, hatte ich nicht geahnt.

Auf den Straßen sah inzwischen vieles anders aus. Überall flatterten Hakenkreuzfahnen. Oft marschierten uniformierte Männer mit Hakenkreuzbinden in schweren, dröhnenden Schaftstiefeln durch die Stadt. Manchmal war auch Musik dabei. Das hörte ich gerne. Ich wusste inzwischen, was es mit dem »braunen Spuk« auf sich hatte. Meine Eltern meinten

damit die vielen SA-Leute, die in brauner Uniform herumstol-
zierten und uns Angst machten. Noch schlimmer war die
schwarz gekleidete SS. Am meisten fürchtete man aber die
Gestapo, die geheime Staatspolizei, die man nicht erkennen
konnte, da sie keine Uniform trug.

Auch Kinder, die nur wenig älter waren als ich, marschierten durch die Straßen: Das war die Hitlerjugend.

»Dürfen Juden nicht dabei sein?«, hatte ich enttäuscht
gefragt und Mutti hatte gesagt: »Gott sei Dank müssen wir
nicht dabei sein. Das nimmt alles ein böses Ende.«

»Belaste doch das Kind nicht mit solchen Reden«, meinte
Papa kopfschüttelnd. Aber ich war schon »belastet«, auch
wenn ich vieles noch nicht verstand.

Walter war anders geworden. Aus dem Vorderfenster seiner Wohnung hing eines Tages auch eine Hakenkreuzfahne.
»Das müssen die. Der Mann ist doch bei der Bank. Da ist
nichts dabei«, hatte Papa Mutti zu beschwichtigen versucht.

»Ach Quatsch, die sind wie alle anderen. Walters Mutter
grüßt mich schon lange nicht mehr. Sie wechselt die Straßenseite, wenn sie mich sieht.« Erschrocken schaute ich meine
Mutter an, die selten so heftig reagierte. »Weg müssen wir,
weg!«, schrie sie aufgeregt und rannte aus dem Zimmer.

Walter kam nicht mehr so häufig wie früher zu uns, und
wenn ich zu ihm ging, war oft schon ein blonder älterer Junge
da. Er hieß Harald und trug meist die Hitlerjugenduniform.
»Schade, dass du ein Jude bist«, sagte er einmal und lachte
komisch dabei, »sonst bist du eigentlich ganz nett.«

Eines Tages war ich auf dem Heimweg vom Milchmann, wo
ich gerade ein halbes Pfund Butter gekauft hatte. Auf der
Straße traf ich Harald und Walter. Ich rannte auf die beiden
zu, als sich Harald unversehens vor Walter stellte und sagte:
»Lass den Walter in Ruhe. Der hat jetzt in der Schule bessere

Freunde. Mit Juden wollen wir nichts mehr zu tun haben.«
Damit drehte er sich um und ging weiter. Walter stand da,
sagte nichts und schaute vor sich hin, als ginge ihn das alles
gar nichts an. Nur kurz traf mich sein Blick, als wollte er
sagen: »Es tut mir Leid, aber was soll ich machen?« Vielleicht
bildete ich mir das aber auch nur ein.

Fassungslos rannte ich die Treppen zu unserer Wohnung
hinauf und schrie schon im Korridor: »Du hast Recht, Mutti,
wir müssen hier weg. Der Teufel soll die Deutschen holen,
jeden einzelnen, auch wenn es der Walter ist!«

Auf einmal hatte ich gelernt zu hassen. Ich warf mich auf
mein Bett und konnte lange nicht aufhören zu weinen.

Angst auf der Rutschbahn

Ich ging gerne in die Schule, obwohl ich anfangs nicht immer
der aufmerksamste Schüler war und öfter beim Flüstern mit
meinem Nachbarn erwischt wurde. Herr Hirsch, inzwischen
auch von uns »Poldi« genannt, rief mich oft zum Erzählen auf.
Das war meine Stärke. Bald konnte ich auch lesen und den
Spruch, der im Halbbogen über unserer Klassenzimmertür
prangte, entziffern: »Lerne, um zu leben! Lebe, um zu lernen!«

Erich, ein Mitschüler aus meiner Klasse, der immer voller
Ideen steckte, meinte allerdings: »Der Maler hat sich sicher
geirrt, das sollte eigentlich heißen: »Esse, um zu leben! Lebe,
um zu essen!«

Erich imponierte mir sehr und ich war stolz, als er eines
Tages zu mir sagte: »Du gehörst jetzt zu unserer Partei.«
Warum ausgerechnet ich dazugehören sollte, war mir zwar

nicht klar, aber ich besetzte gerne mit ihm und einer kleinen Gruppe von Jungen eine Nische des Pausenhofes, die wir zu unserer »Burg« erklärten. Wir waren bereit zur Verteidigung unseres Territoriums, es gab aber noch keine Feinde, die uns den Besitz streitig gemacht hätten. Doch Erich wusste Rat.

Er rief ein paar Schüler zu uns und verkündete: »Das ist unsere Burg. Ihr dürft hier auf keinen Fall rein!« Bisher hatten die anderen unserer Spielecke keinerlei Beachtung geschenkt, was sich jetzt schlagartig ändern sollte: In jeder Pause wurde nun um die Burg gekämpft.

Leider waren im Schulhof großes Geschrei, schnelles Laufen und Raufen verboten, weshalb unser wildes Spiel oft von der Aufsicht beendet wurde. Unser Turnlehrer war dabei besonders gefürchtet. Wenn er uns beim Toben erwischte, baute er sich breitbeinig vor uns auf und winkte einen von uns zu sich heran. »Nimm die Mütze ab!«, ordnete er streng an. Der Unglücksrabe wurde dann am Haar gepackt und so lange daran gezogen, bis der Kopf ganz schief stand. Dann ließ der Lehrer plötzlich los und schlug kräftig auf die nach oben gerichtete Wange. Meist wurde die Prozedur noch auf der anderen Seite wiederholt. Das tat sehr weh, aber man durfte nicht jammern, da die anderen sonst gelacht hätten. Einmal kam ich auch an die Reihe und hatte daraufhin keinen Spaß mehr am Burgspielen. Ich zog es vor, mit meinem um ein Jahr älteren Vetter Helmut Partos auf dem Schulhof spazieren zu gehen. Mein Freund Erich verzichtete ebenfalls auf das wilde Spiel und damit auf die schmerzhaften Ohrfeigen.

Auch Lehrer »Poldi« hatte eine ungemütliche Seite: Kam man zu spät zum Unterricht oder hatte die Hausaufgaben vergessen, so konnte es passieren, dass man die Hand hochhalten musste und mindestens einen festen Schlag mit dem

Lineal erhielt. »Und jetzt die andere Hand,« kommandierte unser Lehrer dann und setzte hinzu: »Damit sie nicht eifersüchtig wird«, oder: »Damit du nicht schief wächst!«

Eines Tages hatte ich mich in einer Rechenstunde schrecklich gelangweilt: Eine Aufgabe, die ein paar Schüler nicht kapierten, wurde gerade zum dritten Mal erklärt. Ich nutzte die Zeit und baute mit meinem Federkasten eine herrliche Brücke zu meinem Nachbarn, quer über den Gang, der die Bankreihen trennte. Wir ließen nun Radiergummis, Federhalter, ein paar Marmeln und kleine Steinchen über die Brücke hin und her wandern. Es rollte immer schneller, klappte immer besser, bis auf einmal mit großem Getöse die ganze Konstruktion zusammenkrachte.

»Koppel, Feiglowicz«, dröhnte es durch den Klassenraum, »kommt nach vorne!«

Mir fiel das Herz in die Hose, als ich mit weichen Knien vor »Poldi« stand. Er hatte das berüchtigte Lineal schon in der Hand. Unwillkürlich versteckten wir unsere Hände hinter dem Rücken.

»Ich werde euch eine Strafarbeit geben«, sagte »Poldi« da zu unserer Verblüffung, »und wehe, die liegt morgen nicht ordentlich auf meinem Pult!«

Eine Strafarbeit! Die musste von den Eltern unterschrieben werden, was mir zu Hause notgedrungen einige Erklärungen abverlangen würde. Aber ich hatte keine Angst vor meinen Eltern.

Papa würde die Geschichte nur zum Anlass nehmen mir wieder von seinen tollen Streichen aus der eigenen Schulzeit zu erzählen.

Einmal hatte er zum Beispiel in der letzten Stunde einen Lehrer im Klassenzimmer eingeschlossen und den Schlüssel weggeworfen. Der Lehrer hatte stundenlang auf Hilfe warten müssen und der Schuldige war nie gefunden worden. Keiner hatte gepetzt.

Mutti würde mich wahrscheinlich ermahnen in Zukunft schon vorher an das Lineal zu denken.

Warum Herr Hirsch mich nicht geschlagen hat, erfuhr ich nie. Vielleicht hatte ich es dem außergewöhnlichen Max Koppel zu verdanken oder der Tatsache, dass Frau Berta Hirsch, also »Poldis« Frau, mal ein Kind aus Muttis Klasse war?

Ich hatte sowieso weniger den Schmerz gefürchtet als die Schande vor allen geschlagen zu werden.

Ab der dritten Klasse war Herr Stein unser Klassenlehrer, der bereits vor dreißig Jahren meinen Vater unterrichtet hatte und seitdem den Spitznamen »Olivo mit dem Glaspopo« trug. Wie Herr Stein wohl damals ausgesehen haben mochte? Heute ging er etwas gebeugt, hatte weiße Haare und sprach ziemlich langsam. Aber bei ihm verstanden auch die »dümmeren« Schüler alles schneller als bei anderen Lehrern. Mir erschien er wie ein gemütlicher alter Opa.

Einmal fragte ich ihn, ob er sich an meinen Vater erinnern könnte. Ich hatte mir vorgenommen ihm zu sagen, was für ein guter Mensch John Koppel geworden war. Aber Herr Stein erinnerte sich nicht und ich kam nicht dazu, von meinem Vater zu erzählen.

In Rechnen hatten wir einen Lehrer, den wir »Meerschwein« nannten. Er hieß eigentlich Meyerstein und war wegen seiner Wutanfälle sehr gefürchtet. Oft packte er einen Schüler am Schlafittchen und brüllte: »Du verdammter Flegel!« Dabei schüttelte er ihn kräftig, was natürlich sehr wehtun konnte.

Herr Meyerstein hatte als Soldat im Ersten Weltkrieg eine schwere Kopfverletzung erlitten. Er hatte keine Haare und eine ganz blanke Stirn. Man raunte sich zu, er habe eine »künstliche Schädeldecke«.

»Meerschwein« war sehr streng und vergab nie eine Eins im Zeugnis. »Eine Eins ist nur für den Lehrer«, pflegte er auch verärgerten Eltern entgegenzuhalten.

Ich hatte bei ihm einen Stein im Brett, da ich das große und das kleine Einmaleins ganz schnell herunterrasseln konnte. Zweimal die Woche durfte ich deshalb »Lehrer« sein und meine Mitschüler das Einmaleins abfragen. »Meerschwein« benotete das Ganze.

Plötzlich hatte ich nur noch Freunde in der Klasse. »Bitte, frag mich das Elfer-Einmaleins!«, wurde ich gebeten oder: »Ich kann nur das Einmaleins mit neunzehn!« Wie der Kellner im Landhaus, wo wir manchmal Kaffee trinken gingen, schrieb ich mir jeden Wunsch in Geheimschrift auf.

Horst war der beste Fußballspieler unserer Klasse. Im Rechnen war er eine Null. Ich wollte gerne in seiner Mannschaft sein, aber da es eine Reihe besserer Spieler gab, wählte er mich nie. Das ärgerte mich sehr und so gab ich ihm in der folgenden Rechenstunde das Einmaleins mit achtzehn aufzusagen. Natürlich konnte er es nicht und bekam eine schlechte Note. Ich hatte daraufhin ein schlechtes Gewissen und auch ein bisschen Angst vor Horst. Als ich Mutti alles beichtete, riet sie mir, Horst in der nächsten Zeit ganz leichte Aufgaben zu stellen. Er bekam dann wirklich eine gute Note, aber in seine Mannschaft hat er mich trotzdem nicht aufgenommen. Er war unbestechlich.

Mir war es auch gar nicht mehr so wichtig. Ich spielte inzwischen Völkerball, was mir mehr lag, da ich sehr geschickt dem Ball ausweichen konnte.

All diese Dinge gingen mir auf meinem morgendlichen Schulweg durch den Kopf. Vor lauter Träumen hatte ich gar nicht bemerkt, wie spät es bereits war. Ich rannte ein Stück im Dauerlauf und hörte den Inhalt meines Ranzens klappern.

An der Ecke Hallerstraße/Heinrich-Barth-Straße warteten sonst immer Manfred und Edgar auf mich. Heute waren sie schon weg. Auch in der Rutschbahn, die nun vor mir lag, war keiner mehr zu sehen.

Plötzlich fühlte ich mein Herz bis zum Hals pochen. Nein, nicht weil ich so gerannt war, sondern vor Angst. Meine Füße wollten auf einmal nicht mehr so recht voran. Alleine durch die Rutschbahn! Mit den anderen zusammen war das kein Problem, aber nur ich?

Rechts und links führten Torbögen zu Hinterhöfen, die »Terrassen« genannt wurden. Man konnte nie wissen, wer von dort unerwartet auftauchte: Jungen mit den schwarzen Schirmmützen der Hitlerjugend, »arische«[*] Jungen, die sich »Pimpfe«[**] nannten. Sie traten immer nur zu dritt oder zu viert auf, waren groß und blond und schienen vor nichts Angst zu haben. Sie wussten genau, wer auf dem Weg zur Talmud Tora Schule war. Manchmal standen sie breitbeinig da und versperrten uns den Weg. Oft schlugen sie einem im Vorbeigehen die Mütze vom Kopf oder sie rissen einem den Ranzen von den Schultern, rannten damit weg und warfen ihn irgendwo über einen Zaun. Es kam auch vor, dass sie einen einfach verprügelten.

»Abraham, wann haust du endlich ab nach Palästina?«, fragten sie höhnisch oder sie zischten: »Pass nur auf, bald wird das Judenblut vom Messer rinnen!« Das kam in einem Lied der Nazis vor.

---

[*] Die Bezeichnung »Arier« bezog sich ursprünglich auf Völker, die eine der sogenannten arischen Sprachen sprechen. Von der Sprachwissenschaft des 19. Jahrhunderts wurde der Ausdruck in die sogenannte »Rassenkunde« übernommen und im Nationalsozialismus für die antijüdische Propaganda missbraucht. »Arier« waren demnach noch Angehörige der »nordischen Rassen«, die Hitler als die »Herrenrasse« bezeichnete, womit er die Deutschen meinte.

[**] »Pimpfe« waren Mitglieder des nationalsozialistischen »Deutschen Jungvolkes«. Mit 14 Jahren wechselten sie zur »Hitlerjugend«.

»Saujude!«, brüllten sie und drückten einen gegen die Wand. Sie lachten uns aus und ein einzelner konnte sich nicht wehren.

In der Schule ging das Gerücht, dass sich ein besonders starker jüdischer Junge einmal erfolgreich verteidigt und gleich zwei Angreifer ordentlich vermöbelt hatte. Er konnte nämlich boxen. Zufällig kam ein SA-Mann dazu und fragte scheinbar freundlich: »Wie heißt du denn und wo wohnst du?« Der Junge gab Auskunft. Noch am selben Tag war der Mann in der Wohnung des Jungen erschienen und hatte seinem Vater gedroht: »Mich interessiert gar nicht, was genau vorgefallen ist, aber wenn Ihr Sohn, egal, warum, noch einmal einen deutschen Jungen schlägt, wie er das heute getan hat, dann werde ich dafür sorgen, dass Sie ins KZ kommen. Dort wird dann mit Ihnen abgerechnet. Sie wissen, was das bedeutet?«

Warum fielen mir gerade jetzt solche Geschichten ein? War das nicht übertrieben? War das überhaupt möglich?

Um mich selbst zu beruhigen, sagte ich mir, dass die Jungen aus der Hitlerjugend schon in der Schule sein mussten. Ich war ja ganz spät dran. Um diese Zeit war die Luft rein. Doch ich hatte mich zu früh gefreut. Mit zackigen Schritten kamen mir plötzlich zwei große Jungen mit schwarzen Schirmmützen entgegen. Jetzt durfte ich auf keinen Fall rennen, das wäre aufgefallen. Ich kam gerade an einem Schaufenster vorbei und blieb wie zufällig stehen. Es war ein Milchladen. Eine schwarzweiße Kuh aus Keramik stand einsam in der Auslage. Im Laden hing ein großes Bild des Führers. An der Tür war das Schild »Juden unerwünscht« angebracht, auf das man jetzt immer häufiger stieß.

Ich war von Feinden umzingelt. Angstschweiß brach mir aus.

Da war doch diese Sache mit Julius passiert. Den hatten sie

36

auch mal festgehalten. Da hatte er einfach gesagt. »Ich bin doch gar kein Jude!« Angeblich hatten sie ihn dann in einen Keller gezerrt und ihn gezwungen die Hosen herunterzulassen, um seine Aussage zu überprüfen.[*]

Was sie dann mit Julius gemacht hatten, hatte ich nicht verstanden. Es wurde nur hinter vorgehaltener Hand darüber getuschelt. Julius kam nicht mehr zur Schule. Er war wohl mit seinen Eltern ausgewandert. Weit weg in ein Land, wo es keine Hitlerjugend, keine SA und keine Hakenkreuzfahnen gab.

Ich stand immer noch vor der Keramikkuh. Vorsichtig lugte ich zur Seite. Die Jungen waren längst vorbeigegangen. Sie hatten sich überhaupt nicht für mich interessiert. Ich hatte sie überlistet.

»Die Juden sind gefährlich und schlau«, hieß es im »Stürmer«, der in Glaskästen auf den Straßen aufgestellt wurde und den man so überall kostenlos lesen konnte. Im »Stürmer« waren immer widerliche Zeichnungen abgedruckt. Sie zeigten Juden mit zotteligen Bärten, mit großen krummen Nasen, langen hässlichen Ohren und dicken Bäuchen. In ihren dreckigen Fingern hielten sie entweder Geldnoten oder ein junges »arisches« blondes deutsches Mädchen mit Gewalt fest.

So sahen wir doch nicht aus, weder mein Vater noch Onkel Laczi, noch Opa, und selbst der Oberrabbiner Dr. Carlebach nicht, wenn der auch einen langen, aber gut gepflegten Bart[**] trug. Nicht einmal Lehrer »Meerschwein« hatte mit diesen Ungeheuern eine Ähnlichkeit.

Die Juden wurden als verschlagen und heimtückisch cha-

---

[*] Als Zeichen des Eintritts in die Religionsgemeinschaft werden jüdische Jungen am achten Tag nach der Geburt beschnitten, d. h., die Vorhaut des Gliedes wird entfernt.

[**] Nur orthodoxe Juden schneiden sich die Barthaare nicht ab, da es die religiösen Gesetze so gebieten. Im »Stürmer« waren alle Juden mit langen Bärten abgebildet, was natürlich nicht dem wirklichen Bild der Juden entsprach.

rakterisiert. War ich jetzt hinterlistig, weil ich mich in meiner Angst vor das Schaufenster gestellt hatte?

Ich schüttelte die Gedanken ab und rannte los. Schon lag der Grindelhof grün und schattig vor mir. Auf der anderen Seite stand das säulengeschmückte Schulhaus, über dem mit großen Buchstaben »Talmud-Tora-Realschule« zu lesen war. Rechter Hand glänzte die Kuppel der großen Synagoge. Noch nie war mir dieser Anblick so vertraut und schützend vorgekommen. Die Uhr am Turm zeigte mir, dass ich noch eine Minute Zeit hatte. Erleichtert rannte ich über den Schulhof, vorbei an Hausmeister Ahron, der schon zu Papas Zeiten dieses Amt ausgeübt hatte. Er hielt seine Taschenuhr in der Hand, sagte aber nichts vom Zuspätkommen, sondern erwiderte freundlich meinen hastigen Gruß. Ich flitzte durch den Korridor, schleuderte mit geübtem Wurf meinen Mantel über den Kleiderhaken und ließ mich gerade in dem Moment auf den Platz in meiner Bank fallen, als Lehrer Stein gemächlichen Schrittes das Klassenzimmer betrat.

Geschafft! Der Unterricht konnte beginnen. Die gefährliche Rutschbahn war vergessen.

Einquartierung

In der nächsten Zeit wird es etwas enger bei uns«, kündigte Mutti eines Tages an. »Tante Trudel wird mit ihren Kindern zu uns ziehen.«

»Ist unsere Wohnung denn groß genug für sieben Leute?«, fragte ich erstaunt.

»Eigentlich nicht«, gab Mutti zu, »aber Tante Trudel hat große Probleme.«

Onkel Berthold Gumpel, Tante Trudels Mann, war General-direktor der Hamburger Reederei »Bernsteinlinie«.[*] Vor ein paar Monaten war er nach Belgien gefahren, um den Haupt-sitz der Reederei nach Antwerpen zu verlegen und somit die »Arisierung« der Reederei durch die Nazis zu verhindern. Während Onkel Berthold nun in Belgien war, wurden der jüdische Reeder und einige seiner ebenfalls jüdischen Ange-stellten verhaftet und wegen angeblicher Devisenvergehen[**] vor Gericht gestellt. Um meinen Onkel zur Rückkehr zu zwingen, entzog man daraufhin Tante Trudel und den Kin-dern die Reisepässe. Sie wurden damit quasi zu Geiseln, saßen in Hamburg in der Falle und konnten Deutschland nicht mehr verlassen, wie sie geplant hatten. Mein Onkel hatte auch den Wohnsitz der Familie nach Antwerpen verle-gen wollen. Die Möbel waren längst verkauft, die Wohnung aufgegeben. Tante Trudel und die Kinder hatten die letzten Wochen in einer Pension verbringen wollen. Der dreizehn-jährige Sohn Kurt war schon in einem Internat in Belgien.

Nun sollte die Tante zu uns kommen, damit sie sich in Ruhe um die benötigten Ausreisepapiere kümmern konnte und die Kinder nicht so viel alleine waren.

Ich fand es toll, dass wir zusammen mit den Gumpels eine richtige Großfamilie waren. Morgens gab es immer ein ganz schönes Gedrängel vor dem einzigen Badezimmer. Uns Kin-dern machte das viel Spaß, den Erwachsenen allerdings

---

[*] Es war die einzige jüdische Reederei in Deutschland, wahrscheinlich sogar die einzige jüdische in ganz Europa. Natürlich war sie den Nazis ein Dorn im Auge.

[**] Es war verboten deutsche und besonders fremde harte Währung ins Ausland zu schaffen oder dort zu belassen. Bei einer so international arbeitenden Firma (die Schiffe fuhren von Hamburg, später von Antwerpen nach New York und nach Haifa) wurden in allen Häfen Gelder benötigt und so war es nicht schwer die »Bernstein-linie« eines Devisenvergehens anzuklagen. Inhaber und Mitarbeiter wurden zu einer Freiheitsstrafe verurteilt, nach deren Verbüßung sie in die USA auswander-ten. Später stand auf Devisenvergehen die Todesstrafe.

weniger. Jetzt war ich auch nicht mehr der Kleinste, denn Thomas war drei Jahre jünger als ich und Felicitas etwas über ein Jahr. Obwohl Tommy so klein war, konnte ich recht gut mit ihm spielen. Er interessierte sich sehr für Schiffe und hatte einen ganzen Kasten voller Schiffsmodelle. Wir beluden die Frachter mit Spielzeugautos und schickten sie von New York nach Hamburg.

Mit meiner Kusine konnte ich nicht viel anfangen. Sie steckte meist mit Ilse zusammen. Fee hatte rötliche Haare, eine sehr helle Haut und viele Sommersprossen. Ihr Aussehen reizte mich immer wieder zu singen: »Rote Haare, Pickel im Gesicht, Glück will sie haben, Geld hat sie nicht!«

Fee verstand überhaupt keinen Spaß. Sie heulte sofort los und hörte überhaupt nicht mehr auf. Über eine Stunde konnten solche Heulanfälle bei ihr dauern. Ich wurde immer geschimpft, wenn meine kleine Kusine weinte. Die Erwachsenen sagten: »Sie leidet sehr unter den Umständen und vermisst ihren Vater. Man muss viel Geduld mit ihr haben!« Ich hatte wenig Geduld, aber wenn sie so herzzerreißend weinte, tat sie mir doch Leid und ich schämte mich ein bisschen.

Nach und nach lernte ich noch eine andere Seite von Fee kennen: Sie konnte zum Beispiel sehr gut Rad fahren und sehr schnell laufen. Wir gingen oft im Innocentia-Park spielen. Einmal fiel sie vom Rad und schlug sich beide Knie blutig. Ich lieh ihr mein Taschentuch und holte etwas Wasser, um das Blut abzuwischen. Zu meinem Erstaunen weinte sie überhaupt nicht, dabei hatte sie doch wirklich Grund dazu. Inzwischen fand ich auch, dass sie mit ihrer zierlichen Figur, ihren roten Haaren und den lustigen Sommersprossen sehr hübsch aussah. Ich glaube, ich hatte mich sogar ein bisschen in sie verliebt.

Ilse und ich konnten uns ein Leben ohne unsere Tante und ihre Kinder gar nicht mehr vorstellen. Tante Trudel war trotz ihrer so schwierigen Lage immer lustig und zuversichtlich. Sie fand ständig was zum Lachen und steckte alle mit ihrer unverwüstlichen Heiterkeit an. Wie mein Vater ließ auch sie sich nicht unterkriegen.

Eines Tages kam sie wie ein Wirbelwind in unsere Wohnung und rief schon an der Tür: »Alle herkommen! Es gibt was!«

Strahlend verteilte unsere mit Paketen beladene Tante nun an jeden ein oder sogar zwei Geschenke und dann tanzte sie mit ihren Kindern um den Tisch herum und sang lauthals nach der Melodie der »Ungarischen Rhapsodie« von Liszt. »Hier ist der Pass, hier ist der Pass! Jetzt geht es los, jetzt geht es los!«

Sie knallte drei völlig neue Pässe und drei Fahrkarten auf den Tisch und jubelte: »Morgen fahren wir, endlich. Wir fahren, wir fahren, alle, alle fahren . . .«

Natürlich fuhren nicht alle. Am nächsten Abend kam aber für alle der Abschied. Zusammen mit Oma Koppel und Tante Tillys Familie brachten wir Tante Trudel und ihre Kinder zum Bahnhof.

»Wenn ihr nur auch mitkommen könntet«, sagte Tante Trudel unter Tränen, »aber es geht ja nicht. Wenn ich draußen bin, werde ich alles tun, damit ihr bald nachkommen könnt.«

Diesmal waren es die Erwachsenen, die weinten. Oma sah so traurig aus, wie ich sie noch nie gesehen hatte. Tante Tilly konnte sich gar nicht mehr beruhigen und sogar ihre sonst so wilden Söhne waren ganz still und ernst. Nur Fee zeigte sich von der tapfersten Seite. Sie heulte nicht. Aber sie gab mir in einem unbeobachteten Moment ganz schnell einen festen Kuss zum Abschied. Es war das erste Mal, dass mich ein Mädchen küsste, und es gefiel mir sehr.

Als der Zug aus dem Hauptbahnhof fuhr, beneideten wir unsere Verwandten um ihre Freiheit.

Die gebrochene Hand

Ilse, was ist denn mit dir los?«, fragte Mutti besorgt beim Mittagessen. Meine Schwester saß mit gesenktem Kopf vor ihrem gefüllten Teller und rührte keinen Bissen an.

»Liebeskummer, Ilse?«, scherzte mein Vater, aber Mutti schaute ihn vorwurfsvoll an.

»Ach John, nun sei doch mal ernst. Und du Ilse, erzähl doch bitte, warum es dir heute nicht schmeckt, obwohl es dein Lieblingsessen gibt!«

Ilse schniefte leise vor sich hin, dann machte sie ihrem Herzen Luft: »Na ja, es ist doch heute so schrecklich heiß und da wollte ich nachmittags mit Inge zum Kumpunder See zum Schwimmen gehen. Wir hatten uns schon so darauf gefreut. Aber dann hat man uns ausgerechnet heute Morgen in der Schule mitgeteilt, dass dort auch ein Schild mit der Aufschrift ›Für Juden verboten‹ angebracht wurde. Man hat uns ausdrücklich davor gewarnt dort baden zu gehen, damit wir nicht belästigt werden, falls man uns erkennt.«

»Erkennen?«, versuchte Papa Ilse aufzumuntern, »du siehst doch nicht anders aus als diese BDM-Mädels. Hast du vergessen, dass du Ernas Tochter bist? Schau in den Spiegel, du bist ihr wie aus dem Gesicht geschnitten.«[*]

Das war ein alter Witz, über den wir in unserer Familie schon viel gelacht hatten. Erna war vor Jahren unsere Haushaltshilfe gewesen. Sie hatte schon bei Muttis Eltern gearbeitet und meine Mutter hatte sie sozusagen »mit in die Ehe gebracht«, wie Papa gerne spaßeshalber sagte. Ilse hatte

---

[*] Hitlers Idealbild der »Herrenrasse« war ein weißhäutiger, schlanker, blonder und blauäugiger junger Mensch.

wirklich als Einzige in der Familie eine gewisse Ähnlichkeit mit ihr: Sie war groß, blond und blauäugig. Erna war schon lange nicht mehr bei uns. Kurz nach meiner Geburt hatte sie geheiratet und dann im Druckereibetrieb ihres Mannes gearbeitet. Erna und ihr Mann Gustav, genannt »Gusch«, waren keine Juden, aber sie blieben auch in schweren Zeiten immer treue Freunde unserer Familie.

»Du kannst ganz unbesorgt zum Schwimmen gehen«, ermutigte Papa meine Schwester, »und um irgendwelche Schilder kümmerst du dich gar nicht.«

»Ja, und deinen Schülerausweis lässt du daheim, dann weiß niemand, wer du bist. Und wenn man dir dein Alter nicht glaubt, bezahlst du einfach mehr«, schlug ich begeistert vor. Das war ja richtig spannend.

»Aber, wenn was passiert und sie hat keinen Ausweis?«, warf meine immer vorausdenkende Mutter etwas ängstlich ein.

»Was soll denn da passieren?«, fragte Ilse unternehmungslustig. Ihre schlechte Stimmung war wie weggeblasen.

»Wenn sie als Wasserleiche nach Hause kommt, fragt sowieso keiner mehr, was sie für eine war. Und hier herein darf sie dann auch nicht, sonst wird ja alles nass!«

Papa konnte es mal wieder nicht lassen, er musste sich über Muttis Sorgen lustig machen.

Ilse gab beiden Eltern einen Kuss und stand schon am Telefon, um sich mit ihrer »halbarischen«* Kusine Inge zu verabreden.

Mich traf das Badeverbot nicht besonders. Bei dem Wort Badeanstalt dachte ich an ekliges Chlorwasser in Mund, Nase

---

* Als »Halbjude« oder »Halbarier« galt, wer nur ein jüdisches Elternteil hatte. Als »Volljude« galt jeder, der drei oder mehr jüdische Großeltern hatte. Hatten Deutsche zwei jüdische Großeltern, waren aber selbst Christen, so zählten sie als »Mischlinge ersten Grades«. In »Zweifelsfällen« entschieden die Behörden. Im letzten Kriegsjahr waren auch alle christlich erzogenen »Halbjuden« gefährdet.

und Augen, an Spucken, Würgen und Angst. Vor längerer Zeit hatte ich einmal Schwimmstunden bekommen. Irgendwann erzählte ich dann dem Schwimmlehrer voller Stolz, ich sei Schüler an der Talmud Tora Schule. Vielleicht bildete ich es mir nur ein, dass der Lehrer seither noch grober mit mir umging – allmählich fühlte ich mich überall verfolgt –, aber eines Tages hatte er mich, als ich zögernd und bibbernd vor dem kalten Wasser stand, einfach hochgenommen und laut lachend in hohem Bogen ins tiefe Becken geworfen. »Ein deutscher Junge hat keine Angst vor kaltem Wasser!« war sein spöttischer Kommentar gewesen. Ich konnte schon einigermaßen schwimmen und schaffte es auch, bis zu den Stufen, die aus dem Schwimmbad führten, zu gelangen. Ich hatte vor Schreck natürlich eine Menge Wasser geschluckt. Wortlos ließ ich meinen Lehrer stehen und ging zur Ankleidekabine.

Draußen wartete meine Mutter, die sofort sah, dass da was nicht in Ordnung war. Wütend schilderte ich ihr den ganzen Vorgang. »Da geh ich nicht wieder hin!«, sagte ich zum Schluss und dabei war es auch geblieben. Selbst mit Ilse mochte ich nicht zum Schwimmen gehen.

Kurz nach vier Uhr nachmittags klingelte es Sturm an unserer Tür. Inge brachte Ilse zurück, die zwar keine Wasserleiche war, aber immerhin den Arm in einer Schlinge trug und in Tränen aufgelöst. Was war passiert?

Zunächst war alles ganz glatt gegangen. Niemand hatte nach einem Schülerausweis gefragt. Alle Leute waren gut aufgelegt und schließlich hatten auch Inge und Ilse das böse Schild vergessen und das glasklare, erfrischende Wasser genossen. Nach dem Baden legten sich die beiden Mädchen auf ihre Handtücher in die Sonne und ein paar größere Jungen schauten sich sogar interessiert nach ihnen um. Da sprang Inge auf und lief zu den in der Nähe aufgestellten

Turngeräten. Ilse rannte hinterher. Beide waren ausgezeichnete Turnerinnen. Temperamentvoll übten sie Aufschwung und Kniewelle am Reck, ließen sich dann mit dem Kopf nach unten baumeln und dabei passierte es: Ilse rutschte plötzlich ab, versuchte sich noch abzustützen, saß aber im nächsten Augenblick mit schmerzverzerrtem Gesicht im Sand unter dem Reck und hielt sich die linke Hand.

Einer der älteren Jungen war hinzugetreten und fragte mit offenem, freundlichem Lächeln: »Kann ich dir helfen?«

Ilse streckte ihm hilflos ihre schmerzende, schon leicht angeschwollene Hand entgegen.

»Das sieht nicht gut aus. Die ist wohl gebrochen«, meinte der Junge mit sachkundigem Blick. »Komm, ich bringe dich zur Erste-Hilfe-Station. Die ist gleich da drüben. Ich kenne mich ein bisschen aus, das lerne ich im Dienst.«

Als Ilse »Dienst« hörte, erschrak sie furchtbar. Mit »Dienst« konnten doch nur die Gruppenstunden in der Hitlerjugend gemeint sein. Sicher hatte der so sympathisch aussehende Junge in seinem »Dienst« auch gelernt, zu welch minderwertiger Rasse alle Juden gehörten. Wenn der wüsste!, dachte Ilse aufgeregt. Sie durfte auf keinen Fall zur Erste-Hilfe-Station gehen.

Der Junge deutete die Panik in ihrem Gesicht anders und fragte: »Hast du Angst, dass sie dir dort wehtun? Das musst du nicht. Die rufen nur deine Eltern an, damit sie dich abholen.«

»Die sind gar nicht zu Hause!«, sagte Ilse schnell. »Außerdem kann ich gut laufen. Ich bin ja nicht auf den Fuß gefallen und Inge wird mich begleiten.«

»Ich heiße übrigens Dieter Haller«, stellte sich der Junge nun höflich vor. Inge und Ilse nickten zerstreut und packten schnell ihre Sachen. Zu ihrer Überraschung stand Dieter schon fix und fertig angezogen am Ausgang und wartete auf sie.

»Wir machen jetzt noch eine Schlinge für deinen Arm aus deinem Halstuch«, sagte er in einem Ton, der keine Widerrede duldete, »und dann bringe ich euch heim, damit ihr auch wirklich gut ankommt.«

Auf dem Heimweg erzählte er dann: »Ich will auch mal Arzt werden wie mein Vater. Ich mache jetzt schon zweimal die Woche in seiner Praxis Dienst. Es gefällt mir sehr da zu helfen, besonders wenn Kinder da sind. Die kann ich schon ganz gut beruhigen, falls sie Angst haben.« Bei diesen Worten zwinkerte er Ilse fröhlich zu.

An der Tür verabschiedete sich Dieter, nannte noch mal seinen Namen und wünschte alles Gute.

Ilse war nahe daran gewesen ihm alles zu berichten, aber dann fielen ihr wieder all die Geschichten ein, die in den vergangenen Monaten im Umlauf waren, und sie unterdrückte ihr Mitteilungsbedürfnis, obwohl Dieter ihr so Vertrauen erweckend schien.

Die schlimmen kursierenden Geschichten waren nicht erfunden: Langjährige alte Freunde zogen sich plötzlich ohne Grund zurück. Ärzte weigerten sich jüdische Patienten zu behandeln, andererseits blieben bei jüdischen Ärzten die christlichen Patienten weg. Manche versuchten noch sich zu rechtfertigen und beteuerten: »Wir haben ja gar nichts gegen Sie, es ist nur wegen der Nachbarn . . . wegen der Bekannten . . . wegen des Hauswirts . . .« Viele Beziehungen wurden von heute auf morgen abgebrochen. Mancher Hausbesitzer wurde eingeschüchtert und kündigte seinen jüdischen Mietern die Wohnung. Andere waren vielleicht froh jetzt eine offizielle Entschuldigung für ihren Vorsatz zu haben.

Oma hatte mir mal gesagt: »Sobald die Menschen eine

Uniform anziehen, werden sie zu wilden Tieren.« Da war wohl was dran.

Ilse hatte sicher Recht gehabt sich so zurückhaltend gegenüber Dieter zu benehmen, auch wenn es ihr trotz allem sehr Leid zu tun schien. Sie weinte immer noch, vor Aufregung, aber wohl auch vor Schmerzen. Die Hand war inzwischen ganz blau und stark angeschwollen.

Meine Eltern brachten Ilse zu Dr. Bohm, der den Arm dick eingipste. Ich musste noch ein Schmerzmittel aus der Rosenapotheke am Grindelberg holen. Auf dem Rückweg ging ich schnell bei der Konditorei Puseel vorbei, wo Juden noch nicht »unerwünscht« waren, und kaufte Ilse zum Trost ein Stück Sahnetorte. Für zwei Stücke reichte mein knapp bemessenes Taschengeld leider nicht, aber Ilse teilte sowieso immer mit mir.

Ein Sturm braut sich zusammen
(Herbst 1935-Frühling 1939)

Zwei Jahre nach der Machtergreifung der Nationalsozialisten war der Ausschluss der Juden aus nahezu allen kulturellen, künstlerischen und sportlichen Lebensbereichen zum deutschen Alltag geworden. Wissenschaftler und Hochschullehrer an den Universitäten wurden entlassen, für jüdische Studenten gab es einen Numerus clausus. Juden durften z. B. keine Kassenärzte, Steuerberater, Journalisten mehr sein. Nachdem sie aus dem Beamtentum und öffentlichen Dienst ausgeschlossen waren, durften sie auch keine Einzelhandels- oder Handwerksbetriebe mehr führen und schon gar kein Industrieunternehmen. Der Erwerb von Grundstücken wurde ihnen ebenfalls untersagt. Sogar ihre Führerscheine wurden ihnen entzogen. Überall waren sie inzwischen mit Schildern wie

»Juden verboten« oder »Juden unerwünscht « konfrontiert.

Anlässlich des Nürnberger Reichsparteitages am 15. September 1935 wurden die »Nürnberger Gesetze« erlassen. Jetzt wurde den Juden die deutsche Staatsbürgerschaft entzogen. Eheschließungen von Juden mit »Ariern« und außereheliche Beziehungen zu Ariern galten als »Rassenschande«, wurden verboten und mit Gefängnis oder Zuchthaus bestraft. Durch den starken wirtschaftlichen Druck blieb vielen Juden keine andere Wahl als die Auswanderung. Jüdische Firmen gingen dann in »arische« Hände über. Diese sogenannte »Arisierung« oder »Entjudung« von Vermögen kam im Grunde immer einer Ausplünderung gleich. Viele Juden verloren dabei den größten Teil ihres Vermögens. Wechselte eine jüdische Firma in »arischen« Besitz, so war das kein echter Verkauf.

Ende 1938 hatte ein Drittel der jüdischen Bevölkerung das deutsche Reich verlassen.

Ab August 1938 mussten die Juden ihrem Vornamen Sara bzw. Israel anhängen und ab Oktober 1938 wurden alle Reisepässe der Juden mit einem »J« gekennzeichnet. Diese Verordnung hatte die Schweiz verlangt, um sich vor der großen Zahl von jüdischen Flüchtlingen zu »schützen«. Ab dem 15. November durften jüdische Kinder nicht mehr in staatliche Schulen gehen. Am 6. Oktober ließ die polnische Staatsregierung eine Ausbürgerung derjenigen im Ausland lebenden Polen ankündigen, die keinen Sondervermerksstempel in ihrem Pass trugen. Der Stempel war aber nur in Polen erhältlich. Polen wollte damit die Juden loswerden, die seit Jahren mit polnischen Pässen in Deutschland lebten. Die Nazis reagierten sofort und verhafteten am 28. Oktober 1938 17 000 sogenannte »staatenlose Juden« und schoben sie nach Polen ab.

In der Nacht vom 9. zum 10. November 1938 leitete die Initiative des Reichspropagandaleiters Josef Goebbels eine neue Stufe der Judenverfolgung ein: In angeblich »spontanen Kundgebungen« wurden fast alle Synagogen, viele jüdische Friedhöfe sowie mehr als 7000 Geschäfte und zahlreiche Wohnhäuser von Juden im Deutschen Reich zerstört oder beschädigt. Das von Mitgliedern der NSDAP und der SA durchgeführte Pogrom kostete 91 Juden das Leben. Mehr als 30 000 Juden wurden verhaftet und zeitweilig in Konzentrationslager gebracht. Anlass für die schrecklichen Ausschreitungen war das Attentat eines Juden auf den Botschaftssekretär vom Rath in Paris. Auf Grund der zahllosen zersplitterten Fensterscheiben sprach man von der »Reichskristallnacht«. Die Reichsregierung erlegte den Juden im Anschluss daran eine Sondersteuer in Höhe von einer Milliarde Reichsmark auf, damit die entstandenen Sachschäden sofort behoben werden konnten.

1939 verließen fast 80 000 Juden das Deutsche Reich. Allerdings weigerten sich immer mehr Länder Visa auszustellen und die Verfolgten einreisen zu lassen.

Die Welt wird kleiner

Nach dem Erlass der »Nürnberger Gesetze« war unser Alltag immer mehr von Angst überschattet. Allein die Stimme Hitlers im Radio löste Beklemmungen aus. Trotzdem hingen wir ständig an dem Apparat, waren froh, wenn der Führer sich »nur« am Weltjudentum ausließ und uns deutschen Juden nicht gleich mit dem Schlimmsten drohte.

Eines Tages schrie er in einer seiner Ansprachen: »Nur mit dem Packen auf dem Rücken seid ihr in unser Land gekommen und nur damit werdet ihr es wieder verlassen!«

Ich fragte meinen Vater, ob unsere Familie auch mit einem Rucksack nach Deutschland gekommen wäre und woher die Familie Koppel überhaupt stamme.

»Weißt du, Gert«, sagte Papa, »ich habe meinen Großvater

noch gut gekannt und der erzählte mir manchmal von seinem eigenen Großvater. Kannst du dir vorstellen, wann dieser Vorfahre von dir gelebt hat?«

Schnell begann ich nachzuzählen. »Das sind mit mir sechs Generationen, d. h., es ist beinahe 200 Jahre her«, errechnete ich erstaunt.

»Ganz richtig«, bestätigte Papa. »Der Großvater meines Großvaters muss um 1730 hier gelebt haben. Damals war Hamburg noch keine so große Stadt wie heute. Besagter Urahne soll übrigens aus einem kleinen Ort in Süddeutschland gekommen sein. Wann und warum er sich in dieser Stadt niederließ, weiß ich nicht. Viele Juden, vielleicht sogar unsere Vorfahren, waren schon zur Epoche der Kreuzzüge* in Deutschland ansässig. Andere kamen erst zu Zeiten der spanischen Inquisition**, aber das ist immerhin auch schon 500 Jahre her.«

»Und sie kamen wirklich mit dem Rucksack? Das müssen ja abenteuerliche Zeitgenossen gewesen sein.«

Papa lächelte, als er mein vor Aufregung rotes Gesicht sah.

»Damals war es normal mit weniger Gepäck zu reisen. Es gab schließlich noch keine Eisenbahnen und Autos. Und natürlich sind nicht nur Juden nach Hamburg gekommen. Die

---

* Im Mittelalter, d. h., vom Ende des 11. bis Ende des 13. Jahrhunderts förderte und unterstützte die Kirche die sogenannten Kreuzzüge. Die heiligen Stätten (wie Jerusalem) sollten von der Herrschaft des Islam befreit, das Heilige Land (Palästina) zurückerobert werden. Da die Kreuzzüge aber auch politisch und wirtschaftlich motiviert waren, kam es in den Dörfern oft zu Plünderungen und Pogromen gegenüber jüdischen Bürgern. Viele Juden wurden dabei getötet.

** Unter Inquisition verstand man im Mittelalter (bereits im 12. Jahrhundert) eine Art geistliches Gericht zum Aufspüren und Verurteilen von Ketzern. Die sogenannten »Katholischen Könige« Ferdinand und Isabella führten im 15. Jahrhundert wieder die Inquisition in Spanien ein. 1492 erließen die »Katholischen Könige« ein Ausweisungsdekret, nach dem über 200 000 Juden, die nicht bekehrungswillig waren, mittellos das Land verlassen mussten. Die Juden hatten harmonisch mit den anderen Bevölkerungsgruppen zusammengelebt. Viele Juden ließen sich daraufhin an den Mittelmeerküsten nieder (Türkei, Italien, Frankreich), andere siedelten sich in deutschen Ländern an.

Vorfahren von so manchem heute sehr respektablem Hamburger Bürger christlichen Glaubens bereisten irgendwann einmal diese Stadt und blieben hier. Unter den jüdischen Bürgern brachte es auch oft jede Generation etwas weiter und so sind heute recht wohlhabende Leute darunter: Ärzte und Juristen, Wissenschaftler, reiche Kaufleute und Bankiers, aber auch Erfinder, Musiker und andere Künstler. Es gibt allerdings auch eine große Anzahl armer Juden hier in der Stadt. Die meisten stehen aber sicher, so ähnlich wie wir, in der Mitte und hoffen auf eine bessere Zukunft.«

»Auf die können wir hier lange warten«, mischte sich Mutti mit bitterem Unterton in unser Gespräch ein.

»Da hast du Recht«, pflichtete ihr Ilse bei, die sich während Papas Ausführungen zu uns gesetzt hatte. »Wir müssen weg. Alle anderen gehen doch auch. Ein Mädchen aus meiner Klasse fährt mit seiner Familie nach Asunción, ich weiß gar nicht, wo das liegt, und eine andere Mitschülerin ist von ihren Eltern nach England zu Verwandten geschickt worden, die sie nicht mal kennt. Sie hat diesen anormalen Bruder, der immer nur teilnahmslos vor sich hin starrt. Kein Land will das Kind hereinlassen und so müssen die Eltern auch hier bleiben.«[*]

»Genug davon«, unterbrach Papa ziemlich abrupt unsere aufgeregte Diskussion. »Komm, Gert. Es ist doch Sonntag. Wir müssen zum Hauptbahnhof und meine Zigaretten kaufen. Und euch zwei Damen treffen wir dann bei Oma zum Familientag oder findet ihr etwa ohne Herrenbegleitung nicht hin?«

»Pah«, machte Ilse schnippisch. »Das wäre ja gelacht!«

---

[*] Begründet mit den Rassegesetzen, ordneten die Nazis auch die Vernichtung von »lebensunwertem Leben« an. 70 000 Behinderte und Kranke wurden mit Gas umgebracht! Erst 1941 wurde die Menschen verachtende Aktion nach kirchlichen Protesten eingestellt.

»Du hättest ›Weiber‹ sagen sollen«, stachelte ich meinen Vater leise an, doch er legte den Finger auf den Mund und flüsterte: »Alles Taktik. Wir wollen doch nicht riskieren, dass uns die Damen morgen kein Mittagessen kochen.«

»Ach was, das trauen die Weiber sich nie«, sagte ich wichtigtuerisch. »Und wennschon. Wir Männer halten doch zusammen!«

Wir schlenderten also zum Bahnhof. Papa nahm sich jetzt noch mehr Zeit für mich. Zum Fußball konnte er ja schon lange nicht mehr. Theater, Oper, Kino, Museen waren ebenfalls tabu. Überall prangten große Schilder mit der Aufschrift »Juden unerwünscht«, »Kein Zutritt für Juden«, »Für Juden verboten«. In einigen Geschäften lag einfach »Der Stürmer« mit seinen hässlichen Karikaturen in der Auslage.

Da jüdische Kinder auch keine staatlichen Schulen mehr besuchen durften, hatte unsere Klasse schon Zuwachs aus anderen Schulen bekommen. Trotz der Zuweisungen wurden die Klassen kaum größer, da immer mehr jüdische Familien auswanderten und sich in Länder aufmachten, deren Namen ich bisher kaum gekannt hatte.

Einer meiner neuen Mitschüler hieß Paul Neumann. Er stellte mir in der Pause immer viele Fragen.

»Wieso begrüßt uns denn Herr Nachum in der ersten Stunde immer mit »Schalom Yeladim«?*

»Na, das ist doch ganz normal. Er ist unser Hebräisch-Lehrer.«

»Für mich war bis vor kurzem etwas ganz anderes normal«, berichtete Paul. »Unsere Klasse musste jeden Morgen ganz laut ›Heil Hitler‹ rufen und dabei den rechten Arm ausstrecken. Das wurde sogar extra geübt, damit es zackig

---

* Das ist Neuhebräisch (Ivrit) und heißt wörtlich übersetzt: Friede euch Kindern.

aussah. Es war Vorschrift. Die jüdischen Kinder durften nicht mitmachen. Wir mussten sowieso auf den hintersten Bänken sitzen. Aufgerufen wurden wir nie, es sei denn, um bestraft zu werden. Dabei ließ so mancher Lehrer seinen Judenhass mit dem Rohrstock an uns aus.«

»An dir auch?«, fragte ich erschrocken nach.

Paul wurde rot. »Einmal konnte ich tagelang nicht mehr richtig sitzen.«

»Bei uns war es auch ganz furchtbar«, mischte sich jetzt ein anderer Neuer ein. »Wir hatten einen Lehrer, der uns im ›Rassenunterricht‹ nach vorne rief, um Vermessungen an uns vorzunehmen, die beweisen sollten, dass wir Juden schlechter gewachsen seien und einer minderwertigen Rasse angehören!«

Mit einem Mal wurde mir klar, wie gut es mir an unserer Talmud Tora Schule ging, wenngleich einige Lehrer sehr streng waren.

Den Neulingen war vieles unbekannt, kamen sie doch meist aus Familien, die nur noch auf dem Papier dem jüdischen Glauben angehörten. Für meine eigene Familie war die jüdische Religion auch eher nebensächlich. Es genügte unseren Eltern, dass wir aus Gründen der Tradition in eine jüdische Schule gingen.*

»Warum müssen wir eigentlich die Bibel auf Hebräisch lesen?«, fragte einer unserer Neuzugänge Herrn Stein. »Wir haben zu Hause eine dicke Bibel, aber da ist der Text in deutscher Sprache abgedruckt. Das kann ich viel besser verstehen.«

»Ja, auch die Christen lesen unsere hebräische Bibel – es ist ihr ›Altes Testament‹ – nur auf Deutsch«, stimmte unser

---

* Viele deutsche Juden waren sogenannte »Assimilationsjuden«, die sich in erster Linie als Deutsche und dann erst als Juden fühlten.

Lehrer zu. »Aber ihr wisst ja aus eigener Erfahrung, wie das mit dem Übersetzen ist. Auch bei ganz einfachen Texten übersetzt jeder ein bisschen anders. Manchmal versteht man den Sinn einer Stelle überhaupt nicht. Auch sehr kluge Übersetzer können Fehler machen. Darum haben die Juden seit jeher die heilige Tora* auf Hebräisch gelesen, damit sich keine Veränderungen einschleichen. Schon ganz früh haben sie es ihren Kindern beigebracht, damit es für sie keine fremde Sprache ist.«

»Ich konnte schon mit drei Jahren hebräische Gebete sprechen«, meldete sich Wolf stolz. »Und mein Vater hat mir hebräische Buchstaben gezeigt.« Einige Schüler nickten zustimmend mit dem Kopf. So hatten sie das auch erlebt.

Ich musste daran denken, mit welchen Schwierigkeiten ich am Schulanfang zu kämpfen hatte, da ich im Gegensatz zu den »Orthodoxen«** kein Wort Hebräisch konnte.

»Ich wusste früher gar nicht, dass man hebräische Bücher andersherum aufschlagen muss, sozusagen mit der Rückseite anfängt, und dass man von rechts nach links liest«, sagte ich in die Stille des Klassenzimmers hinein.

»Ihr schafft das schon!«, ermutigte Herr Stein die neuen Schüler. »Und du, Koppel, meldest dich in Zukunft, bevor du einfach losredest.«

Ich bekam einen roten Kopf, aber Herr Stein gab mir keine Strafe. Wir wurden immer seltener bestraft. Ich glaube, die Lehrer wollten uns das Leben nicht auch noch in der Schule schwer machen. Wir Schüler waren auch zurückhaltender mit

---

* Unter der heiligen Tora versteht man die fünf Bücher Mose, also die ersten fünf Bücher der Bibel. Der Text ist handschriftlich auf Pergament geschrieben, das dann, als Rolle reich verziert und geschmückt, in einem kunstvoll geschnitzten Schrein (Wandschrank) in der Synagoge aufbewahrt wird. An jedem Sabbat (Sonnabend) wird ein Abschnitt aus der Tora vorgelesen.

** Nur etwa 25% meiner Mitschüler waren orthodoxe Juden, die regelmäßig in die Synagoge gingen.

unseren Streichen geworden. Warum die Lehrer ärgern? Wir wussten, dass sie ihre eigenen Sorgen hatten und dass so mancher nur aus Pflichtgefühl uns gegenüber in Deutschland blieb.

Mit Paul verstand ich mich immer besser. Sein Vater war früher mal Richter gewesen, durfte sein Amt aber schon lange nicht mehr ausüben. Es ging der Familie wohl nicht besonders gut. Ich wusste nicht, wovon sie eigentlich lebte.

»Kannst du heute Nachmittag zu mir kommen?«, schlug ich ihm in einer Pause vor.

»Geht nicht. Ich habe mal wieder Nachhilfestunden in Hebräisch«, bedauerte er.

»Ist das nicht sehr teuer?«, erkundigte ich mich vorsichtig.

»Nein. Der Direktor der Schule hat uns die Namen von ein paar älteren Schülern genannt, die etwas Geld brauchen und ganz billigen Nachhilfeunterricht geben. Dreimal pro Woche kommt ein sechzehnjähriger Schüler und lernt mit mir. Danach bleibt er immer noch stundenlang bei uns. Ich glaube, er ist in meine große Schwester verknallt. Sein Vater war übrigens einer der berühmtesten Fotografen in Hamburg. Jetzt hat er nichts mehr zu tun.«

»Weil er Jude ist?«, fragte ich reichlich dumm nach.

»Warum denn sonst«, antwortete Paul unwillig. »Er hatte mal ein tolles Geschäft am Neuen Wall. Im Rahmen der ›Arisierung‹ hat das sein ›arischer‹ Partner, der plötzlich vorgab in die Partei eintreten zu müssen[*], einfach übernommen. Der hat kaum was dafür bezahlt.«

Pauls Laune hatte sich schlagartig verschlechtert. Ich wollte schnell das Thema wechseln und fragte: »Sag mal, wenn hier

---

[*] Kein Deutscher wurde gezwungen in die NSDAP einzutreten. Die meisten wurden Parteimitglied, weil es eine Menge Vorteile mit sich brachte; z. B. Beförderung als Beamter, die Krankenkassenzulassung für Ärzte, die Möglichkeit jüdisches Gut billig zu kaufen etc.

an der Schule alles so schwierig für dich ist, tut es dir um deine alte Schule Leid?«

Paul starrte mich entsetzt an. »Nein!«, schrie er so laut, dass einige Schüler erstaunt zu uns herüberschauten. »Da würde ich nie mehr hingehen, und wenn es noch so leicht wäre!« Dabei liefen dem großen Jungen tatsächlich Tränen übers Gesicht. Was mochte er noch alles erlebt haben? Ich wagte nicht nachzufragen.

Der Schuhanzieher

Innerhalb unserer großen Verwandtschaft nahm Onkel Laczi Partos, Muttis Bruder, eine besondere Stellung ein. Er war Ungar und hatte als Ausländer von den Nazis zunächst weniger zu befürchten als die deutschen Juden.

Onkel Laczi hatte wie mein Vater mit Orthopädiebedarf zu tun. Er war aber kein Vertreter, sondern stellte selbst Bandagen, Prothesen, Stützkorsetts, Bruchbänder und Plattfußeinlagen her.

Sein Laden und seine Werkstatt lagen an einer Straße, die ganz einfach »Schulterblatt« hieß. Einen besseren Platz für einen Orthopädisten konnte man sich kaum vorstellen.

Mein Vater arbeitete seit einiger Zeit nachmittags bei Onkel Laczi, da seine Einnahmen als Vertreter sehr stark zurückgegangen waren. Papa konnte gut mit der Kundschaft umgehen und führte die Bücher. Außerdem erledigte er die schwierigen Gänge zu den Nazi-Behörden. Er hatte keine Angst und konnte darum viel besser verhandeln als mein Onkel.

Einmal begleitete ich meinen Vater zu einem Amt. Wie

erschrak ich, als plötzlich ein Beamter aus dem Halbdunkel auf uns zuschoss und Papa vor den Schalterbeamten und allen wartenden Leuten anschnauzte: »Was bilden Sie sich eigentlich ein hier einfach so hereinzuspazieren, ohne angemeldet zu sein, und dann auch noch mit einem Kind. Das ist ja wohl eine bodenlose Frechheit!«

Mein Vater sagte merkwürdigerweise kein Wort zu seiner Verteidigung, aber ich zitterte vor Angst. An wen waren wir denn da geraten?

»Kommen Sie sofort in mein Privatbüro!«, schrie der Beamte jetzt aufgebracht weiter.

Mit gesenktem Kopf folgten wir dem wütenden Mann, der schnell eine dicke Polstertür hinter uns schloss und mit einem Mal ganz freundlich lachte: »Mensch, Koppel, das ist ja wohl ein Ding, dass du hier so einfach aufkreuzt. Erinnerst du dich etwa nicht an mich? Ich bin doch der Gefreite Meyer II, Hamburger Sechsundsiebziger, Estland und Litauen. Ich hab dich gleich erkannt. Dein Junge sieht ja beinahe so aus wie du, als du noch jung und schön warst. Tja, wie du siehst, bin ich ein wichtiger Mann geworden.«

Der ehemalige Gefreite Meyer zeigte auf das Parteiabzeichen in seinem Knopfloch. »Also, das brauchst du hier, sonst kommst du nicht voran. Wie du da vorhin gesagt hast, du heißt John Koppel und kommst im Auftrag des Orthopädiegeschäftes Partos, von dem doch jeder weiß, dass der Besitzer ein Jude ist, da hab ich mir gedacht: Jetzt muss ich den Kollegen und dem Publikum mal was vorspielen; hier kontrolliert doch jeder jeden. John, was kann ich für dich tun?«

In wenigen Minuten war alles zu Papas vollster Zufriedenheit erledigt und wir verließen das Büro duch eine Hintertür.

Die Leute draußen dachten sicher, wir wären der Gestapo ausgeliefert worden. Und das sollten sie ja auch. Ich freute mich, wenngleich mir der Schrecken noch in den Gliedern saß. Herr Meyer hatte Papa geholfen und ich hatte erfahren, dass ich meinem Vater sehr ähnlich sah. Und darauf war ich stolz.

Ich besuchte Papa gerne im Laden am Schulterblatt und ich ging auch immer hinunter in die Werkstatt. Die Angestellten erlaubten mir ein bisschen an den Maschinen zu basteln: Ich durfte Löcher in Aluminiumplatten bohren oder Lederstücke zusammennähen.

Allein der Weg dahin lohnte sich schon: Man ging durch Straßen, die von kleinen Geschäften und Kneipen gesäumt waren. In den Auslagen und Schaufenstern gab es immer etwas zu entdecken. Die bunten Eindrücke wurden noch durch eine abwechslungsreiche Geräuschkulisse verstärkt: Straßenbahnen bimmelten, Autos hupten, Pferdefuhrwerke klapperten.

Nicht weit von Onkel Laczis Geschäft gab es eine kleine Schusterwerkstatt, in die wir oft hineinschauten. Man musste ein paar Stufen hinuntergehen und stand dann plötzlich in einem dämmrigen Raum, der angefüllt war mit zu reparie-renden Schuhen: schwere, ausgetretene Arbeitsstiefel, feine Damenpumps mit hohen, spitzen Absätzen und viele Kinder-schuhe in allen Größen. Inmitten all der kaputt gelaufenen Schuhe saß der Meister, Herr Lubinski, über seine Arbeit gebeugt, und nähte, hämmerte und leimte.

Seine Frau bediente die Kundschaft. Mutti kannte Frau Lubinski gut, denn sie war auch »ein Kind aus ihrer Schulklas-se« gewesen. Oft wurden wir von ihr in die Wohnstube gebeten, die gleich hinter der Werkstatt lag, und schon bald vermischte sich der aufdringliche Geruch von Leder und Leim mit würzigem Kaffeeduft. Ich bekam immer ein großes Stück Kuchen. Während die Frauen sich unterhielten, saß ich auf dem alten, aber urgemütlichen grünen Plüschsofa und spielte mit der Katze. Manchmal ging ich auch wieder nach vorne in den Laden und schaute mir die Sachen an, die man dort kaufen konnte: Schuhcreme, Schuhbürsten, Schnürsenkel und Schuhanzieher. Ein schwarz lackierter Schuhlöffel aus Metall hatte es mir angetan.

»Wenn ich diesen Schuhlöffel hätte, dann könnte ich meine Schuhe immer ordentlich anziehen und würde sie nie mehr hinten runtertreten«, bedrängte ich meine Mutter.

Mutti musste schon lange jeden Pfennig umdrehen, aber diese Anschaffung erschien ihr wohl nützlich. Stolz trug ich den sorgfältig in Seidenpapier eingewickelten Schuhanzieher nach Hause. Er begleitete mich jahrzehntelang durch die ganze Welt und erinnerte mich immer wieder an die Lubinskis, die ich nach diesem Kauf nicht mehr wieder sehen sollte.

Es war an einem der ersten Tage im November 1938, als ich zusammen mit meiner Mutter auf dem Weg zu Onkel Laczi war. Die kleinen Sträßchen rund um das Schulterblatt schienen mir nicht so belebt wie üblich. Lag es nur an diesem nasskalten, stürmischen Wetter, dass mir heute alles öde, grau und beklemmend vorkam? Ich drängte mich an meine Mutter, die ihren aufgespanntem Regenschirm gegen den Wind stemmte.

In den letzten Tagen waren in der Schule viele Plätze leer geblieben. Zuerst kursierten nur Gerüchte, die sich aber bald als Wahrheit herausstellten. Ganze Familien waren im Morgengrauen in ihren Wohnungen festgenommen und in Gefängnisse oder Sammellager transportiert worden. Bei dem überstürzten Aufbruch wurde den Betroffenen kaum Zeit gelassen ein paar Kleidungsstücke in ihre kleinen Koffer zu werfen. Sie mussten ihre gesamte Habe zurücklassen. Abends brachte die Polizei sie in zahlreichen vergitterten Wagen zum Bahnhof Altona. Dort sollten sie in bereitstehende Personenzüge einsteigen. Es hieß, dass man sie zur polnischen Grenze gebracht hätte. Über den Verbleib der Transporte gab es keine Nachricht[*]. Alle Verhafteten waren Juden polnischer Staatsangehörigkeit gewesen. Die meisten hatten schon sehr lange in Hamburg gelebt, hier ihre Familien gegründet, Kinder bekommen, sich zu Hause gefühlt.

Ich hatte den Kommentar eines Freundes meiner Eltern aufgeschnappt: »Nun haben wir ja wohl das Schlimmste hinter uns. Jetzt hat Hitler erreicht, was er wollte. Ihr werdet sehen, alles wird besser.«

Würde Hitler uns deutsche Juden nun wirklich in Ruhe lassen?[**]

Ich war die ganze Zeit eng neben meiner Mutter hergegangen und hatte nicht mehr auf die Umgebung geachtet, als Mutti plötzlich abrupt stehen blieb. Wir waren an der Schusterwerkstatt angelangt. Auf den Stufen, die in den Laden hinunterführten, standen Leute.

Die Tür war sperrangelweit offen. Der Laden war fast leer geräumt. Die Kunden hatten sich wohl selber hereingelassen und ihre Schuhe abgeholt. Meine Mutter ging durch die Werkstatt bis ins Wohnzimmer. Der sonst so gemütliche Raum mit den altmodischen Möbeln sah sehr unordentlich aus.

Vor dem grünen Plüschsofa stand eine dicke Frau und keifte: »So ein Gesindel, dieses Judenpack. Gut, dass wir die endlich los sind. Und der Rest wird hoffentlich auch bald folgen.« – »Heil Hitler!«, fügte sie dann noch mit

---

[*] Die polnischen Grenztruppen verweigerten den Ausgewiesenen längere Zeit den Zutritt, sodass die Menschen in der Kälte und ohne Verpflegung im Niemandsland kampieren mussten.

[**] Manche patriotisch gesinnten Juden konnten lange nicht glauben, dass der nationalsozialistische Antisemitismus nicht nur gegen jüdische Einwanderer aus Polen und Litauen gerichtet war, sondern gegen alle Juden. Hatten doch im Ersten Weltkrieg (1914–1918) 100 000 deutsche Juden für Deutschland an der Front gekämpft.

schneidender Stimme hinzu und ging hoch erhobenen Hauptes hinaus.

»Wir können da sowieso nichts machen«, meinte ein alter Herr und bahnte sich einen Weg nach draußen. »Am besten, man kümmert sich nicht darum. Ich bin auch schon so alt und aufregen darf ich mich nicht, hat der Arzt gesagt.«

»Mir tun die Lubinskis Leid«, sagte da eine junge Frau, »aber unser Führer wird schon wissen, was richtig ist. Außerdem werden die bestimmt gut untergebracht, da wo sie eben hingehören. So schön haben sie ja hier auch nicht gewohnt«, schloss sie mit einem Blick durch die bescheidene Kellerwohnung.

»Nein, Ingeborg«, mischte sich eine neben ihr stehende Person lebhaft ins Gespräch ein, »ich glaube, unser Führer weiß von alledem gar nichts. Das hätte der nicht gewollt. Das sind einfach Ausschreitungen der Polizei. Wenn da irgendein Stempel fehlt, machen die gleich kurzen Prozess!«

»Genau, kurzen Prozess machen die noch mit uns allen«, lallte ein offensichtlich betrunkener Mann, »das wird alles noch viel schlimmer kommen. Das endet mit Krieg und den werden wir auch wieder nicht gewinnen.«

Eine Frau zerrte an seinem Mantel und schimpfte leise: »Georg, komm jetzt endlich mit und halt deinen Mund! Was quatschst du denn für einen Unsinn! Du bringst uns ja alle noch ins Unglück.«

»Ich will das alles hier nicht gehört haben«, schnarrte plötzlich eine Stimme und ein junger Mann aus der Menge verließ mit zackigem Schritt die Werkstatt.

Mutti war ganz blass geworden und ging auch zurück auf die Straße. Als sie die Tränen in meinen Augen sah, nahm sie mich in den Arm und flüsterte: »Du musst keine Angst haben, Gert, sicher ist es ganz furchtbar, aber Papa und ich werden schon eine Lösung finden. Du und Ilse, ihr könnt euch auf uns verlassen, bestimmt!«

Ich wusste, wie energisch und tüchtig meine Mutter war, aber reichten ihre Kräfte in diesem Fall wirklich aus? Als sie mir einen aufmunternden Klaps gab und mich in Onkel Laczis Laden hineinschob, fühlte ich mich schon etwas getröstet. Aber dann fiel mir die kleine Katze aus der Schusterwerkstatt ein. Was war wohl aus ihr geworden? Vielleicht hatte jemand Mitleid mit ihr gehabt? Sie war ja ein Tier.

Es wird ernst

Der 10. November begann wie jeder andere Tag: Nachdem Mutti mich geweckt hatte, machte ich mich für die Schule fertig. Ilse war im Badezimmer, Mutti bereitete das Frühstück vor, Papa lag noch im Bett. Als das Telefon klingelte, ging ich dran und meldete mich wie üblich mit »Hier Koppel.« Wer rief uns zu dieser frühen Stunde schon an?

»Da ist Tante Bertel«, kam es atemlos aus dem Hörer, »Gertchen, sind Leute bei euch? Du musst nur Ja oder Nein sagen.«

»Was denn für Leute?«, fragte ich verdattert, bekam aber keine Antwort und reichte den Hörer an meine Mutter weiter, die schon neben mir stand. Mutti hörte aufmerksam zu und ihr Gesicht wurde dabei ganz grau. Nachdem sie mit zitternden Händen aufgelegt hatte, hastete sie zu Papa ins Schlafzimmer.

»Das war Bertel. Die Gestapo hat Onkel Bruno eben abgeholt. Sie weiß nicht, was mit ihm geschieht. In ihrem Haus wurden auch andere jüdische Männer mitgenommen. Du sollst dich sofort verstecken.«

Papa stand auf, schaltete das Radio an und schon hörten wir eine laute, unangenehme Stimme: »Dieser Mord wird nicht ungestraft bleiben! Die Reichsregierung wird sich bemühen die Ordnung aufrecht zu erhalten, aber die Volkswut kann nur schwer eingedämmt werden.«

Es folgten noch weitere gehässige Stimmen, die auf das gesamte Weltjudentum, aber insbesondere auf das deutsche Judentum schimpften und wilde Drohungen ausstießen.

»Papa, was ist denn da los?«, fragte ich ängstlich.

»Alles hat wohl damit angefangen, dass der siebzehnjährige Herschel Grynspan, ein jüdischer Junge aus Hannover, den deutschen Botschaftssekretär Ernst Eduard vom Rath in Paris angeschossen hat«, erklärte uns mein Vater. »Grynspan hat in Paris ausgesagt, dass seine Eltern und Geschwister Ende Oktober mit vielen anderen jüdisch-polnischen Leidensgenossen auf brutalste Art und Weise von den Nazis nach Polen deportiert wurden. Aus Protest dagegen und um die Welt auf dieses furchtbare Unrecht aufmerksam zu machen, hat der Junge vorgestern in der deutschen Botschaft geschossen. Herschel Grynspan wurde sofort von der französischen Polizei verhaftet. Herr vom Rath ist leider gestern gestorben.«

Papa machte eine Pause und fuhr dann bekümmert fort: »Es scheint mir, dass man uns hier dafür verantwortlich machen will.«

»Uns – verantwortlich . . .?«, empörten sich Ilse und ich wie aus einem Munde. »Was können wir denn dafür?«

Papa machte ein ratloses Gesicht und Mutti zog die Schultern hoch.

»Ich werde jetzt erst mal telefonieren«, sagte sie dann. Sie rief einige Familienmitglieder an, um sie zu warnen. Manche wussten schon Bescheid, hatten auch von den Verhaftungen gehört, andere waren genauso ahnungslos gewesen wie wir.

Nun mussten Entschlüsse gefasst werden. Mein Vater sagte in seiner ruhigen Art: »Ich denke, die Kinder sollten in die Schule gehen. Sie sind dort am besten aufgehoben. Die Gestapo scheint es nur auf Männer abgesehen zu haben und Gert ist ja erst elf.«

»Und du, was machst du?«, jammerte Ilse und klammerte sich an Papa.

»Ich kann schon gut auf mich aufpassen, ein alter Soldat wie ich. Ich habe den Schützengraben überlebt und werde auch aus dieser Situation heil herauskommen. Jetzt gebt mir einen Kuss und macht euch auf den Weg. Seid aber vorsichtig und vergesst nicht: Erst denken und dann handeln!«

Ich überlegte mir, dass es vielleicht besser wäre heute nicht über die gefährliche Rutschbahn zu laufen, sondern einen Umweg zu nehmen. Der war zwar doppelt so weit, aber die Straßen schienen mir sicherer. An der Synagoge am Bornplatz war eine Menschenmenge versammelt. Ich konnte aber nicht sehen, was dort los war, musste mich auch beeilen, um nicht allzu spät in die Schule zu kommen. Ausnahmsweise betrat ich heute das Schulgebäude durch den Haupteingang, der mir viel näher lag, aber eigentlich den Lehrern vorbehalten war.

»Ungewöhnliche Umstände erfordern ungewöhnliche Taten!«, hatte Papa mal zu mir gesagt und das traf an diesem Tag sicherlich zu.

Als ich durch die Türe ging und mich in der Sicherheit der Schule wähnte, atmete ich erleichtert auf.

Fast alle Schüler waren da. Mein Vater hatte also wieder mal Recht gehabt. Von Mitschülern, die sich, anders als ich, auf den üblichen Schulweg gewagt hatten, erfuhr ich, dass die kleine Synagoge in der Rutschbahn verwüstet worden war. Andere, die direkt an der Hauptsynagoge am Bornplatz vorbeigegangen waren, berichteten, dass dort Gebetbücher und Torarollen auf der Straße im Dreck lagen. Es war ein ganzer Berg gewesen. Man hatte sie zerschnitten, mit den Füßen darauf herumgetrampelt und schließlich angezündet. Alles brannte lichterloh und im Innern der Synagoge war offensichtlich auch Feuer gelegt worden, denn es drang Rauch aus den zertrümmerten Fenstern. Mehrere Schüler konnten beim Erzählen die Tränen nicht zurückhalten.

Trotz all der schrecklichen Geschichten begann unser Lehrer mit dem Unterricht. Wir hatten Englisch bei »Little«, der in Wirklichkeit Herr Klein hieß. Plötzlich drangen ungewöhnlich laute Geräusche zu uns. Schwere Männerschritte hallten durch den Flur und da riss auch schon jemand, ohne anzuklopfen unsere Klassentür auf. Ein Mann schaute kurz in die Klasse und verschwand wieder ohne ein Wort. Erich, der einen Fensterplatz hatte, sagte halblaut: »Sieht aus wie Gestapo.« Herr Klein legte seinen Finger auf den Mund.

»Soll ich die Tür zumachen?«, fragte Wolf kaum hörbar von seinem Platz an der Tür. Herr Klein schüttelte nur den Kopf. Nun war also die gefürchtete und berüchtigte Gestapo in unserer Schule. Wir hörten sie in den Gängen auf und ab gehen. Gelegentlich sah mal einer in unseren Klassenraum, sagte aber nichts. Erich berichtete ganz leise von seinem Aussichtsplatz: »Vor jedem Eingang steht die Gestapo. Sie lassen niemanden herein oder hinaus.«

Im Flur sah man inzwischen Schüler aus den höheren Klassen vorbeigehen. Sie pressten die Lippen aufeinander. Die Angst stand in ihren Augen. Einer erbrach sich genau vor der offenen Tür. Dann lief er weiter.

»So ein Saustall!«, brüllte eine grobe Stimme. Dann kam die

Stimme in das Klassenzimmer. »In die Turnhalle, aber sofort!«, befahl sie und ein Finger zeigte auf Herrn Klein.

Herr Klein packte sorgfältig und ohne Hast seine Bücher zusammen. Dann wandte er sich ruhig an die Klasse. »Lest Seite 34 in eurem Englischbuch und bitte, seid still, bis ich wiederkomme.«

Ohne ein weiteres Wort verließ er gemessenen Schrittes das Klassenzimmer. Hinter ihm marschierte der Gestapo-Beamte, der halblaut was von »frechen Juden« zischelte. Nun hatten wir »Little«, über den wir oft gelacht hatten, von einer ganz anderen Seite kennen gelernt. Wir kramten unsere Bücher hervor und begannen die Seite 34 zu lesen, wie Herr Klein es angeordnet hatte. Ich verstand nicht viel vom Text. Die Buchstaben tanzten vor meinen Augen.

Ein paar von unseren Lehrern hatten im Flur Aufsicht. Die Tür war immer noch offen. Paul hatte einen günstigen Beobachtungsplatz. Er informierte uns über das, was draußen vor sich ging. »Die Gestapo hat Listen bei sich«, flüsterte er und sein Bericht ging von Ohr zu Ohr weiter. »Sie scheinen die Lehrer zu verhaften und auch ein paar von den großen Schülern«, war die nächste Nachricht.

In unserem Flur hatte Dr. Jacobsen Aufsicht. Wir nannten ihn »Jola«. Er war ein ausgesprochen beliebter Lehrer. »Jola« hatte ein tolles Gesangbuch mit deutschen, jiddischen und hebräischen Liedern herausgebracht. Musik war seine Leidenschaft. Am liebsten hätte er mit seinen Schülern den ganzen Tag nur gesungen. Dr. Jacobsen ging gerade an unserer Tür vorbei, als ihn ein Mann im Ledermantel etwas fragte, dann kurz auf eine Liste sah und ihn gleich darauf grob am Arm packte und ihn in Richtung Treppe aus unserem Blickfeld zog.

»Jetzt haben sie ›Jola‹ abgeholt«, sagte Paul. Ich musste

heftig schlucken und suchte vergeblich nach meinem Taschentuch, das ich offensichtlich in der morgendlichen Eile vergessen hatte. Mein linker Nachbar schob mir wortlos ein frisches weißes Taschentuch über das Pult.

Dann kam irgendwer in die Klasse und sagte: »Ihr könnt nach Hause gehen! Die Schule ist geschlossen.«

Auf dem Nachhauseweg hatte ich ein komisches Gefühl. Um diese Zeit war ich doch sonst immer in der Schule. Schauten sich nicht schon die Leute nach mir um? Aber es kümmerte sich keiner um mich. Hausfrauen gingen einkaufen, kleine Kinder spielten auf der Straße, zwei alte Herren spazierten pfeiferauchend auf und ab. Lieferwagen brachten Waren in die Läden. Dort sah ich Menschen mit mir gut bekannten Gesichtern, die hinter den Ladentischen ihren gewohnten Beschäftigungen nachgingen. Zwei Hunde bissen sich und eine Frau schimpfte.

Alles ist ganz normal, dachte ich, nur für uns nicht!

Dann kam ich an Hirschs Bonbonladen vorbei. Die Fensterscheiben waren eingeschlagen, viel zerbrochenes Glas lag überall herum. SA-Männer in braunen Uniformen, schwarzen Schaftstiefeln und schwarz-weiß-roten Hakenkreuzbinden am linken Arm standen breitbeinig davor. Es sah nicht so aus, als wären sie zufällig vorbeigekommen. Eine Menge Leute, manche mit bestürzten Gesichtern, hatte sich auf dem Trottoir versammelt. Auf der gegenüberliegenden Straßenseite näherte sich jetzt auch eine Gruppe Nazis. Sie blieben vor einem kleinen Strickwarengeschäft stehen. Es gehörte den Cohns, die auch Juden waren. Mit meiner Mutter war ich oft in dem Geschäft gewesen.

Zwei SA-Männer schlugen mit Eisenstangen, die sie bei sich trugen, die beiden Schaufensterscheiben ein. Dann warfen sie alles, was sie im Laden finden konnten, einfach auf die schmutzige nasse Straße. Bunte Wolle, Stricknadeln, Schnittmuster und einige Kleidungsstücke bildeten einen wirren Haufen. Eine ältere Frau hob ein Wollknäuel auf und stopfte es verstohlen in ihre Tasche. Der eine SA-Mann klopfte ihr wohlwollend auf die Schultern: »Nimm det man mit, Muttern«, sagte er lachend. »Das Saupack hat all die Jahre genug an dir verdient.« Die Frau blickte erschrocken auf. Als sie an mir vorüberging, murmelte sie mir vertraulich zu: »Das geb ich später der Frau Cohn zurück.« Ich nickte geistesabwesend. Aber meine Hand hätte ich nicht dafür ins Feuer gelegt.

Ich wollte so schnell wie möglich nach Hause und beschleunigte meine Schritte. »Lass dir Zeit, du kommst sowieso nicht mehr rechtzeitig zur Schule!«, rief mir einer nach. Der hatte ja keine Ahnung. Trotzdem ging ich jetzt langsamer, um nicht aufzufallen.

Schon fast an der Haustür traf ich mit Ilse zusammen. Wir stürzten nach oben. Mutti öffnete die Tür. Von Papa keine Spur.

»Papa ist auf dem Trockenboden«, sagte Mutti leise und strich uns übers Haar. »Dort wird er sich erst mal aufhalten müssen.«

Wir wohnten auf der obersten Etage, deshalb war der Zugang zum Trockenboden von unserer Wohnung aus leicht und ungesehen zu erreichen. Es gab dort kleine Abstellkammern. Jede Hauspartei hatte eine. Aus irgendeinem Grund hatten wir zwei Kammern. Die Nachbarn wussten nichts davon. Wir waren über den extra Abstellplatz immer sehr froh gewesen, konnten wir doch unsere Koffer und alles mögliche alte Zeug problemlos aufbewahren. Die Türen zu den Verschlägen konnte man von außen und von innen verriegeln.

Als Ilse und ich noch klein waren und uns mal ganz schlecht benahmen, hatte Mutti gedroht uns in diese Verschläge einzusperren. Es gab kein Licht darin. Im Sommer war es schrecklich heiß, im Herbst und Winter zugig kalt. Mutti hatte ihre Drohung damals nicht wahr gemacht.

»Wir haben ein bestimmtes Geheimzeichen verabredet«, verriet uns Mutti, »nur wenn ich damit an die Tür klopfe, macht Papa auf. Ich hole ihn jetzt. Der Arme sitzt schon so lange da. Er muss sich unbedingt aufwärmen und etwas essen. Einer von euch sollte aber am Fenster bleiben und aufpassen, ob die Gestapo kommt. Wenn ihr was seht, müsst ihr gleich Bescheid geben, dann bleibt noch genug Zeit für ihn zu verschwinden.«

Ich war tief beeindruckt von dem Einfallsreichtum meiner Eltern. Das hätte ich ihnen gar nicht zugetraut. Sonst benutzten doch nur wir Kinder geheime Klopfsignale in unseren Spielen. Aber dies war kein Spiel. Nachdem, was ich heute Morgen gesehen und erlebt hatte, wusste ich, dass es tödlicher Ernst war.

Ilse setzte sich ans Erkerfenster und beobachtete die Straße. Als Papa wieder in der Wohnung war, machte meine Mutter einen duftenden Filterkaffee, der Papa offensichtlich sehr gut tat. Ihm war sehr kalt gewesen. Am Morgen hatte er nicht mal die Zeit gehabt sich zu rasieren. Das holte er gleich nach dem Essen nach. Dann streckte er sich auf dem Sofa aus und schlief sofort ein.

Eine schlimme Nacht

Der Tag schien sich endlos in die Länge zu ziehen. Am Nachmittag fing es an zu regnen und die Dunkelheit setzte schon früh ein. Papa lag auf dem Sofa. Mutti, Ilse und ich saßen abwechselnd am Fenster und starrten angestrengt nach draußen. Mir tat schon der Kopf weh und auch die anderen sahen müde aus, aber für Papa hätten wir gerne noch mehr getan. Er sollte seine Kräfte schonen, sich ausruhen. Wer weiß, was ihm noch bevorstand?

Am Abend hatte sich Inge, unsere »halbarische« Kusine, telefonisch angekündigt. Sie wollte unbedingt vorbeikommen, Papa war ihr Lieblingsonkel. Zwanzig Minuten später saß sie bereits am Wohnzimmertisch.

»Angst hab ich keine. Mir können die ja nichts tun«, sagte sie trotzig. Ihre Stimme klang nicht ganz so tapfer wie ihre Worte. Aber sie hatte sich in den Kopf gesetzt Papa zu helfen.

Inzwischen war es sehr spät geworden und Mutti hatte bereits mehrmals bedeutungsvoll auf die Wanduhr geschaut. Ich verstand den stummen Hinweis und versprach: »Ich übernehme jetzt noch einmal die Wache, dann gehe ich schlafen.« Mutti nickte erleichtert und strich mir über den Kopf. Da setzte ich mich wie ein kleiner Junge auf ihren Schoß und hielt mich an ihr fest. Das hatte ich lange nicht mehr getan. Niemand lachte mich aus und Mutti streichelte mich, bis ich aufstand und mich wieder an meinen Beobachtungsposten begab.

Es waren noch keine zehn Minuten vergangen, als sich plötzlich, von links kommend, ein großes dunkles Auto näherte und genau unter der Laterne vor unserem Haus anhielt. Zwei Männer in langen Ledermänteln stiegen aus und gingen zielstrebig zum Hauseingang.

»Sie kommen!«, wollte ich rufen, aber es war fast nichts zu hören. Meine Stimme versagte vor Aufregung. »Zwei Männer in Ledermänteln sind gerade ins Haus gegangen«, stammelte ich jetzt etwas lauter.

Papa stand sofort auf. Ruhig leerte er den Inhalt seines Aschenbechers in eine Tüte, die er zusammen mit seinen

Zigaretten in die Hosentasche steckte. Er griff nach seinem dicken Pullover, Mutti reichte ihm seinen Mantel und schon war er aus der Wohnungstür und in den Bodenräumen verschwunden. Wir stürzten zurück ans Fenster. Inge hatte uns bestätigt, dass man uns von der Straße aus nicht sehen konnte. Im Schein der Straßenlaterne stand immer noch schwarz und drohend das Auto. War das vielleicht gar nicht die Gestapo, sondern nur harmlose Besucher?

Minuten verstrichen. Dann tauchten die beiden Männer plötzlich wieder auf, aber sie waren nicht allein. Sie führten einen weiteren Mann zwischen sich. Ich erkannte deutlich seine Gestalt: Es war Herr Benscher vom Parterre. Die Männer stießen ihn unsanft in den Wagen und gingen zurück zur Eingangstür. Wieder dauerte es einige Zeit, bis sie herauskamen. Diesmal hatten sie Herrn Herz aus dem zweiten Stockwerk zwischen sich und schubsten auch ihn ins Auto.

Sowohl Herr Herz wie Herr Benscher waren jüdische Mitbewohner. Jetzt würden sie zu uns kommen, um Papa zu holen. Sie würden ihn nicht antreffen, aber was dann folgte, hatten wir schon von anderen gehört: Fanden die Gestapo-Leute die gesuchte Person nicht, traten ein paar SA-Männer auf die Bühne. Die Gestapo ging dann meist weg und die SA begann ihr Werk. Sie brachten Knüppel und Eisenstangen mit. Als Erstes wurde das Mobiliar zerschlagen. Bilder wurden von den Wänden gerissen, Kissen, Decken, Bettzeug mit scharfen Messern zerschnitten, Geschirr stapelweise auf den Boden geschleudert, Fotografien zerrissen, Silber, Schmuck und Kleidung oft einfach aus dem Fenster geworfen. Man musste froh sein, wenn einen so ein Knüppel oder eine Eisenstange nicht selber »aus Versehen« traf. Bei der ganzen Aktion wurden ununterbrochen gemeinste Reden und Flüche ausgestoßen. Dann war der Spuk vorbei.

Es ging immer alles ganz systematisch und sehr schnell. Die Zeitungen schrieben dann später von der »spontanen Volkswut«, die »in einzelnen Fällen nicht einzudämmen ist«. Ich hatte die Auswirkungen der »Volkswut« ja heute schon auf der Straße gesehen.

Im Radio war ununterbrochen »die Bestrafung des feigen Mordes an Ernst vom Rath« gefordert worden. »Der Meuchelmörder Grynspan war eine Waffe in der Hand des schnöden Weltjudentums, ohne Zweifel unterstützt von den Juden des Reichsgebietes ... So undankbar und heimtückisch ist diese jüdische Rasse, die nun schon allzu lange unsere Gastfreundschaft ausnützt. Wir müssen uns endlich von ihr befreien. Die Juden müssen weg, weg, weg. Erst dann wird hier alles besser werden und das deutsche Volk kann sich entfalten ...«

So endeten alle Sendungen. Alle hörten sie und viele glaubten, was sie hörten.

Ich sah die leere Werkstatt des Schusters Lubinski vor mir und es war mir völlig klar, wer da die Wahrheit verdrehte.

Ich war so in Gedanken versunken, dass ich fast die Abfahrt des Autos verpasst hätte. »Sie fahren los. Sie sind weg!«, jubelte ich, als das Auto tatsächlich in der Dunkelheit verschwand.

Mutti holte Papa aus seinem zugigen Versteck. Ratlos und schweigend saßen wir um den Tisch herum, bis Inge endlich sagte: »Onkel John, so geht das nicht weiter. Du musst woandershin.«

»Ja aber wohin denn?«, riefen wir alle durcheinander.

»Zu uns hat es keinen Sinn«, überlegte Inge laut. »Wir wohnen bei Oma. Die ist auch Jüdin. Da können sie auch kommen. Wir müssen Erna anrufen. Bei ihr kannst du sicher ein paar Nächte bleiben.«

Erna und Gusch, die Getreuen. Keiner hatte in der Aufregung an sie gedacht. Inge war schon am Telefon. Leider nahm niemand ab. Sie probierte es immer wieder. Als Mutters mahnender Blick auf mich fiel, ging ich endlich ins Bett, obwohl ich mich hellwach fühlte.

Plötzlich schreckte ich hoch. Scheinbar war ich doch eingeschlafen gewesen. Im Korridor waren Geräusche, die mich aufgeweckt hatten. »Ich bringe Onkel John nach Stellingen«, hörte ich Inge sagen. »Wir wollen nicht die letzte Bahn versäumen, auch wenn Erna und Gusch noch nicht zu Hause sind.«

Ich sprang aus dem Bett, aber die Wohnungstür hatte sich schon hinter den beiden geschlossen. Inge war vorausgegangen, um zu kontrollieren, ob alles ruhig war. Papa folgte ihr im verabredeten Abstand. Vom Erkerfenster aus sahen wir sie kurz darauf beide auf der Straße. Sie hatten sich eng umfasst und schienen ganz intensiv miteinander beschäftigt.

»Sieht ja aus wie ein Liebespaar«, sagte Ilse etwas verstimmt.

»Das soll es auch«, antwortete Mutti lächelnd, »da fallen sie nicht so auf.« Sie schienen wirklich an alles gedacht zu haben.

Inge kam am nächsten Morgen zu uns. Sie war strahlender Laune.

»Was für ein Abenteuer!«, erzählte sie. »Gusch und Erna waren zum Tanzen. Das tun sie wohl ganz selten, aber dann ausgiebig. Wir spazierten in Stellingen herum, gingen bis zum Eingangstor vom Tierpark Hagenbeck und wieder zurück. Wurde es uns zu kalt, stellten wir uns in einen Hauseingang. Kam jemand vorbei, dann . . .«, Inge konnte sich vor Lachen nicht mehr halten, ». . . dann drückte ich mich ganz fest an Onkel John und er gab mir doch tatsächlich mehrere Küsse.«

Meine Kusine wandte sich an Mutti und fragte: »Tante Magda, du bist doch nicht eifersüchtig?«

Mutti lachte und umarmte sie. »Du hast nur deine Pflicht getan«, sagte sie mit einem Augenblinzeln.

»Spaß muss sein bei der Beerdigung, sonst geht keiner mit«, kommentierte Ilse etwas vorlaut und Mutti fügte noch versonnen hinzu: »Meinen John kenne ich. Auf den kann ich mich verlassen.«

Inzwischen war Inge wieder ernst geworden und berichtete weiter: »Endlich, gegen zwei Uhr, kamen Erna und ihr Mann zu Fuß nach Hause. Sie hatten ordentlich getrunken und konnten sich über den ungewöhnlichen Besuch zu dieser vorgerückten Stunde gar nicht beruhigen. Gusch war ziemlich angeheitert, machte dauernd Witze: ›Na, ihr seid wohl durchgebrannt? Ich bring euch nach Cuxhaven, da geht morgen ein Schiff nach Amerika ab. Mensch, ich lass meine Olle auch glatt sitzen. Hast du keine Freundin für mich, Inge?‹

In der Wohnung erklärte Onkel John dann den Sachverhalt. Da wurde Gusch sofort nüchtern und lachte nicht mehr. ›Selbstverständlich bleiben Sie hier‹, bestimmte er. ›Die Erna soll ihnen mal 'ne Tasse Tee bringen. Und ich begleite jetzt die Inge nach Hause. So ein junges Mädchen gehört morgens um zwei Uhr nicht alleine auf die Straße.‹ Tja, und dann hat Gusch mich zu Fuß heimgebracht«, schloss Inge.

Trotz der ernsten Lage konnte ich mich nicht zurückhalten und fragte meine Kusine scheinheilig: »Hast du mit Gusch dann auch geknutscht?« Ilse gab mir einen Klaps und Mutti drohte mir mit dem Finger.

Das Telefon klingelte und ich nahm schnell ab. Es war Erna. »Gertchen«, sagte sie kurz, »bitte richte der Mutti recht schönen Dank für das Geschenk aus, das sie uns geschickt hat. Wir können es gut gebrauchen und werden sehr vorsichtig damit sein.« Damit hängte sie auf.

So viel wusste ich auch schon: Die Gestapo hörte gewisse Gespräche ab und deshalb war es besser vorsichtig zu sein.

Ich hatte verstanden, was sie meinte. Ein Stein fiel mir vom Herzen und ich gab die verschlüsselte Botschaft schnell an die anderen weiter.

Fort, nur fort!

Am Abend des 15. November kam Papa endlich wieder nach Hause.

»Die Aktion ist vorerst eingestellt«, berichtete er, »aber keiner weiß auf wie lange Zeit. Dieser Regierung fällt ja jeden Tag etwas Neues ein. Nun sollen *wir* auch noch den Schaden, den die SA und ihre Anhänger am 10. November angerichtet haben, bezahlen. Wir dürfen doch schon so gut wie keinen Beruf mehr ausüben. Die Bande wird nicht eher ruhen, als bis sie ihr Ziel erreicht hat!«

»Welches Ziel denn?«, fragte ich ängstlich.

»Uns alle totzuschlagen!«, erwiderte Ilse mit harter Stimme.

»Onkel Herbert war doch der Klügere«, meinte Mutti deprimiert.

»Diese Einsicht nützt uns jetzt auch nichts mehr«, sagte Papa. »Aber so schnell lassen wir uns nicht unterkriegen. Ich freue mich jedenfalls, dass ich wieder bei euch bin, so nett und zuvorkommend Erna und Gusch auch waren. Wir sind den beiden zu großer Dankbarkeit verpflichtet. Sie haben allerhand riskiert. Ab morgen werden wir uns energisch um unsere Zukunft kümmern. Und jetzt will ich erst mal in mein eigenes Bett.«

Ein paar Tage später ging ich wieder zur Schule.

Alles erschien mir verändert. Zwar war das Gebäude das gleiche. Aber wo waren das Lachen und der Lärm geblieben, die immer den Schulhof ausfüllten? Früher hatten wir uns hier sicher und gut aufgehoben gefühlt. Jetzt saßen wir stumm und bedrückt in den Bankreihen, behielten verstohlen die Türe im Auge. Überall waren leere Plätze. Von den nach Polen verschleppten Freunden gab es keinerlei Nachricht. Viele meiner Mitschüler warteten noch vergeblich auf die Rückkehr ihrer verhafteten Väter. Es war inzwischen bitterkalt und man hörte schlimme Geschichten aus den Konzentrationslagern. Ein Großteil der Lehrer fehlte und uns wurde plötzlich bewusst, wie sehr wir an ihnen hingen.

Eines Tages standen die Lehrer Klein und B. S. Jacobsohn wieder vor uns. B. S. war kaum wieder zu erkennen. Er war zwar nie ein stattlicher Mann gewesen, aber jetzt schien er wie sein eigener Schatten: Unbeschreiblich dünn und gebrechlich, ohne Bart, mit kahl geschorenem Kopf.

»Was haben sie denn mit dem gemacht?«, flüsterte Erich mir entsetzt ins Ohr. Noch bevor ich antworten konnte, setzte Herr Jacobsohn zum Sprechen an. Seine einst so klangvolle Stimme wirkte gepresst und heiser:

»Ich weiß, dass ihr euch über mein Aussehen wundert. Ich habe mich in der Tat etwas verändert. Aber, meine Haare werden nachwachsen und bald wird wieder mein schöner Spitzbart im Gesicht stehen. Bitte, fragt mich nichts. Ich kann euch nur sagen, mir ist es wunderbar ergangen. Es war gut mal Ferien von euch zu haben. Dass ich etwas hinke, geht auf einen kleinen Unfall im Haushalt zurück. Wenn ich schon mal meiner Frau in der Küche helfen will.«

»Jola« brachte es sogar fertig zu lächeln.

Schweigend starrten wir unseren Lehrer an. Natürlich glaubten wir ihm kein Wort. Es war allgemein bekannt, dass die Gefangenen aus dem KZ bei ihrer Entlassung gewarnt wurden: »Nur ein einziges schlechtes Wort über euren Aufenthalt hier und ihr besucht uns bald wieder. Dann kommt ihr aber nur als Asche in einem Zigarrenkasten zu euren Familien zurück. Verstanden?« Alle hatten verstanden.

Mitte Dezember war Onkel Bruno zu Tante Bertel zurückgekommen. Als ich meinen Onkel sah, glaubte ich einen unbekannten Mann vor mir zu haben. Wie ein Fremder saß er steif am Tisch, sprach kaum etwas, starrte vor sich hin und schien uns gar nicht richtig wahrzunehmen. Immer wieder zog er geräuschvoll die Luft durch die Nase hoch. Als Häftling im KZ hatte er kein Taschentuch gehabt und das Hochziehen war zur zwanghaften Gewohnheit geworden. Ich kannte Onkel Bruno nur als einen eleganten, gepflegten Herrn mit korrektesten Umgangsformen. Dieser Mann mit dem kahl geschorenen Kopf schien ein anderer zu sein.

Herr Herz aus der zweiten Etage war auch wieder da. Der hoch gewachsene Mann – er war mindestens 1,90 – konnte sich nur mühsam mit Krücken vorwärts bewegen. Trotz des Verbots über KZ-Erlebnisse zu sprechen sickerte allmählich durch, wie ihm dort mitgespielt worden war: Im KZ hatte es stundenlange Appelle* gegeben, bei denen die Gefangenen in dünner Häftlingskleidung bei eisiger Kälte draußen stehen mussten. Die stattliche Größe von Herrn Herz hatte die SS-Aufseher gereizt. Immer wieder hatten sie ihn mit Stöcken auf die Beine geschlagen und dabei geschrien: »Du Judenschwein, du bist zu groß. Aber wir werden dich schon klein kriegen.«

Familie Herz wanderte bald darauf aus. Sie hatten es offen-

---

* Vor und nach ihrer schweren und langen Arbeit mussten alle Häftlinge stundenlang antreten, angeblich, um gezählt zu werden. Auch Leichen mussten zum Appell mitgebracht werden. Die kleinste Bewegung wurde mit Stockschlägen geahndet, die mancher nicht überlebte.

sichtlich geschafft eine Einreiseerlaubnis nach Honduras zu erhalten.

Ein neuer Begriff kursierte plötzlich allerorten. Bei Verwandten, Freunden und in der Schule sprach man über den »Kindertransport«. Auch unsere Eltern begannen diese Möglichkeit in Erwägung zu ziehen und erklärten uns, was es damit auf sich hatte:

Unmittelbar nach den furchtbaren Ereignissen im November war in mehreren Ländern gleichzeitig der Beschluss gefasst worden ein paar tausend jüdischen Kindern aus Deutschland Asyl[*] zu gewähren. Die Eltern bekamen allerdings kein Visum.

»Kindertransport« bedeutete also eine Trennung von den Eltern auf unbestimmte Zeit, eine Reise ins Ungewisse, in fremde Länder, wo man kein Deutsch sprach. Ich wollte auf keinen Fall mit einem »Kindertransport« verschickt werden, sondern nur zusammen mit der ganzen Familie auswandern. Seit Monaten sprachen wir ohnehin von nichts anderem. Aber wohin sollten wir gehen? Kein Land öffnete seine Tore. Offensichtlich wollte uns niemand haben. Als ich eines Tages auf der Straße einen Lift[**] mit der Aufschrift »Bestimmungsort Guayaquil, Ecuador« entdeckte, rannte ich ganz aufgeregt heim und fragte Papa: »Hast du schon versucht ein Visum für dorthin zu bekommen?« Papa schüttelte traurig den Kopf.

---

[*] 1938 hatte Präsident Roosevelt eine Weltflüchtlingskonferenz angeregt, die in Evian, am Genfer See, abgehalten wurde. Deutschland nahm nicht daran teil. Das Ergebnis war enttäuschend: Einige Länder, darunter auch Belgien, erklärten sich bereit jüdische Kinder aufzunehmen. Auf weitere Hilfeleistungen für die Juden konnte man sich nicht einigen.

[**] Darunter verstand man einen großen Kistenverschlag, in dem das gesamte Mobiliar eines Haushalts verpackt war. Man konnte zusehen, wie die Riesenkisten beladen und zugenagelt und dann auf Lastwagen gehievt wurden. Meist waren der Name des Auswanderers und die »exotischen« Bestimmungsorte wie z. B. Montevideo, Schanghai, Caracas auf dem Lift vermerkt.

Zunächst fehlten uns für eine gemeinsame Ausreise nicht nur die Papiere, sondern vor allen Dingen das Geld.* Ich hatte schon viele Diskussionen über Finanzierungsmöglichkeiten mit angehört und machte selbst jede Menge Vorschläge:

»Für euer schönes Schlafzimmer bekommt ihr doch sicher 500 Mark, für das Esszimmer vielleicht auch, das Herrenzimmer bringt etwas weniger, aber das Wohnzimmer . . .« – »Ihr könnt ruhig mein Fahrrad verkaufen und das von Ilse auch. Reicht es dann für ein Visum?«

Ständig schrieb ich neue Zahlen in ein extra dafür angelegtes Heftchen, um die für eine Auswanderung nötige Summe auszurechnen.

Papa hatte erfahren, dass es manchmal möglich war die Sekretäre von südamerikanischen Konsulaten zu bestechen, er selbst hatte damit kein Glück.

Irgendwann tauchte Herr Treder auf. Wir hatten eine Verkaufsanzeige aufgegeben und er hatte sich für einen Teil unserer Möbel interessiert. Herr Treder hatte vor Jahren in Australien gelebt, erzählte uns von diesem Land und gab vor besondere Beziehungen nach Australien zu haben. Er wollte versuchen Visa für uns zu besorgen. Schon wurden Pläne geschmiedet: In Australien fehlten angeblich Handschuhfabriken.

Voller Elan begann Mutti das Handschuhe-Nähen zu erlernen. Wir halfen so gut es ging mit. Ich durfte mit einer besonderen Zange Löcher in das weiche Leder knipsen. In Gedanken sah ich uns schon alle in Australien wunderschöne Handschuhe aus Känguruleder fabrizieren.

Natürlich brauchten wir für die Visa eine gehörige Summe. Mutti war noch ein kleiner Brillant geblieben, den sie an einer

---

* Vielen Juden fehlten zur Auswanderung ganz einfach die finanziellen Mittel. Da sie ihre Berufe nicht mehr ausüben konnten, verarmten sie.

Kette um den Hals trug. Ich wusste, wie sehr sie daran hing. Der Schmuck wurde verkauft. Herr Treder wollte mit dem Geld sein Möglichstes versuchen. Er hatte auch schon einen Teil unserer Möbel abholen lassen und wir hatten ihm Pisi, meinen geliebten Wellensittich, anvertraut. Haustiere konnten bei einer Auswanderung sowieso nicht mitgenommen werden.[*]

Nach monatelangem bangem Warten kam ein ablehnender Bescheid aus Australien. Das Geld war weg. Herr Treder ließ sich nicht mehr blicken, die gekauften Möbelstücke hatte er auch nicht bezahlt. Wieder eine Hoffnung weniger. Gab uns denn keiner eine Chance?[**]

Es war Mitte Januar. Ich war gerade aus der Schule gekommen, als der Briefträger klingelte und einen Einschreibebrief brachte.

Mutti riss den Brief mit zitternden Händen auf, überflog ihn und ließ sich dann auf den erstbesten Sessel fallen, um hemmungslos zu weinen.

Betroffen standen Ilse und ich vor ihr und wagten nicht nachzufragen, was in dem Brief stand. Da kam Papa nach Hause. Er nahm Mutti den Briefbogen aus der Hand, warf einen Blick darauf und gab ihn an Ilse weiter.

»Lies selber«, sagte er, »oder besser, lies vor. Gert soll es auch gleich hören.« Der Brief war von Onkel Gerhard und Tante Edith, Papas Schwester. Gerhard Stoppelmann und seine Eltern waren zwar in Hamburg geboren, besaßen aber die niederländische Staatsbürgerschaft und konnten sich

---

[*] Später wurde im Deutschen Reich lebenden Juden sogar verboten jegliche Haustiere zu halten.

[**] Das Ausland entwickelte immer mehr Abwehrmechanismen, um die Juden nicht aufnehmen zu müssen. In Palästina gab es arabische Unruhen gegen die jüdischen Einwanderer. Nicht selten wurden Schiffe mit Flüchtlingen in den Häfen abgewiesen.

somit ohne Schwierigkeiten vor ein paar Jahren in Belgien niederlassen.

Ilse las zögernd: »Es ist uns endlich gelungen eine Einreiseerlaubnis für Ilse und Gert zu bekommen. Wir legen das wichtige Schriftstück aus Brüssel bei. Ihr müsst damit zum belgischen Konsulat gehen, das euren Kindern ein Visum erteilen wird. Wir freuen uns auf die Kinder und werden uns ehrlich bemühen ihnen das Elternhaus zu ersetzen. Leider, leider können wir im Augenblick nichts für euch beide tun. Tante Trudel und wir haben im Moment alle Möglichkeiten ausgeschöpft. Ein Bittgesuch an den König läuft noch, er bekommt aber tausende davon. Wir haben nicht viel Hoffnung. Ein belgischer Freund von uns will es persönlich bei der Königinmutter Elisabeth probieren. Er hat um eine Audienz gebeten. Wir versuchen alles, aber wirklich alles. Nun schickt die Kinder sofort zu uns. Dann könnt ihr euch unbeschwerter um eure eigene Auswanderung kümmern. Zögert nicht, wir erwarten die Kinder mit Liebe und Freude!«

Ich war verwirrt, schaute in Muttis verweintes Gesicht, das mir jetzt zulächelte.

»Jedenfalls wissen wir dann, wo ihr seid«, versuchte Papa uns aufzumuntern, aber seine Stimme klang so traurig, dass Ilse sofort zu weinen anfing.

Das gab mir dann auch den Rest. Meine Augen füllten sich mit Tränen und ich heulte, wie ich lange nicht mehr geheult hatte. Alle Angst, Wut und Bitterkeit der letzten Monate flossen zusammen. »Ich geh nicht weg!«, schrie ich hysterisch. »Nein, ich gehe nicht. Ich will bei euch bleiben.« Ich war nicht zu trösten und überhäufte meine Eltern mit Vorwürfen: »Warum habt ihr so lange gewartet? Alle anderen sind schon längst weg. Warum sind nur wir nicht ausgewandert?«

Ich lag auf dem Boden und tobte. Ilse, die mich streicheln

wollte, stieß ich mit dem Fuß weg. Vor lauter Schreien hatte ich gar nicht bemerkt, dass Tante Lieschen, meine Lieblings- tante und Muttis Schwester, hereingekommen war.

Sie überblickte sofort die Situation: »Da gibt's nur eins! Bringt mir Zuckerwasser!«

Ilse kam mit einem großen Glas.

»So, Gert«, ordnete Tante Lieschen an, »das trinkst du jetzt. Zuckerwasser hilft immer!«

Ich trank das Glas in einem Zug leer. Meine Tante schaute zufrieden zu und forderte mich auf mit ihr ins Wohnzimmer zu kommen.

»Lasst mich einen Augenblick mit ihm allein!«, bat sie meine Eltern. Sie redete eine Viertelstunde auf mich ein, ließ mich zunächst gar nicht zu Wort kommen, war voller Verständnis, machte mir aber auch das Unabänderliche unserer Situation klar. Hier gab es einfach nichts zu diskutieren, nur zu akzep- tieren.

Schon am nächsten Tag meldeten wir uns beim Konsul an. Jetzt fehlten nur noch die Visa-Stempel in unseren Pässen, die auf der ersten Seite bereits das große, rote »J« trugen. Auch im Ausland waren wir damit sofort als Juden erkennbar. Eine Wiedereinreise nach Deutschland mit einem solchen Pass hätte unweigerlich ins KZ geführt.

»Zurückkommen gibt es aber nicht für euch«, hatte auch die Beamtin bei der Passbehörde mit kalter Stimme klarge- stellt.

»Wer redet denn vom Zurückkommen?«, hatte mir Ilse voller Zorn zugeflüstert. »Wir wollen weg, nichts wie weg!«

Der Konsul, der höflich, aber sehr einsilbig war, schob unseren Eltern ein Formular hin. »Das bitte ich Sie beide noch zu unterschreiben, Monsieur, Madame«, bat er. Papa stutzte beim Lesen, Mutti hatte schon wieder feuchte Augen wie so oft in den vergangenen Tagen. Beide sollten schriftlich versprechen niemals einen Antrag auf Einreise nach Belgien zu stellen, um wieder mit ihren Kindern vereint zu sein. Unsere Eltern unterschrieben, verheimlichten uns aber nicht den Inhalt des Formulars. Ich spürte, wie sich eisige Kälte in mir ausbreitete.

Dem Konsul war der ganze Vorgang sichtlich unangenehm. »Ich befolge nur meine Vorschriften. Auch ich habe Kinder, es tut mir wirklich Leid«, sagte er betreten. Dann stempelte er die kostbaren Visa in die Pässe und unterzeichnete.

Als wir wieder alle auf der Straße waren, fragte ich fassungslos: »Warum habt ihr das bloß unterschrieben?«

»Wir hatten doch keine Wahl«, sagte Papa und Mutti schüttelte verzweifelt den Kopf.

»Werdet ihr dieses Versprechen halten?«, schluchzte Ilse.

Papa drückte uns fest an sich und flüsterte verschwörerisch: »Wir werden ein anderes Versprechen halten, und zwar, dass wir es irgendwie schaffen wieder mit euch zusammenzukommen.«

Abschied

Kurz vor unserer Abreise nach Belgien brach sich Mutti den Fuß. Dr. Bohm ordnete Bettruhe an und so musste Mutti unser Packen vom Bett aus dirigieren. Ilse bewährte sich wie immer, wenn es um die Erledigung von praktischen Aufgaben ging. Unbewusst hatte meine Schwester bereits in den letzten Wochen ihre Rolle als »Ersatzmutter« angenommen und ich gehorchte ihr meist ohne Widerrede. Wie oft hatten wir früher miteinander gestritten und es war dabei nicht immer sanft zugegangen. Einmal hatte ich vor Wut sogar ihrer Puppe den Kopf abgerissen.

Es war gut, dass wir nun so viel mithelfen und erledigen mussten, denn da blieb keine Zeit zu trauern oder über unsere Zukunft nachzudenken. Nur abends im Bett wurde mir das Herz oft schwer. Ich konnte mir ein Leben ohne meine Eltern überhaupt nicht vorstellen.

Einige Tage vor unserem Aufbruch gab mir Mutti mein kleines braunes Handköfferchen und sagte: »Jetzt gehst du damit durch die Wohnung und packst alles ein, was du gerne als Andenken mitnehmen willst, Spielsachen oder Dinge, die dir wichtig sind. Du darfst nehmen, was du möchtest, aber es muss in den Koffer passen.«

Da stand ich nun und musste zum ersten Mal in meinem Leben alleine entscheiden, was wichtig für mich war.

Der kleine braune Lederkoffer war ein Geschenk zu meinem letzten Geburtstag in Hamburg am 21. Dezember 1938 gewesen. Meine Eltern hatten wie immer die noch in Hamburg wohnenden Verwandten eingeladen. Schon am Morgen war Erna mit dem traditionellen Marzipanbrot gekommen. Papa hatte mir das Buch »Vater und Sohn« von e. o. plauen[*] geschenkt.

»So wie ›Vater und Sohn‹ sich lieben, so lieb hat Dein Vater auch Dich, mein Sohn!«, schrieb er als Widmung hinein. Mutti hatte trotz aller Geldnot sogar den kleinen Affen von Steiff für mich gekauft, den ich mir immer so gewünscht hatte.

---

[*] Die berühmten Zeichnungen von »Vater und Sohn« wurden in den Dreißigerjahren in der »Berliner Illustrierten« abgedruckt. Autor bzw. Zeichner war Erich Ohser, der unter dem Pseudonym e. o. plauen veröffentlichte. Unter den Nazis bekam Ohser wegen seiner politischen Zeichnungen Berufsverbot; später wurde er denunziert und verhaftet und beging 1944 im Gefängnis Selbstmord.

Die Geschenke meiner Eltern legte ich zuerst in den Koffer. Ein starker Magnet, den mein jüngster Onkel Erich – er war als ganz junger Mann nach Spanien ausgewandert – zurückgelassen hatte, wanderte ebenfalls hinein. Natürlich auch der Schuhanzieher und die kleine Schachtel von Tante Trudel, die für Manschettenknöpfe gedacht war und in der ich jetzt andere kleine Schätze aufbewahrte. Das Liederbuch von Dr. Jacobsen fiel mir noch ein.

Ich lief von Zimmer zu Zimmer, fand immer wieder Gegenstände, an denen ich hing. Der Koffer war längst voll. Er war viel zu klein! Ich tauschte Verschiedenes wieder aus, quetschte anderes hinein, nahm wieder etwas heraus. Welche Qual! Mir war zum Heulen zu Mute. Hatte ich das Richtige ausgewählt?

Ein Spruch von Mutti kam mir in den Sinn: »Nur Menschen sind wichtig, die sind unersetzlich! Alles andere kann man wieder erarbeiten oder man kann auch ohne den Kram leben.«

Energisch klappte ich den Koffer zu und schloss ihn ab. Niemand sollte sehen, was ich mitgenommen hatte. Meine Augen füllten sich mit Tränen und ich warf mich auf Muttis Bett, um mich von ihr trösten zu lassen.

»Ich will dir mal erzählen, warum sich dein Name am Schluss mit hartem ›t‹ schreibt«, sagte sie leise. »Der Name Gert gefiel uns schon immer gut, aber ich bestand auf dem harten ›t‹, weil ich wollte, dass du mal ein tatkräftiger, energischer und starker Junge wirst!«

Sofort hörte ich auf zu weinen und behauptete: »Ich bin ja schon ganz stark!«

Für alles, was wir mitnahmen, mussten wir uns eine Genehmigung holen, war der Wert auch noch so gering. Beim Packen fertigten wir eine ganz genaue Aufstellung der Gegenstände an, die wir mitnehmen wollten. Die Liste[*] musste dann von der Finanzbehörde genehmigt werden. Es war damit zu rechnen, dass der Inhalt unserer Koffer an der Grenze anhand dieser Aufstellung genau geprüft würde. Neue Sachen durften nur in Ausnahmefällen mitgeführt werden und man musste eine Erklärung dazu abgeben.

Der Zug nach Belgien sollte am späten Abend vom Hamburger Hauptbahnhof abfahren. Einige Stunden vorher trafen alle Verwandten zu Hause ein, um uns auf Wiedersehen zu sagen. Sie saßen im Wohnzimmer. Ilse und ich gingen von einem zum anderen, ließen uns umarmen und küssen, nahmen gute Ratschläge und Wünsche entgegen. Vor lauter Aufregung konnte ich gar nicht richtig zuhören. Ich hätte gerne auf dieses Zeremoniell verzichtet. Ich hatte mir fest vorgenommen nicht zu weinen, aber als ich mich von meiner Lieblingskusine Inge verabschiedete, liefen mir doch Tränen aus den Augen.

Schließlich war es Zeit zu gehen. Mutti humpelte noch bis zur Wohnungstür. Wir küssten sie und konnten uns fast nicht losreißen. Mit einer resignierenden Geste schob sie uns zusammen mit Papa aus der Tür. »Beeilt euch, sonst kommt ihr zu spät«, rief sie noch hinterher, als wir schon auf der Treppe waren. Das hatte sie auch jeden Morgen zu uns gesagt, wenn wir uns auf den Weg zur Schule machten.

Papa hatte Schlafwagenplätze für uns gekauft. Wir fanden das sehr spannend und freuten uns, dass die Nazis offensichtlich vergessen hatten uns auch das zu verbieten.[**] Er ging mit

---

[*] Selbst das kleinste Kleidungsstück musste von der Finanzbehörde genehmigt werden. Schmuck, Silber oder Wertstücke durften nicht ausgeführt werden. Die geringste Abweichung des Gepäckinhaltes von der genehmigten Liste konnte entsetzliche Folgen wie etwa Sperrung der Ausreise oder sogar KZ haben.

[**] Kurze Zeit später durften Juden bei einer Zugfahrt weder Schlaf- noch Speisewagen benutzen.

in unser Abteil und erklärte uns reichlich umständlich alle möglichen Hebel, vom Lichtschalter bis zur Heizung.

»Hier ist die Notbremse, Gert«, sagte er augenzwinkernd zu mir. »Daran ziehst du besser nicht. Es gibt ja genug andere Schalter zum Ausprobieren!«

»Und du, Ilse, dass du mir nicht mit diesem Schaffner dort, der wie der Weihnachtsmann aussieht, flirtest!«, wandte er sich an meine Schwester, die nur das Gesicht verzog.

Ein Pfiff ertönte. Papa gab jedem noch einen eiligen Kuss und sprang schnell auf den Bahnsteig zurück. Schon fuhr der Zug los. Papa winkte mit dem Taschentuch. Vom Fenster aus sahen wir seine Gestalt immer kleiner werden. Dann verschwand die Bahnhofshalle und es wurde kalt und dunkel im Abteil. Wir schlossen das Fenster und legten uns sofort zum Schlafen hin. Das gleichmäßige Geratter der Räder wirkte beruhigend und einschläfernd. Erst jetzt bemerkten wir, wie müde wir waren.

Mitten in der Nacht wachte ich auf. Der Zug stand still. Er hielt an einem beleuchteten Bahnsteig.

»Wir sind in Köln!«, flüsterte Ilse, die von den Stimmen draußen auch aufgewacht war. »Wir haben über eine Stunde Aufenthalt!«

»Meinst du, wir schaffen es?«, fragte ich ängstlich. »Aber ja«, versicherte Ilse. In Windeseile zogen wir uns an, steckten die Fahrkarten ein und stiegen aus. Nicht weit vom Bahnhof ragte der Kölner Dom mit seinen hohen zackigen Türmen schwarz und gewaltig in den Nachthimmel. »Wir laufen einmal ganz herum!«, schlug Ilse vor und schon jagten wir mit klopfenden Herzen los. Die Straßen lagen völlig still und verlassen da. Wir hörten das Klappern unserer eigenen Schritte. Es war unheimlich und zugleich angenehm prickelnd vor Spannung. Ich hatte schon Abbildungen vom Kölner Dom gesehen, aber die Wirklichkeit war weit eindrucksvoller. Es regnete. Wir hatten keinen Schirm, aber das störte uns nicht.

»Zurück zum Zug!«, kommandierte Ilse nach unserem Rundlauf. Außer Atem und ziemlich durchnässt kamen wir wieder in unserem Abteil an. Wir waren stolz auf den gelungenen Ausflug. Gerade noch hatten wir die Schulbank gedrückt und nun liefen wir bei Nacht und Nebel ganz alleine um den Kölner Dom. Als wir wieder in unseren Betten lagen, waren wir selbst erstaunt über unseren Mut.

Am frühen Morgen trafen wir in Aachen ein. Ich hatte Angst vor der Pass- und Zollkontrolle, aber Ilse witzelte: »Mach dir keine Sorgen. Wir werden den Beamten schon sagen, was sie uns fragen dürfen!« Ilse hörte sich schon fast wie Papa an.

Ein Schaffner klopfte ans Abteil und forderte uns auf mit unserem Gepäck in ein gewöhnliches Abteil zu gehen, da der Schlafwagen abgehängt würde.

Inzwischen war es draußen hell geworden. Wir nahmen unsere Koffer und fanden ein Abteil, in dem noch zwei Sitzplätze frei waren. Wir hatten gerade Platz genommen, als zwei uniformierte Beamte an der Tür standen.

»Heil Hitler, Passkontrolle!«, blafften sie im Kommandoton. Kaum hatten sie das große »J« im Pass gesehen, hieß es: »Raus mit euch! Ihr kommt zur besonderen Untersuchung! Die Koffer bleiben hier!«

Die anderen Mitreisenden starrten uns an. Niemand sagte etwas.

Man führte uns den langen Bahnsteig entlang zu einem kleinen Häuschen. Ilse jammerte: »Wir müssen aber rechtzeitig zum Zug zurück. Unsere Tante erwartet uns am Bahnhof von Antwerpen!«

Der eine Beamte lachte böse und fuhr sie an: »Daraus wird

nichts, der Zug fährt gleich ab. Oder bildest du dir ein, er wartet extra auf euch?«

In dem Häuschen führte man uns in zwei verschiedene Räume. Ilse wurde wortlos von einer Beamtin in Empfang genommen. Zu mir sagte der unfreundliche Beamte: »Zieh deinen linken Schuh aus!« In der Aufregung zog ich den rechten aus. »Hast du noch nicht gelernt, was rechts und links ist«, schnauzte er mich daraufhin an. »Ihr Juden zählt ja nur den ganzen Tag Geld, da müsst ihr wohl nicht wissen, wo rechts und links ist!«

Ich sagte keinen Ton und der Uniformierte schien auf einmal jegliches Interesse an mir verloren zu haben. »Du kannst gehen!«, brummelte er kurz. Ein paar Minuten später kam auch Ilse aus dem anderen Raum.

»Ich musste fast alles ausziehen«, erzählte sie. »Die Rocksäume wurden abgetastet. Sie suchten Schmuck. Ich habe gesagt, dass wir schon alles verkauft oder abgegeben haben, dass es bei uns nichts mehr zu holen gibt. Da konnte ich mich wieder anziehen.«

Die Beamtin kam aus dem Häuschen. Sie hielt unsere Pässe in der Hand und reichte sie uns kommentarlos.

»Mensch, Gert, unser Zug steht ja noch da!«, schrie Ilse plötzlich. »Lauf so schnell du kannst!«

Wir rasten los und erwischten gerade noch das Trittbrett des letzten Wagens. Als wir die Tür öffneten, fuhr der Zug schon an.

Ilse wollte gleich zu unserem Abteil durchgehen, aber ich hielt sie am Ärmel fest. »Noch nicht!«, sagte ich so bestimmt, dass Ilse auch stehen blieb. »Was willst du denn hier?«, fragte sie erstaunt.

Ich zog sie an das Rückfenster des Waggons und blickte auf die Schienen. Langsam verschwand der Bahnhof von Aachen, dann blieben auch die Vorstädte zurück und es gab nur noch vereinzelte Häuser und Felder zu sehen. Links neben den Schienen verlief eine Landstraße . . .

Wie in einem Film tauchten Bilder und Szenen der vergangenen Jahre in mir auf. Ilse stand neben mir und schien auch ganz in Gedanken versunken. Der Zug fuhr jetzt im Schritttempo.

»Ilse«, rief ich und klopfte meiner Schwester auf den Rücken, »der Schlagbaum, die Grenze . . .«

Soldaten mit Gewehren bewachten die Grenze. Langsam kroch der Zug vorwärts. Ein weiterer Schlagbaum tauchte auf. Gendarmen in mir unbekannten Uniformen standen dort. Sie hatten keine Gewehre. Von einem kleinen Schilderhaus flatterte eine schwarz-gold-rote Fahne lustig im Wind. Die Aufschriften »Royaume de Belgique« und »Koninkrijk België« zeigten uns auf Französisch und Flämisch an, dass wir Deutschland und die Nazis hinter uns gelassen hatten. Wir waren in Sicherheit. Ich holte aus und schlug drei große Kreuze in Richtung Deutschland.

»Was machst du denn da für einen Hokuspokus?«, fragte meine Schwester verblüfft.

Ich hatte mal in einem Abenteuerbuch gelesen, dass man drei Kreuze in der Luft schlagen muss, um alles Böse hinter sich zu bannen, damit es einen nie mehr einholt. Jetzt hatte ich keine Angst mehr und ich schämte mich auch nicht diesem Aberglauben zu folgen. »Wenn unsere Eltern erst einmal aus dem Nazi-Land raus sind, dann soll sie dort alle der Teufel holen!«, sagte ich mit zitternder Stimme und ballte die Fäuste. Ich hatte das Land, das einmal meine Heimat und die Heimat meiner Vorfahren gewesen war, für immer hinter mir gelassen. Entschlossen drehte ich mich um und ging mit erhobenem Kopf zu unserem Abteil.

Wir waren frei, aber wie würde nun alles weitergehen?

Der Sturm bricht los
Sommer 1939–Sommer 1942

Am 1. September 1939 eröffnete Hitler den Angriff auf Polen und löste damit den Zweiten Weltkrieg aus. Großbritannien und Frankreich erklärten Deutschland am 3. September 1939 den Krieg.

Die USA und Japan blieben zunächst neutral. Für die Juden gab es ab Kriegsbeginn eine polizeilich verordnete Ausgangssperre.

Belgien hatte sich nach dem Ersten Weltkrieg 1919 zunächst in einem Verteidigungsbündnis an Frankreich angeschlossen. König Leopold III. zog die Neutralität seines Landes vor und löste 1936 das Bündnis.

Am 10. Januar 1940 musste ein deutscher Fallschirmjäger, der sich im Nebel verirrt hatte, in Mechelen, Belgien, notlanden. An Bord waren die Geheimpläne zum Angriff im Westen, den Hitler für den 17. Januar geplant hatte. Die belgische Militärbehörde stellte die Papiere sicher und die Nazis mussten ihre Invasion verschieben.

Nachdem die deutschen Truppen bereits am 9. April über Dänemark nach Norwegen einmarschiert waren und dort Häfen besetzten, startete Hitler am frühen Morgen des 10. Mai 1940 seine Offensive gegen den Westen. Belgien, Luxemburg und die Niederlande wurden trotz ihrer Neutralität ohne Kriegserklärung bombardiert. Belgien reagierte darauf mit der Verhaftung von allen deutschen Männern, wobei kein Unterschied zwischen Juden oder deutschen Nazis gemacht wurde. Die Männer wurden dann nach Südfrankreich gebracht und dort interniert. Gleich nach der Kapitulation von Belgien und Frankreich kehrten die nichtjüdischen Deutschen zurück nach Deutschland, die Juden mussten zunächst im Lager von Gurs bleiben. 1942 wurden sie den Deutschen ausgeliefert und nach Polen in die Vernichtungslager geschickt.

Am 14. Mai 1940 wurde Rotterdam kurz vor der Kapitulation zerstört. Am 17. Mai wurde Brüssel kampflos von Einheiten der deutschen Wehrmacht besetzt.

Engländer und Franzosen rückten daraufhin von der anderen Seite an, wurden aber von den Hunderttausenden von Flüchtlingen, die zum Ärmelkanal wollten, stark behindert. Die Deutschen kamen schnell bis zur Kanalküste und so saßen die Alliierten in der Falle und mussten über Dünkirchen die Flucht antreten.

Am 27. Mai 1940 erbat der belgische König gegen den Willen des Kabinetts einen Waffenstillstand. Nachdem das belgische Regierungskabinett die Kapitalution abgelehnt hatte, bildete es zunächst in Frankreich und später in London eine Exilregierung. Leopold III. weigerte sich nach England zu fliehen und wurde Kriegsgefangener. Das Exilparlament vom 31. Mai 1940 nannte ihn daraufhin einen Landesverräter und setzte ihn ab.

Belgien stand nun unter deutscher Militärverwaltung. Der kommandierende General von Falkenhausen war als Militär alter Garde nicht besonders antisemitisch eingestellt. Er sah es nicht als seine Aufgabe an die Juden auszurotten.

Antwerpen

Als wir wieder in unser Abteil zurückkamen, lagen unsere Koffer unberührt im Gepäcknetz. Niemand hatte sich darum gekümmert.

»Was hätten wir da alles hineinpacken können«, sagte ich leise zu Ilse und dachte wehmütig an den viel zu kleinen Handkoffer. Ilse zuckte nur mit den Schultern.

»Ihr seid wohl froh nun bei uns zu sein?«, fragte eine sympathisch wirkende Dame, die auch im Abteil saß. Sie bot uns eine Tüte mit Nüssen an. Erst jetzt bemerkten wir die wohlwollenden Blicke der Mitreisenden.

»Wir hatten Angst um euch«, sagte ein jüngerer Herr mit ernstem Gesicht. Ihm gegenüber saß ein Mann mit einem Parteiabzeichen im Knopfloch. Er vermied es die Leute aus dem Abteil anzuschauen und starrte mit arroganter Miene aus dem Fenster.

Der Zug hielt kurz an. »Herstal« lautete die Ansage und schon fuhren wir weiter.

»Mesdames, Messieurs, vos passports s'il vous plaît!« (Meine Damen und Herren, Ihre Pässe bitte), ertönte nun eine leise und angenehme Stimme aus dem Korridor des Zuges und schon stand ein belgischer Grenzbeamter im Abteil. Wir reichten ihm unsere Pässe. Er schaute sie nur kurz an und händigte sie uns mit einem freundlichen »Merci Mademoiselle, Monsieur!« wieder aus.

»Er hat Monsieur zu dir gesagt«, kicherte Ilse. »Ja, und ›merci‹, was heißt das eigentlich?«

»Das heißt danke«, erklärte die nette Dame mit den Nüssen. »Wir hier in Belgien sind eben höflich. Und zwar zu allen Menschen!«, fügte sie in schärferem Ton in Richtung des Parteigenossen hinzu, der daraufhin abrupt aufstand, seine Aktentasche ergriff und grußlos das Abteil verließ.

Die Dame blinzelte uns verschmitzt zu und dann wurde es richtig gemütlich. Jeder sprach mit jedem. Es wurde gegessen, getrunken, gescherzt und gelacht. Leider verstand ich kein einziges Wort.

Als wir in Antwerpen ankamen, stiegen alle Reisenden aus, da es ein Sackbahnhof war. Am Bahnsteig standen viele Menschen, aber ich entdeckte sofort Oma Koppel, die bereits seit Opas Tod in Belgien wohnte. Neben ihr stand Tante Edith, an die ich mich nicht mehr so gut erinnern konnte. Sie war jünger als Mutti und hatte gar nichtsTantenhaftes an sich.

»Wir müssen zuerst eure Koffer zum Zoll bringen!«, sagte Tante Edith nach der Begrüßung und ging energisch voraus. Sie sprach Flämisch mit dem Zollbeamten. Es klang ähnlich wie Deutsch, aber verstehen konnte ich es nicht.

Der Beamte wollte unsere Koffer gar nicht kontrollieren. Er lächelte mir aufmunternd zu, zog eine Schublade auf und gab mir ein kleine Stange Schokolade. »Das ist für Sie!«, sagte er und klopfte mir auf den Rücken. »Merci«, entgegnete ich schnell und Oma meinte: »Na, das ist doch schon ein Anfang!« Alle schienen sehr stolz auf mich und ich war es nicht minder. Der Zollbeamte hatte »Sie« zu mir gesagt!

Am Abend kam Onkel Gerhard aus dem Büro. Ich hatte ihn noch nicht oft gesehen, kannte ihn kaum wieder. Er war groß, schlank und sehr elegant gekleidet. Auch er schien mir wesentlich jünger als mein Vater.

Beim ersten gemeinsamen Frühstück teilte uns Onkel Gerhard gleich mit, wie viel Taschengeld uns zugedacht war. Ilse, die ja schon sechzehn war, sollte 100, ich 20 belgische Franc monatlich erhalten. Die Summe erschien mir riesig. Damit hatten wir nun wirklich nicht gerechnet. Papa hatte schon lange so wenig verdient, dass an Taschengeld gar nicht' mehr zu denken gewesen war. Onkel Gerhard hatte noch weitere Informationen parat: Zur Schule sollte ich erst in einer Woche gehen. Das war mir ganz recht so.

»Dann kann ich ja gleich Tante Trudel, Tommy und Fee besuchen?«, schlug ich vor.

»Eins nach dem anderen!«, bremste mich Onkel Gerhard. »Darüber wird Tante Edith entscheiden. Außerdem solltest du dich vielleicht erst mal anziehen, damit du ordentlich aussiehst.« Im Pyjama zum Frühstückstisch zu kommen schien hier nicht üblich zu sein. Warum hatte er mir das nicht gleich gesagt?

Tante Edith und Onkel Gerhard hatten selbst keine Kinder und wussten auch nicht so richtig damit umzugehen. Es kam viel Besuch ins Haus, die Leute waren immer nett, sprachen auch deutsch miteinander, interessierten sich aber nicht für einen kleinen Jungen aus Hamburg. Tante Edith strich mir manchmal übers Haar oder legte den Arm um mich, wenn sie merkte, dass ich traurig war. Onkel Gerhard blieb immer distanziert. Ich wäre nie auf die Idee gekommen ihm einfach um den Hals zu fallen und begriff erst viele Jahre später, was dieser Mann alles auf sich genommen hatte, um anderen zu helfen.

Wie gut, dass Ilse da war. Abends musste ich immer früher ins Bett als sie. In dieser Beziehung ließ Onkel Gerhard nicht mit sich reden. Ilse setzte sich meist zu mir und wir unterhielten uns, bis ich einschlief.

»Du verwöhnst deinen Bruder«, sagte Tante Edith kopfschüttelnd.

»Ja, er ist alt genug, um alleine ins Bett gehen!«, pflichtete Onkel Gerhard ihr bei.

Ilse ließ sich nicht beirren. »Ihr habt schon Recht«, sagte sie, »aber er muss sich doch erst noch eingewöhnen. Ich tue das gerne.«

Der erste Schultag kam. Ich machte mich alleine auf den Weg. Tante Edith hatte mir vor ein paar Tagen das Schulgebäude in der Nähe der Wohnung gezeigt. Es war keine jüdische Schule. Ich dachte an meinen viel längeren Schulweg in Hamburg, daran, wie ich mich oft die Rutschbahn entlanggeschlichen hatte, voller Angst angerempelt und belästigt zu werden. Hier schien sich niemand zu fürchten. Die Kinder lachten und waren übermütig.

Von rechts kamen vier größere Jungen. Sie waren laut und schubsten sich gegenseitig an. Ich sah mich nach einem

Fluchtweg um, es gab keinen. Doch da waren die vier schon an mir vorbeigezogen, sie hatten sich überhaupt nicht um mich gekümmert, waren nur mit sich selbst beschäftigt. Es sollte Monate dauern, bis ich ebenso sorglos in die Schule laufen konnte wie meine Mitschüler.

In der Schule musste ich mich zuerst im Büro melden. Die Sekretärin gab mir einen Zettel mit der Nummer des Klassenraums. Ich ging in das Zimmer und stellte mich vorne hin. Alle starrten mich an und ich war froh, als endlich der Lehrer hereinkam.

»Da seien Sie ja«, begrüßte er mich freundlich auf Deutsch. »Bitte Sie sich dahin setzen.« Ich konnte mir das Lachen über sein Deutsch kaum verbeißen und brachte nur »Welbedankt, Mijnheer« heraus. Damit war ich aber auch schon am Ende meiner Flämisch-Kenntnisse.

In der Pause rannten die Kinder über den Schulhof, spielten Fangen und eine Art Völkerball. Als ein Ball direkt auf mich zuflog, fing ich ihn auf und warf ihn zurück. Ein Junge aus meiner Klasse kam auf mich zu und fragte »meespeelen?« Das konnte nur mitspielen heißen. Ich nickte und schon wurde ich auf eine Seite des Feldes geschoben und gehörte dazu.

Der Schulbetrieb in Belgien war mit meinen Erfahrungen in Deutschland nicht zu vergleichen. Vom Lineal oder gar Rohrstock schien man hier nie gehört zu haben. Natürlich waren die Kinder trotzdem keine Musterschüler. Einmal ärgerte sich unser Lehrer sehr über die unverschämte Bemerkung eines Mitschülers und drohte ihm sogar mit einer Ohrfeige.

»Probieren Sie das bloß nicht!«, war die empörte Antwort des Jungen. »Mein Vater ist Hilfspolizist. Da können Sie was erleben!«

In unserer Anfangszeit in Antwerpen mussten wir uns

daran gewöhnen, dass uns Juden wieder alle Tore offen standen. Es gab keine Schilder mit dem Aufdruck »Juden unerwünscht!«

Zusammen mit meiner Schwester ging ich zum ersten Mal in die Oper. Wir hörten »Lohengrin« auf Flämisch. Obgleich wir nur Karten für den obersten Rang hatten, fand ich die Aufführung wunderbar. Da wir über reichlich Taschengeld verfügten, gingen wir auch oft ins Kino und holten all das nach, was uns in Deutschland verwehrt worden war.

Neben der Musik entwickelte sich das Lesen zu einer zweiten Leidenschaft für mich. Onkel Gerhard und Tante Edith waren abends oft nicht zu Hause und auch Ilse durfte schon ausgehen. Ich musste dann alleine bleiben. Anfangs fürchtete ich mich noch in der großen, stillen Wohnung, doch dann entdeckte ich die Bücher: Thomas Mann, Stefan Zweig, Emil Ludwig, Dostojewski, Tolstoi, Jakob Wassermann, Romain Rolland waren einige der Autoren, die ich verschlang. Ich verstand nicht alles, war aber fasziniert und las oft bis spät in die Nacht. Hörte ich Schritte auf der Treppe, dann knipste ich schnell das Licht aus.

Einmal kam Onkel Gerhard in mein Schlafzimmer. Ich stellte mich schlafend, aber er fasste die Glühbirne der Nachttischlampe an und verbrannte sich daran die Finger.

»Das habe ich auch gemacht, als ich so alt war wie du«, hörte ich ihn sagen und es klang gar nicht so verärgert. »Hast du Angst vor mir?«, fragte er dann.

»Ja«, antwortete ich zögernd und war auf eine Strafe gefasst. Mein Onkel setzte sich zu mir ans Bett.

»Dass du so lange liest, ist nicht so schlimm, aber dass du mir was vorspielst, gefällt mir nicht. Du musst aber keine Angst vor mir haben. Nur solltest du mir versprechen, nicht länger als bis zehn Uhr zu lesen, wenn wir außer Haus sind.«

Ich versuchte mich daran zu halten.

Wir hatten viele Verwandte in Antwerpen, die wir besuchen konnten. Auch mein Onkel Erich, Papas jüngster Bruder,
war inzwischen nach Belgien gekommen. Er hatte in Spanien
gegen Franco* gekämpft. Ich mochte ihn sehr, da er meinem
Vater sehr ähnlich war. Am liebsten ging ich aber zu Tante
Trudel, die mit ihren drei Kindern in einem sehr schönen
Haus wohnte. Die warmherzige Art von Tante Trudel erinnerte mich sehr an Mutti.

Onkel Berthold traf ich nicht mehr an. Er war nach New
York weitergereist, da ihm dort eine Stelle angeboten worden war. Der Inhaber der Reederei »Bernsteinlinie« war inzwischen aus dem Gefängnis entlassen und nach Amerika
ausgewandert. In Antwerpen gab es somit für Onkel Berthold
nichts mehr zu tun. Leider war bislang nur ihm die Einreise
gestattet worden. So fuhr er auch diesmal wieder voraus, um
sich in New York um eine Einreisebewilligung für seine
Familie zu bemühen.

Kurt, Tante Trudels ältester Sohn, war bereits fünfzehn. Er
hatte eine ganz tiefe Stimme und wirkte schon recht erwachsen. Ich bewunderte ihn.

Fee hatte sich auch verändert. Aus der kleinen Heulsuse
war ein selbstbewusstes Mädchen geworden. Als wir mal
alleine waren, erinnerte ich sie: »Ich schulde dir noch was.«
Sie sah mich verständnislos an. »Hamburg, Hauptbahnhof!«,
meinte ich nur und hatte ihr schon einen Kuss gegeben. Sie
wurde rot und lief weg, aber sie war mir nicht böse.

Der achtjährige Tommy hatte sich zu einem begeisterten
Fußballer entwickelt und wollte mich bei jedem Besuch zu

---

* 1936 löste ein Aufstand von nationalspanischen Kräften des Militärs gegen die
Republik einen Bürgerkrieg in Spanien aus, der bis 1939 andauerte. General Franco
wurde als Regierungschef eingesetzt. Während des Bürgerkrieges wurde er von
Hitler in jeder Beziehung unterstützt.

einem Spiel mit seinen Freunden überreden. Dem Fußball-spiel konnte ich nicht so viel abgewinnen, dafür war ich aber ein guter Schwimmer geworden.

Onkel Gerhard wollte mich immer gerne zu irgendwelchen sportlichen Leistungen animieren. Einerseits akzeptierte und schätzte er zwar, dass ich eine Leseratte war, andererseits wünschte er sich einen körperlichen Ausgleich für mich. Nach meinen Schwimmkünsten befragt musste ich ihm gestehen, dass es damit nicht so weit her sei. Onkel Gerhard machte nur eine kleine abfällige Bemerkung, weckte aber damit meinen Ehrgeiz. Es war mir auf einmal peinlich, dass ich noch nicht richtig schwimmen konnte.

»Ilse, ich muss den Freischwimmer machen«, erklärte ich am Abend meiner Schwester.

»Ich habe nichts dagegen, Onkel Gerhard bezahlt dir sicher einen Schwimmkurs.«

»Ich will ihn aber damit überraschen.«

Ilse verstand mich sofort und war einverstanden mir auch ihr vom Taschengeld Erspartes zur Verfügung zu stellen, damit ich ein paar Schwimmstunden nehmen konnte. Bereits einen Monat später konnte ich meinem verblüfften Onkel den Freischwimmer-Nachweis auf den Schreibtisch legen. Anerkennend klopfte er mir auf die Schultern und ich spürte, dass ich in seiner Achtung gestiegen war.

Inzwischen hatte ich auch in der Schule einen guten Freund gefunden. Auf dem Schulhof war mir ein Junge aufgefallen, der nicht wie ein Belgier aussah. Trotzdem sprach ich ihn auf Flämisch an und er antwortete mir lachend auf Deutsch. Richard Wolff stammte aus Köln und war mit einem »Kinder-transport« nach Antwerpen gekommen.

Als ich eines Tages von der Schule nach Hause kam, waren Peter und Renate Pollak aus Hamburg da. Die jüdische Gemeinde hatte eine Unterkunft für die Flüchtlingskinder gesucht und Onkel Gerhard hatte sie bei seinen Eltern untergebracht. Peter war auch in die Talmud Tora Schule gegangen und ich bedrängte die Geschwister mit Fragen über zurückgelassene Freunde und Bekannte.

»Zum Schluss mussten die Jungen aus der Talmud Tora Schule heraus und zu uns in die Karolinenstraße gehen«, berichtete Renate.

»Jungen und Mädchen zusammen?«, fragte ich erstaunt. »Geht das denn?«

»Das ging ganz gut!«, sagte Renate unbekümmert, aber ihr Bruder verzog das Gesicht und brummte: »In der Not frisst der Teufel Fliegen.«

Ich war sehr froh über Peters Ankunft. Jetzt hatte ich jemanden, mit dem ich über Hamburg reden konnte. Einmal schlug ich ihm vor, dass wir einen Stadtbummel machen und ein Eis essen könnten. »Kann man das denn so einfach?«, fragte er.

Ich dachte an meinen ersten Schultag in Antwerpen, an die Angst und Unsicherheit, die mich auch in Belgien noch lange begleitet hatten. Peter war ja noch nicht lange hier und hatte in Hamburg sicher noch Schlimmes erlebt.

»Man kann es, Peter«, sagte ich schlicht und legte meinen Arm um seine Schultern. Ich dachte an die Worte meines Lehrers, der mir kürzlich versichert hatte: »Alle Menschen haben die gleichen Rechte und Pflichten. Keiner ist durch seine Geburt besser oder schlechter als der andere. Jeder muss sehen, was er aus seinem Leben macht und wie weit er es bringt.«

»Du wirst dich bald ganz wohl hier fühlen!«, sagte ich zu Peter. »Wir haben uns auch schnell eingewöhnt und die flämische Sprache ist gar nicht so schwierig, wie man zuerst meint.«

»Wenn meine Mutter nur hier wäre!«, seufzte Peter versonnen.

Ich verstand ihn nur allzu gut.

Mutti kommt nach . . . und muss weiter

Der Zug hielt, die Türen gingen auf und schon schrie ich: »Da ist sie«, und lag in Muttis Armen.

Am Abend zuvor hatten wir völlig überraschend ein Telegramm aus Deutschland erhalten, welches die Durchreise und den Zwischenaufenthalt meiner Mutter für den nächsten Tag ankündigte. Nun war sie wirklich da und wir konnten es alle nicht fassen. Sogar Onkel Gerhard war am Bahnhof. Er unterbrach seine Bürostunden nie, aber an diesem Tag machte er eine Ausnahme.

Mutti war auf dem Weg nach England und wir wussten nicht, wie es zu dieser unerwarteten Reise gekommen war.

»Ich werde eine Zeitlang Hausangestellte spielen«, erzählte sie ihren sprachlosen Zuhörern. »Das ist heute fast die einzige Möglichkeit nach England zu kommen.* Ich hatte davon gehört und dann sofort an Herrn Harrington geschrieben.«

»Herr Harrington, nie gehört«, entfuhr es Onkel Gerhard. Mutti lachte fröhlich: »Ja, das war auch beinahe vor deiner Zeit, Gerhard. Kurz vor dem Ersten Weltkrieg arbeitete ich als Sekretärin bei Herrn Harrington. Er ist Engländer und hatte damals in Hamburg ein Geschäft, das Tee für ganz Europa importierte. Als der Krieg im August 1914 ausbrach, war er zufällig mit seiner Familie in England, um Ferien zu machen. Er konnte viele Jahre nicht zurückkommen. Man sagte uns in diesen Jahren, dass alle Engländer unsere Feinde wären. Ich hatte in ihm immer einen ausgesprochen liebenswürdigen und geduldigen Chef. Und deshalb lagerte ich auf

---

* In vielen Ländern hatten nur noch bestimmte Berufsgruppen eine Chance einzureisen, z. B. Landwirte in Mittel- und Südamerika oder Kanada, Spezialisten im industriellen oder wissenschaftlichen Sektor in Australien. In England waren Hausangestellte knapp.

meinen Namen seine Büro- und Hausmöbel ein, damit nichts als Feindgut beschlagnahmt werden konnte. Außerdem verpackte ich alle wichtigen Akten sorgfältig und nahm sie mit in unsere Wohnung. Als der Krieg endlich vorbei war, schrieb ich ihm, dass sein Eigentum ihm jederzeit zur Verfügung stünde.

Einige Jahre später kamen Herr und Frau Harrington nach Hamburg. Vor seiner Abfahrt wollte ich ihm eine kleine Bürokasse wiedergeben, die ich in Vorkriegszeiten verwaltet hatte. Es lagen sechs Goldstücke darin. Herr Harrington erinnerte sich gar nicht mehr an ihre Existenz. Er wollte mir die Goldstücke unbedingt schenken, was ich natürlich nicht annehmen konnte. Schließlich reiste er dann doch mit der Kasse ab. Zwei Tage später brachte die Post ein kleines Paket.«

»Und in dem Paket war die Kasse mit den Goldstücken«, kam ich meiner Mutter zuvor, denn ich hatte die Geschichte schon oft gehört.

»Ja«, sagte Mutti nachdenklich, »und es lag ein kleiner Zettel dabei: ›Für unsere liebe, treue Magda. Mit großer Dankbarkeit von Mr. und Mrs. Harrington.‹ Die Goldstücke waren während der Inflation* viel wert, da ja alles Milliarden kostete. Wir konnten dann heiraten und uns damit einiges anschaffen.«

Wie immer machte die Erzählung der damaligen Ereignisse großen Eindruck auf die Zuhörer. Auch Mutti war ganz ergriffen.

»Als ich vor ein paar Wochen von dem Einreisevisum für Hausangestellte erfuhr, erinnerte ich mich an Herrn Harrington, von dem ich ja viele Jahre nichts mehr gehört hatte, und meldete mich bei ihm. Und stellt euch vor, er hat mir sofort

---

* Dem ersten Weltkrieg folgte eine gewaltige Inflation, d. h. eine Geldentwertung. 1923 war eine Billion Papiermark nur noch eine Goldmark wert!

geantwortet. Er ist schon über neunzig und fast blind, aber er hat mir durch seine Tochter nicht nur alle nötigen Papiere, sondern sogar einen Arbeitsvertrag bei Freunden vermittelt. Daraufhin bekam ich die Einreiseerlaubnis nach England und die Belgier erlaubten mir einen Aufenthalt von zwei Tagen, da ich ja nur auf Durchreise bin.«

Die letzten Worte hatte Mutti sehr leise gesprochen und Ilse und mich dabei ganz bekümmert angesehen.

»Jetzt essen wir erst mal schön miteinander«, sagte Tante Edith schnell, um die aufkommende traurige Stimmung aufzulösen. »Ja«, meinte Mutti gefasst, »wir wollen die kurze Zeit genießen.« Tante Edith hatte ein wunderbares Essen gekocht.

»Ich gehe heute nicht mehr ins Büro«, sagte Onkel Gerhard und zündete sich eine Zigarre an. Dann fragte er Mutti: »Was wird jetzt aus John?«

»Er lässt euch alle herzlich grüßen«, entgegnete Mutti. »Es war ein trauriger Abschied. Alles ging so schnell. John sagte, die Kinder sind in Sicherheit, jetzt hat es keinen Sinn hier in Hamburg zusammenzusitzen. Vielleicht kann ich ihm ja von England leichter aus Deutschland heraushelfen oder ihm die Einreise in ein anderes Land vermitteln. Er ist der Letzte von uns in Hamburg. Wisst ihr, was er immer sagt? ›Ich schließe hier den Laden ab‹, und: ›Der Kapitän verlässt als Letzter das sinkende Schiff.‹«

Jetzt konnte Mutti sich nicht mehr zurückhalten und die Tränen liefen ihr über die Wangen.

Mein sonst so kühler Onkel stand auf und nahm seine Schwägerin fest in den Arm. »Auf unsere Hilfe kannst du dich verlassen«, versprach er. »Wir werden alles tun, was möglich ist.« Dieses Versprechen hielt er.

Die zwei Tage gingen viel zu rasch vorbei. Ich war nicht in die Schule gegangen, um keinen Moment mit Mutti zu versäumen. Am Abend brachten wir sie alle zusammen zur Fähre von Antwerpen nach Harwich. Wir begleiteten Mutti aufs Schiff und ich zog sie beiseite, um sie kurz in die Brusttasche meines Mantels greifen zu lassen. Dort steckte der kleine Affe, das letzte Geburtstagsgeschenk meiner Mutter. »Den habe ich immer bei mir, dann fühle ich mich dir näher«, vertraute ich ihr an.

Schon tutete das Schiff zur Abfahrt, schwarzer Rauch kam aus dem Schornstein. Wir mussten von Bord. Ein hastiger Kuss, eine letzte Umarmung und das Schiff löste sich vom Kai. Wir standen immer noch winkend da, als die Fähre schon längst im aufkommenden Nebel verschwunden war.

»In ein paar Monaten sehen wir uns wieder«, hatte Mutti uns am Schluss zuversichtlich zugerufen. Ich glaubte das gern. Aber es sollte sieben Jahre dauern, bis wir uns wieder trafen.

Als wir zu Hause waren, lag auf unseren Betten eine Überraschung. Für jeden ein kleines Fotoalbum mit Aufnahmen von unserer großen Familie. Eine Reihe von Bildern lieber alter Freunde und Bekannter war auch darunter. Viele von ihnen waren bereits über alle Welt verstreut. Viele sollten den Nazis nicht entkommen. Viele sah ich nie mehr wieder.

Schwarz über die Grenze

Der Zweite Weltkrieg hat begonnen, die englischen Konsulate in Deutschland sind geschlossen!« Mit dieser Nachricht empfing uns Tante Edith beim Frühstück.

Betroffen sah ich meine Schwester an und wir sagten fast gleichzeitig: »Dann kann Papa nicht mehr nach England.«

Wir wussten, dass seine Abreise unmittelbar bevorstand. Mutti hatte es tatsächlich geschafft, eine Stelle als »Butler« für ihn zu finden. Es war für uns kaum nachvollziehbar, aber in England wurden immer noch Butler beschäftigt. Papa saß auf gepackten Koffern. Alles war vorbereitet. Die Ausreise war bewilligt worden und er hatte bereits einen Pass. Er wartete nur noch auf die Einreiseerlaubnis, die jeden Tag auf dem englischen Konsulat in Hamburg eintreffen konnte.

»Dann muss er eben hierher kommen«, rief ich voller Panik, »Belgien bleibt neutral und er kann doch von uns aus weiterreisen.«

Onkel Gerhard sah irritiert von seiner Zeitung auf und sagte nur: »Immer mit der Ruhe, junger Mann!«

Das war es nicht, was ich jetzt hören wollte. Aufgebracht rannte ich aus dem Zimmer und warf mich weinend auf mein Bett. Ilse kam gleich hinterher und versuchte mich zu trösten.

»Beruhige dich doch, Gert. Du weißt, wie Onkel Gerhard das meint. Er ist der beste Mensch auf der Welt. Du wirst sehen, er hilft, wenn es darauf ankommt. Er kann nun mal keinen Lärm ertragen.«

»Und ich kann ihn nicht ertragen«, schrie ich unbeherrscht und wusste doch, dass ich meinem Onkel unrecht tat.

Als ich mich kurz darauf für die Schule fertig machte und aus dem Haus gehen wollte, strich mir Onkel Gerhard wortlos übers Haar.

Tage vergingen.

Am Wochenende gab es abends um neun Uhr ein Ferngespräch aus Hamburg. Tante Edith war am Apparat und sprach aufgeregt mit Papa. »Ich werde selber mit deinem Schwager sprechen«, sagte sie schließlich und bekam rote Flecken am Hals, bei ihr ein Zeichen von großer Aufregung. »Wir rufen dich gleich zurück.«

»Er will ihm das Geld nicht geben!«, empörte sie sich.

Die Sachlage war folgende: Papa wollte nach Belgien kommen, um von dort aus nach England weiterzureisen. Das belgische Konsulat verweigerte aber wegen des früher unterschriebenen Versprechens nie nach Belgien zu kommen die Einreise. Der belgische Konsul ließ Papa wissen, dass er ihm nur eine Durchreiseerlaubnis ausstellen könne, wenn er ein englisches Visum vorlege, was aber in Deutschland nicht mehr zu bekommen war. Mein Vater bat dringend um eine Aufenthaltsgenehmigung für zwei, drei Tage. Er versprach sich gleich in Belgien um ein Visum für England zu bemühen. Der Konsulatsbeamte ließ sich nicht erweichen. Er müsse den Anordungen seiner Regierung gehorchen, mein Vater solle doch Verständnis dafür zeigen. Papa hatte nur auf das große »J« in seinem Pass gedeutet.

Nun hatte er sich entschlossen schwarz über die deutsch-belgische Grenze zu gehen. Dazu brauchte er Fluchthelfer und die kosteten Geld. Ein Ortskundiger musste ihn bei Nacht und Nebel von Aachen bis zur belgischen Grenze bringen. Dafür lag das Geld bereit. In Belgien musste ihn ein weiterer Helfer um die belgische Grenzpolizei herumführen, der dann später in Antwerpen in belgischen Francs bezahlt werden sollte. Papa hatte diesen Betrag nicht, außerdem war es bei Todesstrafe verboten ausländische Währung zu besitzen oder auszuführen.

Onkel Laczi, der seit einigen Monaten wieder mit seiner Familie in Ungarn lebte, war Papas letzte Hoffnung. Mein Onkel hatte sein Bandagengeschäft verkauft. Da er Ungar war, konnte er auch einen guten Teil seines Vermögens sowie Möbel und Familienschmuck mitnehmen. Papa hatte ihn nun in Budapest angerufen und um die Überweisung des fehlenden Betrages nach Belgien gebeten. Sein Schwager war

ihm eigentlich zu Dank verpflichtet, da Papa ihm entscheidend beim Verkauf seines Geschäftes geholfen hatte. Doch
Onkel Laczi sagte Nein.

Tante Edith meldete sofort ein Ferngespräch nach Budapest an und gleich darauf hörten wir sie heftig auf Onkel Laczi
einreden.

»Laczi, wir übernehmen alle Kosten für John, wenn er erst
mal hier ist. Du weißt ja, dass er hier nicht arbeiten darf. Wir
ernähren schon die Kinder, meine Schwiegereltern, Renate
und Peter Pollak, meine ältere Schwester Tilly mit Mann und
Kindern und meinen Bruder Erich. Dreizehn Personen im
Ganzen. Ich kann nicht noch mehr von Gerhard erwarten.
Jetzt auch noch bares Geld, das geht einfach nicht. Du musst
uns helfen!«

Die Antwort fiel offensichtlich knapp aus, Tante Ediths
Verabschiedung ebenfalls. Sie hängte zornig auf und war
ganz blass. »Er kann oder will nicht«, erklärte sie.

Onkel Gerhard blieb zunächst stumm, dann sagte er in
seiner bedächtigen Art: »Dann werden *wir* eben die Schlepper
bezahlen!«

Ich wäre meinem Onkel am liebsten um den Hals gefallen,
wusste aber, dass er solche Gefühlsausbrüche nicht schätzte,
also stand ich nur auf und drückte ihm fest die Hand.

Onkel Gerhard und Tante Edith halfen wirklich, wo sie nur
konnten, und verloren selten ein Wort darüber. Immer wieder standen Flüchtlinge aus Deutschland vor ihrer Türe, die
für ein paar Nächte eine Unterkunft suchten oder die für die
Weiterreise in ein anderes Land oder einfach zur Bestreitung
ihres Lebensunterhaltes etwas verkaufen mussten. Tante
Edith kaufte Dinge, die sie eigentlich gar nicht brauchte, um
diese Menschen zu unterstützen. Einmal, der Winter stand
schon vor der Tür, verschenkte sie kurzerhand Onkel Ger-

hards fast neuen Mantel an einen Professor, der ohne jegliche Habe geflüchtet war. Als Onkel Gerhard ein paar Tage später seinen Mantel anziehen wollte und Tante Edith ihm mitteilte, dass das Kleidungsstück seinen Besitzer gewechselt hatte, schaute er sie nur kopfschüttelnd an und meinte: »Du wirst es schon richtig gemacht haben«, und kaufte sich einen neuen.

Jetzt ging er zum Telefon und verlangte ein Gespräch nach Hamburg.

»John, hallo John«, hörte ich ihn sprechen. »Natürlich wollen wir deinen Geburtstag feiern, es ist alles geregelt. Wir freuen uns auf ein gemütliches Zusammensein. Also dann, alles läuft wie geplant!«

Ich hatte dieses verschlüsselte Gespräch verstanden.[*] Wenn alles gut ging, würde Papa schon in zwei oder drei Tagen hier sein. Würde er aber von Grenzpolizisten, egal auf welcher Seite, erwischt, so waren die Folgen nicht abzusehen.

Ein quälendes Warten begann. Wir saßen am Telefon und fieberten dem erlösenden Anruf entgegen.

Endlich war es so weit: »John, John«, rief Tante Edith in den Telefonhörer, »wo bist du? In Eupen.[**] Gut ich hole dich sofort ab.«

Als Papa vor mir stand, fiel ich ihm um den Hals und wollte ihn nicht mehr loslassen. Übernächtigt, aber überglücklich befreite er sich schließlich aus meiner Umarmung und ließ sich auf einen Sessel fallen. Nachdem er sich frisch gemacht

---

[*] Oft wurde das Telefon abgehört. Auch Briefe ins und vom Ausland wurden geöffnet und zensiert. Was dem Zensor verdächtig vorkam, wurde dann unleserlich gemacht. Unter Umständen wurde der deutsche Absender bzw. Empfänger von der Gestapo verhört.

[**] Eupen ist eine Grenzstadt in Belgien, die vor dem Ersten Weltkrieg zu Deutschland gehörte und deshalb immer noch weitgehend deutschsprachig war.

hatte und der Duft von Bohnenkaffee die Wohnung durchzog, berichtete er von seinem Abenteuer.

»Zuerst hat alles gut geklappt. Ich bin mit dem Zug bis nach Aachen gefahren und habe an dem vereinbarten Treffpunkt gleich den Mann erkannt, der mir weiterhelfen sollte.«

»Wie sah er denn aus?«, fragte ich gespannt nach.

»Er sah aus wie ein Bauer: Schirmmütze, Lodenjacke, Gummistiefel. Unterm Arm hatte er eine Rätselzeitung und, wie abgesprochen, war die Seite 21 aufgeschlagen. Wir fuhren ein Stück mit dem Bus. Dann ging es zu Fuß weiter. Es war inzwischen schon dunkel geworden, aber der Mann ging mit sicherem Schritt voraus, über Feldwege, Pfade und dichtes Unterholz. Irgendwann blieb er stehen und flüsterte: ›Wir sind in Belgien. Ich kehre jetzt um, gehen Sie ein paar hundert Meter geradeaus, bis ein anderer Weg kreuzt. Dort rufen Sie dann halblaut ›Emma!‹ Das ist das Kennwort für den Belgier. Er wird Sie weiterführen.«

»Damit drehte er sich um und verschwand. Ich lief weiter, kam bald an die Kreuzung und rief ›Emma, Emma!‹ Aber es war kein Mensch da. Ich war in der Dunkelheit natürlich völlig orientierungslos. Es war viel zu gefährlich einfach weiterzulaufen. Also wickelte ich mich in meinen Mantel, legte mich ins Gras und schlief ein.«

»Mitten im Wald in der Nacht, wie unheimlich«, sagte Ilse schaudernd.

Papa lachte. »Ob ihr es glaubt oder nicht, ich habe mich im belgischen Wald sicherer gefühlt als in den letzten Jahren in Hamburg. Natürlich fürchtete ich die belgischen Grenzpolizisten, aber ich hatte ja keine Wahl. Bei Tagesanbruch bin ich dann Richtung Westen marschiert, bis ich zu einer Ortschaft kam, die Raeren hieß. Gleich beim ersten Haus wollte ich mich erkundigen, wie ich nach Eupen käme. Aber dann hatte ich plötzlich ein so komisches Gefühl. Ich kam an ein anderes Haus. Vor der Tür stand ein hübsches junges Mädchen, das mich sehr an dich erinnert hat, Illi«, bemerkte mein Vater mit einem stolzen Blick auf seine große Tochter. »Sie sah sehr vertrauenswürdig aus.

›Kommen Sie schnell herein‹, sagte das Mädchen, als es mich entdeckte. Ich ging mit ihm hinein. Welch ein Schrecken! Am Tisch saß ein großer Mann in Uniform. Er frühstückte mit seiner Frau. Die beiden sahen, wie ich blass wurde, und lächelten. ›Bitte keine Angst zu haben‹, beruhigte mich der Uniformierte. ›Ich bin nur der Fahrer der Buslinie nach Eupen. Mein Dienst fängt gleich an. Ich setze Sie am Bahnhof von Eupen ab. Bei mir kann Ihnen nichts passieren. Ich kenne hier jeden.‹

Seine Frau meinte nur: ›Wie gut, dass Sie nicht nebenan geklingelt haben. Die halten es mit den Deutschen und wollen nicht, dass Flüchtlinge über die Grenze kommen. Die hätten Sie der Grenzpolizei übergeben.‹[*]

Obwohl ich kein Geld bei mir hatte, durfte ich euch dann noch in Antwerpen anrufen. Den Rest kennt ihr selber«, schloss mein Vater seinen Bericht. »Die ›Emma‹ wird sich vermutlich nie melden. Das Geld ist gespart. Nur den netten Leuten in Raeren möchte ich noch ein kleines Geschenk schicken.«

»Ich glaube, jetzt wird alles gut«, seufzte Ilse. »Von hier aus lässt man uns bestimmt zu Mutti nach England reisen. Und dann sind wir endlich wieder alle zusammen.«

---

[*] In Flandern dürfte es ca. 100 000 »Deutschfreundliche« gegeben haben.

Im Gefängnis

Ich beeilte mich nach Hause zu kommen. Heute, am Mittwoch hatten wir nachmittags keinen Unterricht. An den übrigen Tagen der Woche gingen wir nach dem Mittagessen noch für ein paar Stunden in die Schule. In Hamburg war das anders gewesen und ich hatte mich erst daran gewöhnen müssen. Ich freute mich auf den freien Nachmittag, denn Papa wollte zusammen mit mir und Peter zum Bahnhof gehen, wie wir es in Hamburg immer gemacht hatten.

Als ich die Wohnung betrat, spürte ich schon, dass irgendetwas nicht stimmte. Tante Edith schnitt mir eine dicke Scheibe Honigkuchen ab und setzte sich zu mir an den Tisch. Ich schwärmte für diesen süßen belgischen Kuchen und biss ein ordentliches Stück ab. Dann fragte ich: »Wo ist denn Papa?«

Jetzt rückte meine Tante heraus: Am Vormittag war ein Polizist ins Haus gekommen und hatte Papa ganz höflich gebeten doch eben mal auf die Wache zu kommen. Tante Edith ging vorsichtshalber mit.

Sie wurden von einem Beamten empfangen, der ebenfalls sehr höflich, aber gleichzeitig sehr bestimmt mit Papa sprach: »Herr Koppel, Sie sind illegal über die Grenze gekommen. Sie werden dafür in ein paar Tagen vor Gericht gestellt.«

»Selbstverständlich«, antwortete Tante Edith an Papas Stelle, da er noch nicht Flämisch verstand. »Können wir nun wieder gehen?«

Die Antwort ließ beide erstarren.

»Nein, leider nicht. Sie, Madame, können natürlich gehen, aber Ihren Bruder muss ich leider internieren. Ich muss ihn in das Gefängnis in die Begijnenstraat bringen lassen. Es tut mir wirklich furchtbar Leid, bitte glauben Sie mir das.«

Als der Beamte die erschrockenen Gesichter meines Vaters und meiner Tante sah, fügte er noch hinzu: »Nach der Gerichtsverhandlung wird er hoffentlich gleich freikommen, aber im Moment lässt es sich wirklich nicht ändern.«

Es blieb dabei. Inzwischen hatte Papa bereits aus dem Gefängnis angerufen.

»Ich bin hier gar nicht so schlecht untergebracht«, berichtete er. »Außerdem bin ich nicht der Einzige in dieser Lage. Hier sind zirka hundert Männer, alles Juden, die illegal über die Grenze kamen, die meisten aus Deutschland. Wir sind immer vier in einer Zelle und wir werden auch viel besser behandelt als gewöhnliche Gefangene. Die jüdische Gemeinde schickt uns zweimal pro Tag Essen. Es ist natürlich langweilig hier herumzusitzen, aber wir haben schon etwas organisiert. Es wird Schach und Skat gespielt, und da meine Mitgefangenen durchweg sehr gebildete Menschen sind, können wir uns über alles Mögliche unterhalten.«

Ich war entsetzt. Papa im Gefängnis! Aber immerhin war es kein KZ.

»Er kommt sicher frei, sobald wir die Strafe bezahlen«, beruhigte mich Tante Edith.

Drei Tage später sah sie ihren Bruder vor Gericht wieder. Er hatte zwar keine Handschellen an, aber er stand unter Bewachung. Der Richter verurteilte ihn zu einer geringen Geldstrafe für die Grenzübertretung. Tante Edith bezahlte sofort in bar und wollte ihren Bruder gleich mitnehmen. Doch der Richter schüttelte den Kopf. »Es tut mir sehr Leid«, war auch hier die Antwort, »aber er muss noch interniert bleiben, bis eine Aufenthaltserlaubnis aus Brüssel vorliegt.«

Mit traurigem Gesicht ging Papa neben dem Aufsichtsbeamten aus dem Gerichtssaal. Auch er hatte fest damit gerechnet nach Hause gehen zu können.

Gleich am nächsten Tag fuhr meine Tante nach Brüssel, um die nötigen Anträge zu stellen. Sie besuchte auch das englische Konsulat, kam aber unverrichteter Dinge zurück. »Wir vergeben keine Visa an Deutsche«, hatte der englische Konsulatsbeamte gesagt.

»Aber wir sind doch Juden. Deutschland hat uns rausgeschmissen. Wir stehen auf Ihrer Seite. Sehen Sie doch, hier ist das große ›J‹ im Pass. Sie müssen uns einfach helfen!«, beharrte meine Tante.

»Bringen Sie mir einen anderen Pass als diesen deutschen und ich gebe Ihnen sofort das Visum«, sagte der Konsul entgegenkommend. Aber das war ja nicht möglich. Wir warteten lange auf eine Antwort aus Brüssel. Irgendwann kam ein Ablehnungsbescheid.

Inzwischen war es kalt geworden und die Lage im Gefängnis verschlechterte sich. Weil die Kohlen knapp wurden, waren die Zellen schlecht beheizt. Sie waren auch überbelegt und es gab nur noch ein Bett für je zwei Personen. Die Internierten lösten sich ab und schliefen abwechselnd auf dem Fußboden. Es wurden zwar genug Decken verteilt, trotzdem holte sich Papa einen schlimmen Reumatismus. Zweimal die Woche war Besuchszeit.

»Du gehst da nicht hin!«, hatte Tante Edith bestimmt. »Das ist kein Anblick für Kinder.«

Ich wandte mich empört in einem Brief an meine Mutter in England und obwohl sie kaum Geld hatte, telefonierte sie sofort mit Onkel Gerhard. Etwas beleidigt sagte er mir: »Deine Mutter erlaubt dir deinen Vater zu besuchen, wenn du es unbedingt so willst. Wir wollen uns dem nicht widersetzen.«

So ging ich zweimal die Woche nach der Schule mit Ilse ins Gefängnis.

Bei unserem ersten Besuch begleitete uns Oma. Wir mussten über eine Stunde in einer langen Schlange vor dem Gefängnis warten. Zu meinem Erstaunen entdeckte ich Richard Wolff unter den Wartenden.

»Ist dein Vater etwa auch hier?«, fragte ich einfältig. Richard nickte nur.

Als die Reihe an uns kam, führte uns ein Aufseher in Uniform durch trostlose, lange Gänge in eine kleine, vollkommen kahle Zelle. Ein verglastes Fenster verband sie mit der Nachbarzelle, in die Papa gebracht worden war. Ich presste meine Hände von der einen Seite gegen die Glasscheibe, Papa von der anderen. Aber wir spürten nur die Kälte und Härte des Glases. Wir konnten auch nicht direkt miteinander sprechen. Die Stimmen wurden durch einen Lautsprecher übertragen und waren verzerrt. Da stand ich nun Papa gegenüber, ganz nah und doch von der Scheibe getrennt. Nur nicht heulen, nahm ich mir fest vor. Ich war ja immerhin schon zwölf und hatte in den letzten Monaten lernen müssen mich zusammenzureißen. Wir sprachen über alles Mögliche und das Ende der Besuchszeit wurde viel zu schnell von dem Klingelzeichen angekündigt

»Ich freue mich, dass du gekommen bist, Gert«, sagte Papa. »Nun pass schön auf die zwei Damen auf (Ich wusste, dass er »Weiber« dachte) und rutscht mir nicht auf dem Glatteis aus!«

»Es gibt doch gar kein Eis!«, rief ich verwundert. Papa schmunzelte. »Nein? Das kann man von hier aus nicht so genau sehen, da hab ich mich wohl geirrt!« Papa schaffte es selbst im Gefängnis uns aufzuheitern.

Der harte Winter ließ aber nicht mehr lange auf sich warten. Bei klirrendem Frost war das Anstehen vor dem Gefängnistor sehr unangenehm. Frierend stand ich mit Ilse in der Schlange. Frauen mit großen Einkaufstaschen gingen an uns vorüber und schauten uns neugierig ins Gesicht. Ich war wütend. Am liebsten hätte ich sie angeschrien: »Was gibt es da zu kucken? Glaubt ihr etwa mein Vater sei ein Verbrecher?« Ein paar deftige Schimpfwörter hätte ich auch hinterherschicken können. Mein Flämisch war nahezu perfekt. Verbittert starrte ich vor mich hin, als plötzlich ein Gefängniswärter auf uns zukam.

»Der Direktor möchte Sie und Ihren Bruder sprechen«, sagte er zu Ilse. Der Schreck fuhr uns in die Glieder. Hatten wir etwas Unerlaubtes getan? War Papa etwas zugestoßen? Vom Gefängnisdirektor war sicher nichts Gutes zu erwarten. Voller Angst folgten wir dem Beamten ins Büro. Hier war es schön warm. Hinter einem Schreibtisch saß ein Mann mit klugem und freundlichem Gesicht, der sich sofort erhob, als wir eintraten. »Bitte setzen Sie sich doch«, sagte er zu uns und nahm auch wieder Platz. »Ich sah Sie auf der Straße stehen, als ich vorhin aus dem Fenster schaute«, begann er. »Ich habe Sie auch früher schon oft warten sehen und mich erkundigt. Ich weiß, dass Ihr Vater hier nur interniert ist. Ich glaube, diese Besuche sind schlimm für Sie beide.«

Er legte mit freundlicher Geste seine Hand auf meine Schultern. »Ich habe auch zwei Jungen in deinem Alter. Zwillinge! Tja, und ich hätte da eine Idee . . .«

Wir konnten kaum glauben, was dann kam. Er schlug vor unseren Vater in sein Büro kommen zu lassen, wo es gemütlich warm war. »Ich werde währenddessen hinausgehen«, versprach er. »Sie können sich so lange mit ihm unterhalten, wie Sie wollen. Nur eines müssen Sie mir versprechen. Sie dürfen ihm nichts geben. Alles, was Sie für ihn mitbringen, händigen Sie mir vorher aus. Es wird garantiert an Ihren Vater weitergeleitet.«

Ich streckte ihm spontan die Hand hin. Er nahm sie und

schüttelte sie kräftig. »Das genügt mir«, sagte er. Ich wäre für diesen Mann durchs Feuer gegangen. Ilse reichte ihm die Tüte mit den Mitbringseln für Papa. Er nahm sie an sich, sprach ein paar Worte ins Telefon und verschwand.

Da kam Papa auch schon herein, alleine, ganz ohne Wächter. Ich stürzte auf ihn zu, um ihn endlich wieder zu umarmen. Ilse stand neben uns und heulte. Wir konnten es gar nicht glauben. Von nahem besehen, bemerkten wir, dass unser Vater ziemlich dünn und blass geworden war. Auch ging er wegen seines Reumas etwas gebückt. Immerhin war er schon fast zwei Monate eingesperrt.

Obwohl uns niemand störte, sagte Papa nach einer Weile: »Wir wollen die Güte dieses Mannes nicht zu sehr ausnutzen. Ich muss jetzt wieder zurück.« Er gab uns noch einen Kuss, dann waren wir alleine. Der Direktor kam zurück. »Ich freue mich, dass ich etwas für euch tun konnte«, sagte er zu uns. »Wenn ihr in Zukunft vorbeikommt, dann geht gleich in mein Büro. Ich sitze immer hier. Ihr müsst nicht mehr auf der Straße warten. Ich lasse euren Vater dann holen. Einverstanden?«

Welche Frage! Ilse schien auch ganz überwältigt. Sie beugte sich plötzlich vor und gab dem Direktor einen Kuss. Er lachte und sagte: »So eine Tochter wie Sie habe ich mir auch immer gewünscht.« Ilse wurde ganz rot und dann verabschiedeten wir uns schnell, um zu Hause von unserem unglaublichen Glück zu berichten.

Im Schloss

Ich gehe mit. Ich gehe mit. Keiner kann mich davon abhalten!«, schrie ich Onkel Gerhard unbeherrscht hinterher, als er achselzuckend das Zimmer verließ.

Er hatte vergeblich versucht in Ruhe mit mir zu diskutieren. Mit mir war nicht zu reden. Ich war außer mir, rannte zum Tisch und ergriff einen Stapel Teller. »Ich schlage hier alles in Stücke, wenn ich nicht gehen darf«, drohte ich völlig kopflos.

Tante Edith konnte mich nicht zur Vernunft bringen und ließ in ihrer Not Tante Trudel rufen, die schon bald darauf im Zimmer stand. Ich hatte immer noch den Tellerstapel in den Händen. Wortlos nahm sie mir das Geschirr ab. Sie fasste mich bei der Hand, zog mich sanft ins Nebenzimmer und schloss die Türe.

»Gert, du bist groß genug, um mir jetzt sofort zu erzählen, was hier eigentlich los ist.«

Tante Trudels liebevolle, aber klare Stimme brachte mich wieder zur Besinnung und ich konnte alles wiedergeben, was passiert war:

Papa hatte ausnahmsweise die Erlaubnis erhalten uns vom Gefängnis aus anzurufen. Man hatte ihn vor die Wahl gestellt, entweder in ein Flüchtlingslager für allein stehende Personen oder zusammen mit uns Kindern in ein Familienlager zu wechseln. Im Gefängnis wollten sie ihn jedenfalls nicht mehr haben und freilassen konnten sie ihn wegen der fehlenden Aufenthaltserlaubnis auch nicht. Ilse und ich sollten nun frei wählen, was wir wollten, da *wir* ja die Berechtigung hatten in Belgien zu wohnen.

»Was meint euer Vater?«, war Tante Trudels erste Frage.

Sie behandelte mich nicht wie ein hysterisches Kind, sondern wie einen Erwachsenen.

»Er will, dass wir mit ihm kommen.«

»Weißt du auch, warum er das will?«

»Papa sagt, er habe bei seiner Flucht an der belgischen Grenze die vielen Befestigungen und deutsche Soldaten gesehen. Er denkt, Hitler wird auf die Dauer nicht vor Belgien Halt machen. In solchen Zeiten muss die Familie zusammenbleiben. Ilse geht auch mit, wenn Papa das so will. Sie ist aber nicht begeistert von dem Familienlager. Sie möchte eigentlich lieber hier bleiben, weil sie sich hier so wohl fühlt und weil sie sich doch in diesen Jefke, das ist ein Engländer, der hier wohnt, verliebt hat.«

Tante Trudel lächelte verständnisvoll, fühlte mir aber wieder auf den Zahn. »Warum willst du eigentlich so dringend bei deinem Vater sein? Gefällt es dir nicht bei Edith und Gerhard?«

Ich fühlte mich immer noch fremd bei meinen Verwandten und wollte deshalb unbedingt bei meinem Vater sein. Außerdem machte mir etwas anderes Angst, aber sollte ich das Tante Trudel sagen?

»Raus mit der Sprache!«, forderte sie energisch.

»Erstens bin ich hier immer noch fremd, vor allen Dingen komme ich mit Onkel Gerhard nicht zurecht. Zweitens . . .« Ich stockte.

Tante Trudel drängte: »Weiter, weiter.«

»Es hat mit euch zu tun«, gestand ich zögernd. »Du und die Kinder, ihr lauft Onkel Berthold doch nun schon seit Jahren hinterher und ihr holt ihn jeweils nur kurz ein. Er ist euch immer einen Sprung voraus. Papa sagt, es gibt Krieg und im Krieg muss die engste Familie zusammenbleiben!«

Was sollte ich machen? Ich spürte, dass ich Tante Edith und

Onkel Gerhard irgendwie unrecht tat, mir taten auch Ilse und Jefke Leid. Aber ich sehnte mich nach meiner Mutter, mir fehlte Papa, der nun schon drei Monate im Gefängnis saß. Alle taten mir schrecklich Leid und ich tat mir selbst am meisten Leid.

»Ich will doch nur zu Papa und er will auch, dass wir kommen!«

Tante Trudel nahm mich in den Arm und drückte mich fest an sich.

»Jeder macht, was er für richtig hält«, sagte sie. »Onkel Berthold und ich haben doch auch nur das Beste für alle gewollt. Mag sein, dass es der falsche Weg war. Wer weiß das schon? Wer wird leben, wer wird sterben? Geht es nach Klugheit, nach Geld oder weil einer der bessere Mensch ist als der andere? Ist alles reiner Zufall? Oder gibt es wirklich einen Gott im Himmel, der alles entscheidet? Ich hab keine Antwort. Was glaubst du, wie Berthold mir fehlt. Ich denke manchmal, dass ich eines Tages unter der ganzen Verantwortung zusammenbreche.«

Ihre Stimme zitterte, sie atmete tief durch und sagte dann: »Die Sache ist klar: Du willst zu deinem Vater. Ilse will tun, was euer Vater euch rät. John hat deutlich seine Meinung geäußert. Was er sagt, muss gemacht werden. Schluss, aus!«

Tante Trudel stand auf und ging zur Tür.

»Du bleibst hier und überlegst dir, wie du dich bei Tante Edith entschuldigst. Das mit dem Tellerschmeißen war keine besonders tolle Idee. Ich spreche schon mal mit ihr. Es wird keine Schwierigkeiten geben. Ich kenne ja schließlich meine kleine Schwester. Es wird schon alles in Ordnung kommen.«

Es war der 29. Februar 1940. Ein Schaltjahr und ein Tag, den ich nie vergessen würde. Tante Edith begleitete Ilse und mich bis zu den Toren des Gefängnisses. In der Gruppe von

Leuten, die da mit ihren aufgereihten Koffern warteten, standen auch Richard Wolff und sein drei Jahre älterer Bruder Harry. Ich überlegte gerade, ob ich ihn ansprechen sollte, als sich die Tore öffneten. Etwa zwanzig Männer kamen heraus und stürzten sich in die Arme ihrer Familien. Hinter den Männern trat der Direktor heraus. Er winkte mich zu sich.

»Bitte«, sagte er auf Flämisch, »übersetze doch, was ich jetzt zu sagen habe!

»Mijn vriende« (Meine Freunde), begann er und alle wurden still.

»Ich freue mich für Sie, dass sie nun wieder mit ihren Familien vereint sind. Das ist das Wichtigste im Leben. Ich bedanke mich bei Ihnen für Ihre Geduld und für Ihre Zusammenarbeit in den letzten Monaten. Ihr Wohlergehen lag mir stets am Herzen. Ich glaube, das haben Sie gemerkt.«

Lächelnd fuhr er fort: »Ich weiß, ich werde Sie nicht wieder sehen. Darum möchte ich Ihnen nun alles Gute wünschen. Uns allen stehen schwere Zeiten bevor. Möge Gott Sie beschützen. Schalom. Schalom.«

Alle klatschten und wollten ihm die Hand drücken.

Ein paar Minuten später saßen wir in dem bereitstehenden Bus. Richard und ich hatten uns mit einem Blick verständigt und zwei Plätze nebeneinander ergattert. Ilse saß mit traurigem Gesicht neben Papa. Sicher dachte sie an Jefke. Die Fahrt dauerte mehrere Stunden. Wir fuhren durch die kleine Stadt Huy, eine wunderbare, schneebedeckte Landschaft streckte sich zu beiden Seiten der Straße aus. Kurz nach der Stadt erreichten wir unser Ziel: »Château Marneffe«. Es war ein großes Gebäude, ehemals ein elegantes Schloss, das nach den vielen Umbauten der letzten Jahrhunderte eher an eine Kaserne erinnerte. Es gab allerdings weder Gitter noch Zäune. Ich hatte mir ein Lager ganz anders vorgestellt.

Einige deutsch sprechende Damen und Herren empfingen uns sehr freundlich. Ich wurde im Jungenschlafsaal einquartiert, einem riesigen hellen und sehr ordentlichen Raum mit ungefähr sechzig Betten. Dort schliefen alle »Jugendlichen« zwischen vier und vierzehn Jahren. Richard und ich verschoben ein paar der schon besetzten Betten, um nebeneinander schlafen zu können. Nachdem alles eingeräumt war, wollte ich sehen, wo Papa und Ilse untergebracht waren. In dem weitläufigen und unübersichtlichen Schloss war es gar nicht so einfach sich zurechtzufinden. Endlich entdeckten wir ihr Zimmer.

Es war ein komischer Raum, ein langer Schlauch, der wie ein schmaler Eisenbahnwaggon aussah, in der Mitte durch einen Vorhang getrennt, sodass er sich gut für die beiden eignete. Das Zimmer wurde sofort zum »Schlafwagen« erklärt.

Richards Bruder Harry war den »Lehrlingen« zugeteilt, das waren die Jungen zwischen fünfzehn und achtzehn Jahren.

Das Schloss war riesengroß, es gab viele Treppen, zahlreiche Gänge, große Säle, kleine Zimmer. Überall traf man andere Kinder und Erwachsene und alle sprachen deutsch, manche von ihnen mit komischem Akzent. Sie kamen aus Österreich, aus dem Sudetenland und sogar aus Rumänien. Freundliche Gesichter, die meisten mit zufriedenen Mienen, ich war überwältigt!

Kurt, ein Junge aus Wien, führte uns herum.

»Wir haben drei Speisesäle«, erklärte er. »Das Essen ist genießbar. Hier sind die Klassenräume. Wir haben täglich vier Stunden Unterricht. Aber es gibt nur eine einzige richtige Lehrerin. Alle anderen sind freiwillige. Viel zu lernen ist bei denen nicht, aber die Leute sind sehr interessant. Die meisten haben mal was Besseres getan als hier zu unterrichten. Sie geben sich jedenfalls Mühe.«

Eine streng aussehende Dame betrat das Klassenzimmer.

Richard ging gleich auf sie zu und rief: »Frau Meyer-Veilchenfeld, erinnern Sie sich an mich?«

Sie erinnerte sich sofort. Sie kam wie Richard aus Köln und war die einzige »richtige« Lehrerin, die Kurt erwähnt hatte. Richard vertraute mir später an, dass sie zwar sehr streng sei, aber den Kindern viel beibringen würde. Richard war nicht so begeistert wie ich. Er kam sich eingesperrt vor, trauerte seiner alten Schule nach und stritt sich viel mit seinem großen Bruder. Auch zu seinem Vater hatte er kein besonders inniges Verhältnis.

Für mich sollten die Tage im Schloss zu den schönsten meines Belgien-Aufenthaltes gehören. Ich war mit Papa zusammen und mit Richard verband mich eine dicke Freundschaft, die jahrelang hielt. Wir sprachen über alles, lasen dieselben Bücher und diskutierten darüber. Im Schloss gab es eine richtige Bibliothek und Bücher in allen Sprachen. Langweilig war uns nie.

Unser Schulunterricht folgte zwar keinem Lehrplan, aber wir führten interessante Gespräche mit den freiwilligen »Lehrern«. Die Erwachsenen setzten ihre Fähigkeiten in allen Bereichen des Hauses ein. Papa hatte sich zur Gartenarbeit gemeldet. Ein Apotheker und drei Ärzte fanden angemessene Beschäftigung. Eine Schuster- und eine Schneiderwerkstatt wurden eingerichtet. Es gab Köche und Leute, die das Haus sauber hielten. Ilse kümmerte sich zusammen mit ein paar anderen um die kleineren Kinder.

Irgendwann entdeckten Papa und Herr Wolff einen riesigen Flaschenberg, der im Laufe von Jahren entstanden sein musste. Sie schlugen der Lagerleitung vor diese Flaschen zu waschen, um sie wieder verwenden zu können. Wozu? Danach fragte keiner. Die beiden Männer wurden also eine Zeit lang Flaschenspüler und freundeten sich dabei an.

Die Internierten hatten eine eigene Verwaltung gewählt. Über dieser stand die belgische Verwaltung, bestehend aus einem Direktor, einer Sekretärin und einem Buchhalter. Aufpasser gab es nicht. Alles verlief reibungslos. Jeder war froh hier Unterschlupf gefunden zu haben. Keiner der rund vierhundert Internierten lief weg. Wohin auch?

Der Schneee schmolz, der Frühling kam. Wir spielten auf dem riesigen Gelände Fußball, Handball, Völkerball. Die Lehrlinge traten gegen die Erwachsenen an, Söhne gegen Väter, Deutsche gegen Österreicher, es gab endlos viele Kombinationsmöglichkeiten. Richard war ein ausgezeichneter Fußballspieler. Ich war im Fußball ziemlich schwach, aber mein Freund hielt treu zu mir und holte mich immer in seine Mannschaft. Wer nicht so sportlich veranlagt war, konnte auch musizieren oder in einer Theatergruppe mitspielen.

Eigentlich fehlte nur Mutti zu unserem Glück. Sie hatte inzwischen von unserem Umzug erfahren und war überhaupt nicht damit einverstanden. In verzweifelten Protestbriefen schrieb sie: »Gert muss sofort zurück in die richtige Schule und Ilse muss eine Ausbildung bekommen. Ich erlaube es einfach nicht, dass die Kinder in einem Lager untergebracht sind!« Sie flehte Onkel Gerhard und Oma an uns nach Antwerpen zurückzuholen. Papa beschwor sie in ihren Briefen: »Wenn du mich noch liebst, John, dann schicke die Kinder sofort zurück zu Edith und Gerhard. Du darfst nicht an dich denken, John. Die Hauptsache sind die Kinder. Ich weiß, du magst nicht alleine sein. Aber ich bin hier auch ganz einsam und habe niemanden. Es geht alles, wenn es sein muss.«

Papa erklärte ihr immer wieder geduldig die Gründe für seine Entscheidung, sie wollte aber nichts davon hören. Ich zitterte: Was war, wenn Mutti nun ihren Willen durchsetzte?

Dann schrieb Papa einen Brief, den er uns vorher zu lesen

gab: »Liebste Magda, wir wollen nicht weiter streiten. Meine Liebe zu dir und den Kindern ist unendlich, das brauche ich dir nicht zu sagen. Ich habe immer auf dich gehört und es ist uns allen dabei gut gegangen. Diesmal muss ich aber auf meinem Standpunkt bestehen: Die Kinder bleiben hier, denn laut Geburtsurkunde bin ich der Vater.«

Mutti gab nach. Sie wusste, wo die Grenze ihres beträchtlichen Einflusses lag. Ich bewunderte Papas Durchsetzungsvermögen. Der Satz »laut Geburtsurkunde bin ich der Vater« imponierte mir besonders. Sein Entschluss sollte uns das Leben retten.[*]

Inzwischen war das Schlossleben noch interessanter für mich geworden. Ich hatte die Mädchen entdeckt. Natürlich kannte ich schon früher Mädchen. Meine Schwester Ilse war immer für mich da gewesen und ich mochte Fee gut leiden. Aber etwas hatte sich geändert. Ich nahm die Mädchen anders wahr und auch sie schienen sich für mich zu interessieren. Manche Mädchen gefielen mir besonders gut, andere fand ich eher langweilig, eine sogar hässlich. Eines Tages entdeckte ich Liesel aus Düsseldorf. Mein Blick fiel unwillkürlich auf ihr dunkles seidiges Haar. Es schimmerte in der Sonne. Ich hatte noch nie bemerkt, dass Haare so schön sein konnten. Unsere Blicke trafen sich. Sie hatte dunkle Augen. Wir spazierten nun manchmal nebeneinanderher, unterhielten uns angeregt und dabei berührten sich gelegentlich unsere Hände. Das war aufregend.

Meine Freunde machten sich ein bisschen über mich lustig, sie waren wohl vor allen Dingen neidisch.

Trotz meiner Freundschaft mit Liesel war ich immer noch

---

[*] Das Familienlager in Marneffe sollte das einzige Internierungslager in Belgien sein, dessen Insassen nach Kriegsanbruch 1940 nicht in das Lager Gurs bei Perpignan in Südfrankreich abgeschoben wurden. Die meisten Juden, die dort gelandet waren, wurden später nach Polen ins KZ transportiert.

am liebsten mit Richard zusammen, die Welt war jedoch größer geworden, obwohl wir auf so beschränktem Raum lebten.

Die Wochen vergingen wie im Flug. Ich lebte sorglos dahin. Die Welt schien stillzustehen.

Dann kam das grausame Erwachen.

Die Flucht

Richard«, rief ich und rüttelte meinen Freund wach. »Was ist das für ein Geräusch? Das kann doch kein Gewitter sein!«

Richard setzte sich in seinem Bett auf und wir lauschten beide auf das dumpfe Dröhnen aus der Ferne. Der Himmel war hellblau, die Sonne schien. Vom Garten her hörten wir trotz der frühen Morgenstunde aufgeregte Stimmen. Schnell zogen wir unsere Trainingsanzüge über und rasten die Treppen hinunter. Papa und Herr Wolff standen zusammen. Sie hatten gerade die Nachrichten gehört.

»Nun ist es so weit«, sagte Papa niedergeschlagen, »diese Verbrecher haben Belgien überfallen. Was wir da hören, ist die Artillerie.« Herr Wolff nickte stumm. Es war der 10. Mai 1940.

Alle Schlossbewohner waren in großer Panik. Einige baten um eine Unterredung mit dem belgischen Direktor. Sie wurden sofort in das Büro des stillen, freundlichen Herrn gerufen, mit dem man ansonsten nie viel zu tun hatte. Auch Herr Wolff und mein Vater gingen zu ihm.

Der Direktor empfing die verängstigte Gruppe sofort.

»Was da passiert, ist unfassbar. Ich bin im Moment auch

ratlos. Sie sollen aber eines wissen: Ich werde nicht vergessen, wo meine Verantwortung liegt. Ich sehe meine Aufgabe darin zu versuchen Sie vor dem deutschen Einmarsch in Sicherheit zu bringen, vielleicht nach England. Vertrauen Sie mir und geben Sie mir etwas Zeit, damit ich Ihnen helfen kann.«

Am 12. Mai gab es morgens die Mitteilung: »Fertig machen! Bitte nur einen Koffer mitnehmen. Gleich kommen Busse, die versuchen euch an die Küste zu bringen. Endziel ist England!«

Ich sah mich schon bei Mutti.

Punkt zwölf erschien der belgische Direktor zusammen mit der jüdischen Verwaltung im Garten. Er sprach französisch, was sofort Satz für Satz übersetzt wurde.

»Ich habe die ganze Nacht durchgearbeitet«, begann er. »Ohne meine Sekretärin, Mademoiselle Duprès, hätte ich es nicht geschafft. Sie ist bereits vor einer halben Stunde mit ihrer Familie abgereist. Unsere Arbeit hier ist beendet. Ich übergebe jetzt jedem von Ihnen ein ›Laissez-Passer‹*. Wir haben heute Nacht über 400 davon ausgestellt und ich habe sie alle eigenhändig unterschrieben. Das Dokument wird Ihnen sehr nützlich sein. Leider konnten die Busse nicht durchkommen. Es bleibt Ihnen jetzt nur, sich Ihren eigenen Weg in die Freiheit zu suchen. Ich rate Ihnen es mit England zu probieren. Ich tue dasselbe und werde gleich ›Château Marneffe‹ verlassen. Ich wünsche Ihnen von Herzen viel Glück.«

Er wollte schnell weggehen, aber man hielt ihn zurück. Jeder wollte ihm danken, möglichst die Hand schütteln. Jemand stimmte spontan die »Brabançonne«, die belgische Nationalhymne, an und alle sangen so gut sie konnten mit.

---

* »Laissez-Passer« heißt so viel wie »durchgehen lassen«, also ein Ausweis, der uns weiterhelfen sollte.

Gerührt winkte uns der Direktor ein letztes Mal zu und fuhr, während die »Laissez-Passer« verteilt wurden, mit seiner Frau in seinem Wagen davon.

Wir sahen diesen guten Menschen nie wieder. Sein entschlossener Einsatz wurde niemals offiziell gewürdigt, obwohl es eine Heldentat gewesen war. Er hatte diese für uns lebenswichtigen Dokumente auf eigene Faust ausgestellt, ohne die Genehmigung seiner vorgesetzten Behörde in Brüssel einzuholen.

Nun wurden Brote verteilt und wir marschierten los.

Auf der Landstraße wurde uns schnell klar, dass wir nicht die Einzigen waren, die davonrannten. Die Straßen waren von Zehntausenden fliehenden Belgiern verstopft, die sich alle in Richtung Westen bewegten. Jeder wollte so schnell wie möglich den Ärmelkanal erreichen. Pferdefuhrwerke, Ochsengespanne, einzelne Busse, Lastwagen und PKWs bewegten sich auf den Haupt- und Nebenstraßen. Manche Menschen schoben ihre Habseligkeiten auf Handkarren vor sich her, andere zogen kleine Leiterwagen oder führten voll gepackte Fahrräder mit sich. Die meisten gingen jedoch wie wir einfach zu Fuß. Sie waren schwer bepackt. Ständig wurden wir von Soldaten von der Straße in die Felder getrieben, da zahlreiche Militärtransporte in beide Richtungen fuhren. Nach Westen mit Verwundeten, an die Front mit frischen Truppen.

Ilse blieb plötzlich stehen und setzte sich auf ihren Koffer. »Ich kann nicht mehr«, jammerte sie. »Ich muss ein bisschen ausruhen. Meine Füße brennen wie Feuer!«

Wir waren erst vier Stunden marschiert und schon völlig erschöpft. Die 400 Menschen aus Marneffe hatten sich zerstreut. Viele waren hinter uns zurückgeblieben, einige hatten einen anderen Weg genommen. Richard, Harry und Herr

Wolff waren längst an uns vorbeigegangen. Sie waren offensichtlich kräftiger als wir. Ich wusste, dass Liesel mit ihrer Familie noch hinter uns war. Das Mädchen hatte mir zum Abschied ihren kleinen silbernen Herzanhänger geschenkt. Richard war sehr beeindruckt gewesen.

Wir marschierten in einer Gruppe von zirka zwanzig Leuten. Ich war fast die ganze Zeit neben einem älteren Herrn hergelaufen. Herr Kahn stammte aus einem kleinen Ort in Westfalen.

Wir unterhielten uns lebhaft: »Ich war dort bei der freiwilligen Feuerwehr!«, erzählte er mir stolz. »Da habe ich so manches gelernt, was im Leben nützlich sein kann. Einen Laden hatte ich auch. Da konnte man wirklich alles kaufen. Alles futsch! Na, lässt sich nicht ändern!«

Herr Kahn sah sich nun Ilses Füße an.

»Die müssen ›verdoktert‹ werden!«, befand er mit fachmännischem Blick. Er hatte alles Nötige bei sich. An Verbandszeug hatten wir gar nicht gedacht. Nachdem er Ilses Füße sachgemäß behandelt hatte, meinte er: »So, damit kannst du bis nach England laufen! Es wird nicht wehtun.«

Wir liefen weitere Stunden in der Hitze.

»Immer noch besser als Regen«, tröstete Papa, aber der sollte auch noch kommen.

Ilse war wieder stehen geblieben. »Papa, schau mal, da liegt eine ganze Menge Koffer, die scheinen niemandem zu gehören«, sagte sie. Dann erfasste sie die Lage und stellte ihren Koffer zu den anderen. »Ich schleppe das blöde Ding nicht einen Schritt weiter!«, kündigte sie trotzig an. Papa beschwor sie, es nützte nichts. Ilse war am Ende. Sie stand da wie ein sturer Esel. So hatte ich sie noch nie erlebt.

Der alte Herr Kahn kam dazu. »Meuterei?«, fragte er. »Meuterer werden gehängt!« Er zog eine kleine Flasche Cognac aus der Tasche und gab sie Ilse. »Das nützt! Du wirst schon sehen. Zieh kein Gesicht und tu, was Opa Kahn sagt!« Ilse nahm einen kräftigen Schluck. Der Trunk schien wirklich zu helfen. »Genug, genug, Mädel!«, warnte Herr Kahn. »Du sollst dich nicht gleich betrinken, das wird ja wohl mal eine Säuferin!«

Nun lachten wir alle. Aber unser Helfer hatte noch eine andere Idee. Seine eigenen Sachen hatte er ordentlich in einem Rucksack verstaut. Auf dem Rücken war das Gepäck viel besser zu tragen als in der Hand, fand er. Unsere Koffer waren ja für eine Busfahrt gepackt worden. Kurz entschlossen ging er zu den herrenlosen Gepäckstücken und kramte da ein Bettlaken, dort eine Tischdecke hervor. »Mal sehen, was du wirklich brauchst, Gert«, sagte er zu mir und öffnete meinen Koffer. Unterwäsche, Hemden, Waschlappen, Seife, Schuhe legte er auf die Tischdecke. Mir blutete das Herz, als ich sah, was der couragierte Herr in meinem Koffer zurückließ, aber ich war froh, dass er mir die Entscheidung abnahm. Aus der Tischdecke knotete er ein Bündel. Das konnte ich leicht auf dem Rücken tragen.

»Dasselbe machen Sie jetzt für sich und Ilse!«, forderte er meinen Vater auf. »Hier gibt es noch genug Laken. Alles prima Ware. Hätten Sie in meinem Laden auch im Ausverkauf nicht unter 30 Mark bekommen!« Papa schmunzelte und machte sich an die Arbeit. Zehn Minuten später gingen wir weiter. Ilse schien wie neugeboren, ich fühlte die Last auf meinem Rücken kaum. Ich begann sogar zu pfeifen. Mein Respekt für die freiwillige Feuerwehr war enorm gestiegen.

Die erste Nacht verbrachten wir im Freien und froren schrecklich, da wir nur dünne Decken hatten. Später gingen wir auf Bauernhöfe und schliefen einfach in den Scheunen. Viele Höfe waren schon verlassen, was uns sehr entgegenkam. Oft waren noch Hühner da und die legten weiterhin Eier. Wir stöberten auch anderes Essbares auf. Waren die Besitzer noch am Hof, versuchten wir etwas zu kaufen.

Das Schlimmste stand uns aber noch bevor. Ilse und ich hatten nichts Besonderes bemerkt. Aber Papa hatte seine Augen überall. Er hatte die Flugzeuge kommen sehen.

»In den Straßengraben werfen, sofort!«, schrie er plötzlich und schubste uns unsanft von der Straße in den Graben. Keine Sekunde zu früh. Ein Geschwader silbrig glänzender Flugzeuge erschien am Himmel, wie bösartige Rieseninsekten.

»Was ist das, Papa?«, fragte ich total verängstigt von dem Lärm. In meinen Ohren dröhnte das grässliche Jaulen der »Stukas«, der Sturzkampfflugzeuge. Es erfüllte die Luft. Detonationen erschütterten den Boden, die Erde schien zu beben. »Das sind Bomben, die fallen aber weit weg von hier.« Auf einmal lösten sich drei Flugzeuge aus der Formation. Sie zogen eine elegante Schleife und flogen dann scheinbar direkt auf uns zu.

»Ducken, ducken«, schrie Papa und zwang uns noch flacher und tiefer in den Chausseegraben. Wir hörten die Motoren heulen, wir sahen sogar den Piloten in seiner Maschine, als er zum Tiefflug ansetzte. Da kam plötzlich ein furchtbares Geknatter. »Maschinengewehre«, rief jemand. Ich presste mein Gesicht in die Ellenbeuge und krallte meine Hände in die Erde. Dann war der Spuk vorbei.

In der Ferne schien sich der Vorgang zu wiederholen. Endlich wagten wir es wieder aufzustehen. Benommen stolperten wir weiter. Die Einschläge waren nicht so nahe gewesen, wie es sich angehört hatte.

»Nicht hinschauen, schnell weitergehen«, kommandierte Papa plötzlich. Ich zögerte. Ich musste einfach sehen, was geschehen war. Ich hatte noch nie einen Toten zu Gesicht bekommen. Nun sah ich gleich ein Dutzend oder mehr. Da lag ein zusammengebrochenes Ochsengespann, der Bauer auf dem Kutschbock war leblos vornübergesackt, ringsum Menschenleiber, reglos. Auch die Ochsen waren beinahe tot. Einer zuckte noch etwas, der andere brachte nur noch leise Töne hervor.

»Kommt«, forderte uns Papa auf, »da kann keiner mehr helfen.«

»Sie kommen wieder«, schrie Ilse. Dieses Mal sprangen wir sofort in den Graben. Deutlich konnten wir die deutschen Kennzeichen an den Flugzeugen erkennen. Ich schüttelte meine Faust. »Was haben wir euch getan?«, brüllte ich. Niemand konnte mich hören. Es waren keine Soldaten oder Waffen in der Nähe. Unmöglich, dass die Piloten nicht erkannten, dass es sich hier nur um flüchtende Zivilisten handelte. »Die wollen nur Terror verbreiten«, sagte jemand. »Je mehr Chaos auf den Straßen, umso besser für den Feind. Da können dann unsere Militärlastwagen schwer durchkommen«, fügte ein anderer hinzu.

Die Flugzeuge schossen wieder. Diesmal war es aber viel weiter weg, in der Richtung, aus der wir gerade kamen. Unwillkürlich dachte ich an Liesel. Wo sie jetzt wohl war? Als es dunkel wurde, kamen keine Flugzeuge mehr. Wir fanden eine leere Scheune zum Übernachten.

So ging es weiter, einen Tag nach dem anderen. Am Abend krabbelten wir regelmäßig auf die Heuböden über den verlassenen Bauernhäusern. In den kleineren Orten waren die Einwohner meistens schon weggelaufen. Ladengeschäfte waren einfach von Flüchtlingen, die vor uns gingen, aufgebrochen worden. Wir fanden meist noch irgendwelche Lebensmittel, wenn auch nicht viel. Oft wurden wir argwöhnisch von anderen Leuten betrachtet. Die meisten von uns sprachen ja Deutsch.

»Spione, Spione!«, schrie einmal eine dicke Frau. Die Polizei war gleich da. Wir zeigten unsere Ausweise. Die »Laissez-Passer« wurde hin- und hergedreht. Als wir die Sachlage erklärt hatten, erlaubte man uns weiterzuziehen. Ab da sprachen wir nicht mehr viel, wenn andere Leute in der Nähe waren.

In der kleinen Stadt Gembloux, die schwer bombardiert worden war, fand unser Fußmarsch zunächst sein Ende. Es gab wieder eine Polizeikontrolle. Papa sah die misstrauischen Blicke. »Geh mal hin, Ilse«, schlug er vor, »und erklär ihnen alles.« In diesem Moment steckte der Polizist unsere kostbaren Papiere in seine Tasche. Mit einer Handbewegung forderte er uns auf mitzukommen.

Zehn Minuten später waren wir alle in der Zelle einer Polizeiwache eingesperrt. »Müssen wir hier die ganze Nacht verbringen?«, fragte ich. »Es sieht so aus«, antwortete Papa. Ilse weinte mal wieder. Ihr war schlecht. »Ich muss mich übergeben«, klagte sie. In der Ecke stand ein Eimer. Wir rüttelten an der vergitterten Tür. Es wurde geöffnet und man erlaubte Ilse herauszukommen. Papa durfte bei ihr bleiben. Mir schien man nicht zu trauen. Beinahe hätte ich gelacht. In der frischen Luft fühlte sich Ilse schnell besser. Trotz allem schlief ich irgendwann ein.

Gegen Morgen kam ein Uniformierter herein. Er sah aus wie ein höherer Beamter. »Es tut mir so Leid«, sagte er, »aber wir müssen sehr vorsichtig sein. Überall sind deutsche Spione. Ihre Papiere sind in Ordnung. Sie können weitergehen.« Papa war verärgert. »Was glauben Sie denn«, schimpfte er in seinem besten Französisch. »Denken Sie wirklich, Spione laufen so herum wie wir? Die kommen doch mit ausgezeichneten Papieren und genauer Kenntnis der Sprache hier an.

Die würden Sie bestimmt nicht erkennen!« Der Offizier sagte nur immer wieder: »Es tut mir Leid«, aber dann ließ er uns ein reichliches Frühstück bringen und gab uns sogar den Rest des Frühstücks mit. Schon deshalb hatte ich ihm verziehen.

Tag für Tag setzten wir unseren mühsamen Marsch fort. An den Anblick von Toten auf unserem Weg hatten wir uns schon fast gewöhnt. Automatisch warfen wir uns in die Chausseegräben, wenn sich Flugzeuge näherten. Unsere Kleider starrten vor Schmutz. Wir waren hundemüde und völlig erschöpft. Bis nach Nordfrankreich, nicht weit von Lille, waren wir gekommen, aber bis zur Küste hatten wir es immer noch nicht geschafft.

Eines Abends bezogen wir schon sehr zeitig eine Scheune. Auch das hatten wir gelernt: Lieber früh am Morgen losziehen und dann am frühen Abend einen Schlafplatz suchen, solange die besseren Plätze noch nicht besetzt waren.

Im Morgengrauen weckte uns Motorengeräusch recht unsanft. Papa lehnte sich aus dem Scheunenfenster, um zu sehen, was los sei. Wir hatten immer die Hoffnung mal von einem Lastwagen mitgenommen zu werden, um die Küste zu erreichen. Bisher hatten wir nie Glück gehabt. Vielleicht klappte es heute? Papa trat vom Fenster zurück und winkte unserer inzwischen auf vierzehn Personen geschrumpften Gruppe zu. Alle versammelten sich stumm um ihn, denn er hatte seinen Zeigefinger auf den Mund gelegt. Dann hörten wir, wie er ganz leise, aber deutlich sagte: »Sie haben uns eingeholt. Deutsche Truppen stehen im Hof!«

Wieder in Antwerpen

Wo kommt ihr her und wo wollt ihr hin?«, fragte der deutsche Soldat. Es schien ihm selbstverständlich, dass jeder von uns Deutsch verstand. Um uns nicht zu verraten, hatten wir verabredet auf keinen Fall zu zeigen, dass wir alle tadellos deutsch sprachen. Als keine Antwort kam, fragte er weiter: »Habt ihr Hunger? Wollt ihr etwas essen?«

In unserer kleinen Gruppe war auch der Lagerfriseur. Der baute sich nun vor dem Soldaten auf und sagte: »Oui, oui, Monsieur.« Das hieß: »Ja, ja, mein Herr«, und war so ziemlich alles, was der gute Friseur, ursprünglich aus Berlin, an Französisch konnte. Der Soldat, er war etwa so alt wie mein Vater, lachte gutmütig: »Ich dachte mir doch, dass ihr das Wort ›Essen‹ verstehen würdet.« Er winkte mir und klopfte mir freundlich auf die Schultern.

»Du siehst so aus, als ob du Hunger hättest.« Damit hatte er mich auch schon aus der Scheune herausgeführt. Er packte mir herrliche Sachen in meine Arme: Brot, Butter, Wurst, Käse, sogar Schokolade. Dazu gab es Milch und eine Kanne Tee. Ich musste mehrmals hin- und hergehen. Der Soldat redete ununterbrochen in Deutsch auf mich ein und ich tat so, als ob ich nichts verstünde. Offensichtlich hatten die Soldaten Befehl bekommen zu der flüchtenden Bevölkerung freundlich zu sein.

In meinem Kopf schwirrten die Gedanken: Sind das dieselben Menschen, die Herrn Herz im KZ immer auf die Beine geschlagen haben? Vielleicht hat der Soldat zu Hause einen Sohn, der jüdische Kinder auf dem Schulweg quält?

Nichts, aber auch gar nichts hatte ich vergessen und die Angst, von der ich mich für immer befreit geglaubt hatte, kroch mir wieder ins Genick. Noch während wir bei dem unerwarteten und guten Essen saßen, kam ein Feldwebel herein. Er sprach ganz gut französisch. »Wir haben Auftrag alle Flüchtlinge dahin zu transportieren, wo sie hinwollen. Ich nehme an, ihr wollt nun alle nach Hause. Ihr seht ja, wir tun euch nichts. Wir geben euch sogar zu essen. Haben das die Engländer auch getan?« Wir schüttelten gehorsam die Köpfe. »Also wohin?« Wohin? Nach England, dachte ich mir. Papa sagte: »Anvers« (Antwerpen), und ein paar andere sagten: »Bruxelles« (Brüssel). Der Feldwebel zählte die erhobenen Hände und schrieb alles auf.

Sehr früh am nächsten Morgen wurde ich wieder gerufen und bekam etwas Brot für uns alle. Es war nicht viel. Keine halbe Stunde später fuhren zwei Lastwagen vor, die bereits voller Menschen waren. Alle schienen ganz zufrieden. So stiegen auch wir auf den Lastwagen mit dem Schild »Antwerpen«. Die Fahrt hinten auf dem offenen Lastwagen war eigentlich ganz lustig. Was hätten wir noch vor ein paar Tagen für so eine Fahrt in die andere Richtung gegeben! Wir sahen keine Flüchtlinge mehr auf den Landstraßen. Dafür aber viel deutsches Militär, mit schweren Geschützen. Nun konnten wir uns auch die große Freundlichkeit der Deutschen erklären. Die Armee wollte die Straßen schnell frei bekommen, um ungehindert zum Ärmelkanal vorstoßen zu können, um, wenn möglich, die flüchtenden Engländer einzuholen.[*] Noch vor zwölf Uhr mittags hielt der Lastwagen am Bahnhof von Antwerpen. »Alles aussteigen«, hieß es. Dann fuhr der Lastwagen weg und wir standen ratlos mit unseren Bündeln auf der Straße. Niemand kümmerte sich um uns.

---

[*] Auf Befehl des englischen Kriegsministers zog sich das britisch-französische Heer von der alliierten Front nach Dünkirchen zurück. Von dort aus wurden rund 300000 Soldaten, die von deutschen Truppen eingekesselt waren, mit Jachten, Schleppern, Fischerbooten etc. evakuiert.

»Was nun, Papa?«, fragte ich.

»Mal sehen, ob Tante Edith und Onkel Gerhard zu Hause sind«, schlug er vor. Es war nicht weit bis zu ihrer Wohnung. Dort angekommen erwartete uns eine große Enttäuschung. Die Hauswirtin war unfreundlich. Dabei wusste sie genau, wer wir waren. »Die sind alle weg«, sagte sie kurz angebunden, »die kommen nicht wieder!« Damit schlug sie uns die Tür vor der Nase zu.

»Wir müssen weitersuchen«, sagte Papa. So gingen wir von einer Wohnung zur anderen. Wir suchten nicht nur unsere Verwandten, sondern auch Freunde und Bekannte, die uns einfielen, aber keiner war da. Es schien, dass sie alle vor dem deutschen Ansturm davongelaufen waren. Wir konnten nur hoffen, dass sie sich in Sicherheit befanden.

Aber, wo sollten wir jetzt hin? Wir waren völlig erschöpft und wussten keinen Rat mehr. Der Nachmittag war mit Herumsuchen vorbeigegangen. In Antwerpen gab es keine Scheunen oder verlassenen Bauernhöfe, wo man einfach übernachten konnte. Dies war eine große Stadt, wo alles bezahlt werden musste. Geld hatten wir überhaupt keines mehr. Nur unsere Bündel hatten wir, genau wie Hitler es uns angedroht hatte. Würden alle anderen Drohungen auch noch wahr werden?

Wir kamen wieder an die Hauptstraße, die »Meir«, wo ich in besseren Tagen vergnügt mit Peter herumspaziert war und wir uns gelegentlich ein gutes Eis spendiert hatten. Jetzt war ich total verdreckt und fühlte mich entsetzlich ausgelaugt. Das Stückchen Brot am Morgen war das Einzige, was wir heute gegessen hatten.

Plötzlich sahen wir eine lange Reihe wartender, ziemlich heruntergekommener Menschen vor uns.

»Was gibt es denn hier?«, fragte Ilse. Die Antwort kam prompt: »Hier kriegt jeder Suppe von der Stadtverwaltung, kostenlos. Man muss aber ziemlich lange anstehen, es geht nur langsam vorwärts.« Ich nahm mein schmutziges Bündel vom Rücken und setzte mich einfach auf die Straße, angelehnt an einen Laternenpfahl. Für einen Moment schloss ich die Augen.

Mit einem Mal berührte mich eine Hand. Ich sah auf. Vor mir stand eine Frau. Sie bückte sich lächelnd zu mir herunter, nahm meine Hand und steckte ohne ein Wort einen Geldschein hinein. Schon war sie verschwunden. Ungläubig betrachtete ich den Schein. Zwanzig Francs, ein Vermögen! Ich hatte nicht gebettelt, aber ich musste wohl so verzweifelt und unglücklich ausgesehen haben, dass die gute Frau einfach nicht an mir vorbeigehen konnte. Papa und Ilse waren inzwischen schon etwas weiter in der Schlange vorgerückt. »Seht mal, was ich habe«, schrie ich und sprang auf. Es war wie ein Traum, ein richtiges Wunder.

Der Entschluss, was mit dem Geld geschehen sollte, war schnell gefasst. Ganz in der Nähe lag das Warenhaus »L'Innovation«, in dem es ein billiges, aber ordentliches Restaurant gab. Dort wollten wir essen. Bald saßen wir an einem schönen Tisch mit Tellern, Gläsern und Besteck. Die Mahlzeit war einfach, aber gut und reichlich. Wie lange hatten wir nicht mehr an einem gedeckten Tisch gesessen? Mit einem Mal schienen uns unsere Sorgen viel kleiner, wir schöpften neuen Mut. »Das kommt vom vollen Magen«, sagte Papa. Sogar etwas waschen konnten wir uns und so sahen wir nun schon ganz anders aus.

Ich hatte plötzlich eine Idee: »Vielleicht sind die Meyer-Udewalds* zu Hause.« Sie waren Freunde von Onkel Gerhard und Tante Edith und ich kannte ihre Tochter Nora gut. Wir hatten in Hamburg am gleichen Konservatorium Klavierstunden bekom-

---

* Auch diese bekannte jüdische Familie aus Hamburg war nach Belgien ausgewandert. Herr Meyer-Udewald kam von dort in ein Internierungslager in Südfrankreich, konnte aber später nach Kuba entkommen. Die Mutter und ihre beiden Kinder kamen nach Auschwitz, wo nur die Tochter überlebte. Sie lebt heute in den USA.

men, bis es für Juden verboten wurde. An einem Vorspielabend hatte ich mit ihr zusammen vierhändig gespielt.

Wir bezahlten und hatten sogar noch etwas Geld übrig.

Kurz darauf standen wir mit klopfendem Herzen vor der Tür mit dem Schild »Meyer-Udewald«. Ilse klingelte. Keine Antwort. Als sie nochmals lange und verzweifelt den Finger auf den Klingelknopf hielt, öffnete sich die Tür. Ein fremder Mann stand im Türrahmen. Ich erschrak. Der Mann musterte uns kurz, dann sagte er: »Nur immer hereinspaziert!« Und, in Richtung Wohnzimmer: »Hier kommen Nummer vierzehn, fünfzehn und sechzehn.« Dann standen Frau Meyer-Udewald mit Nora und deren kleinem Bruder Hänschen vor uns.

Alles war schnell erzählt. Herr Meyer-Udewald war am 10. Mai wie alle Deutschen von den Belgiern interniert worden. Von ihm fehlte jede Nachricht. Die anderen drei Familienmitglieder waren vor zwei Tagen von der nutzlosen Flucht zurückgekommen.

»Ja, und nun haben wir ein Hotel hier eröffnet«, scherzte Frau Meyer-Udewald. »Alles wird auf Pump verkauft, darum geht das Geschäft so gut. Allerdings muss jeder zufrieden sein mit dem, was wir haben. Betten gibt es natürlich nicht genug, aber Decken schon. Ich schlage vor, ihr geht jetzt zuerst ins Badezimmer. Dann zeige ich euch, wo ihr noch ganz gut liegen könnt.«

Wir ließen uns das nicht zweimal sagen. Seife hatten wir noch in unserem Gepäck. Unsere Gastgeberin gab uns schöne, saubere Handtücher. Welch ein Luxus!

Als wir später wieder im Wohnzimmer erschienen, waren noch zwei weitere »Obdachlose« eingetroffen. Auch sie wurden voller Humor aufgenommen. Ich hatte Glück: Hänschen teilte sein Bett mit mir. Was für ein Gefühl in einem sauberen, weichen Bett zu liegen.

Nie habe ich diese Familie und ihre Gastfreundschaft vergessen.

Nach drei Tagen kamen auch unsere Verwandten nach Antwerpen zurück. Onkel Gerhard und Tante Trudel hatten sich gleich nach dem deutschen Überfall für viel Geld zwei große Autos organisiert. Auf die verteilten sich die Familien, um damit zu flüchten. Sie waren bis Boulogne in Frankreich gekommen, als die Deutschen sie einholten. Da es kein Benzin mehr gab, musste man die Autos stehen lassen und mit den deutschen Lastwagen zurückfahren. Die Autos wurden nie mehr abgeholt.

Unsere Verwandten kehrten in ihre alten Wohnungen zurück. Jetzt verstand ich auch, warum die Hauswirtin bei unserem Anblick so erbost reagiert hatte. Sie hatte wohl schon darauf gehofft, in den Besitz der Möbel zu kommen.

Bar-Mizwa

Nach einiger Zeit hatten auch wir in Antwerpen wieder eine vorläufige Bleibe gefunden. Wir kamen in Omas winziger Wohnung unter. Unser Leben verlief in einigermaßen geordneten Bahnen. Alles schien fast normal. Nur die Angst war geblieben.

Ich ging in meine alte Schule, wo mir jedoch mein Freund Richard sehr fehlte. Er lebte nach der missglückten Flucht mit seinen Eltern und Harry in Brüssel. Seine Mutter war inzwischen auch da. Wir schrieben uns regelmäßig Briefe.

Onkel Gerhards Exportgeschäft war durch den Krieg vollkommen zum Stillstand gekommen. Er musste nun von seinen Ersparnissen leben und war schon in eine viel kleinere, billigere Wohnung umgezogen. Er konnte der Familie nur noch ganz beschränkt helfen.

Aber Papa hatte eine Idee. Eines Tages fragte er mich: »Kannst du heute mitkommen und mir helfen etwas Geld zu verdienen. Wir werden Möbelwagen spielen, schau nach draußen!«

Vor der Tür stand eine große Karre.

»Meinst du etwa dieses Ding?«, fragte ich ihn misstrauisch.

»Natürlich, was hast du dir denn vorgestellt?«

Meine Begeisterung kühlte deutlich ab, aber Papa war Feuer und Flamme: »Benzin gibt es ja keines, aber viele unserer Bekannten müssen umziehen. Sie haben kein Einkommen mehr, sie müssen in kleinere Wohnungen wechseln oder sie ziehen mit anderen Leuten zusammen. Auf jeden Fall werden Möbel transportiert. So habe ich sie wissen lassen, dass ich dergleichen Fuhrgeschäfte gerne übernehmen würde. Ich garantiere, wir werden genug zu tun haben, um davon leben zu können. Wenn man so herumläuft, hört man auch das eine oder das andere. Viele Männer von mit uns befreundeten Familien sind ja in Südfrankreich interniert. Die Familien brauchen manchmal Hilfe in der einen oder anderen Sache. Da springe ich dann gerne ein und verdiene gleichzeitig etwas. Es müssen Dinge verkauft oder gekauft werden. Ich kann das vermitteln, wenn ich in so viele Häuser komme.«

Dann zitierte Papa einen seiner Lieblingssprüche: »Der Mensch kann ruhig dumm sein, er muss sich nur zu helfen wissen!«

Und er hatte Recht. Am ersten Tag schämte ich mich ein bisschen eine so hoch mit Möbeln beladene Karre zu schieben, vor die sich mein Vater gespannt hatte. Ich hoffte niemanden von der Schule zu treffen. Aber schon bog ein Junge aus meiner Klasse um die Ecke. Als er uns schnaufen und schieben sah, lief er auf uns zu. Er war viel größer und kräftiger als ich und ich mochte ihn eigentlich nicht besonders.

»Das ist ja eine tolle Sache«, rief Jan. »Darf ich mithelfen?«

Er durfte. Zu dritt ging es viel besser. Er arbeitete den ganzen Nachmittag mit uns. Am Ende, nachdem Papa sein Geld bekommen hatte, wollte er Jan fünf Francs geben. Er sträubte sich zuerst, aber Papa überzeugte ihn schließlich doch. Jan bedankte sich und half uns nun regelmäßig. Auch in der Schule sprach er jetzt oft mit mir und schwärmte für meinen tollen Vater. Ich war enorm stolz auf Papa. Sein eigenartiges »Geschäft« ging so gut, dass Papa für uns beide ein möbliertes Zimmer mieten konnte, in dem wir schliefen. Ilse wohnte weiterhin in Omas Wohnung und mittags aßen wir alle bei Oma. Papa verdiente nun genug, um Oma Geld für das Essen geben zu können. Ilse trug auch zu unserem Lebensunterhalt bei: Sie putzte und arbeitete als Kindermädchen.

Eines Tages kam Papa freudestrahlend zu Oma: »Ein Brief von Mutti«, rief er schon an der Tür. Ein Brief war es nicht gerade. Immerhin, es war eine kurze Mitteilung von 25 Wörter, die das Internationale Rote Kreuz von England über die Schweiz an Onkel Gerhards Adresse befördert hatte. Die Mitteilung war schon drei Monate alt. Aber sie sagte uns, dass es Mutti gut ging und sie auf Nachricht wartete. Alles war in ihrer eigenen Handschrift geschrieben, was uns sehr berührte.

Wir konnten auf dem gleichen Wege antworten. Die Anzahl der Wörter war immer auf 25 festgelegt. Mutti bekam die Botschaften manchmal erst nach sechs Monaten, da hatte sich unsere Situation oft schon vollkommen verändert. Trotzdem freuten wir uns über diese Kontaktmöglichkeit.

Gegen Ende des Sommers fragte mich Papa: »Hast du schon einmal an deine Bar-Mizwa* gedacht?«

»Es ist doch Krieg«, entgegnete ich.

»Gerade deswegen sollten wir versuchen es doch möglich zu machen«, war Papas Antwort.

Als Erstes erschien Herr Rosenboom. Er stellte fest, dass ich schon recht gute Hebräisch-Kenntnisse in Hamburg erworben hatte. Aber vieles wusste ich doch noch nicht.

» ›Bar-Mizwa‹ heißt ›Sohn der Pflicht‹, erklärte er mir. »Ein jüdischer Junge wird mit dreizehn Jahren als selbständiges Mitglied in die Gemeinde der Erwachsenen aufgenommen. Damit ist er für alles, was er tut, vor Gott selbst verantwortlich. An seinem dreizehnten Geburtstag darf er auch zum ersten Mal in der Synagoge einen Abschnitt aus der Tora vortragen. Sie ist die heiligste Grundlage der jüdischen Religion.«

Herr Rosenboom war ein guter Lehrer. Ich fragte ihn viel und er hatte immer eine befriedigende Antwort parat. Vor allen Dingen brachte er mir die Gesänge bei. Denn sowohl die Segenssprüche als auch das Lesen aus der Tora wurden nach vorgeschriebener Weise gesungen, nicht gesprochen. Da ich den Stimmbruch schon hinter mir hatte, konnte ich recht gut singen. Lehrer Dr. Jacobsen aus Hamburg hätte seine Freude an mir gehabt.

Schon am Vortag des großen Ereignisses kam Richard nach Antwerpen, was mich natürlich sehr freute. Papa übernachtete woanders und hatte meinem Freund sein Bett überlassen, sodass wir uns die halbe Nacht unterhielten. Es gab ja so viel zu erzählen. Gegen vier Uhr ermahnte mich Richard: »Wenn du jetzt nicht endlich schläfst, wirst du morgen nicht singen können.«

---

* Auch wenig fromme Juden halten an dieser Tradition fest. Die Bar-Mizwa ist der Konfirmation vergleichbar.

Wegen der deutschen Besatzung war die große Synagoge geschlossen. Die viel kleinere Betstube war nicht so prächtig, aber auch festlich und eindrucksvoll. Der Rabbiner und der Kantor hatten ihre schwarzen Talare umgelegt und weiße Käppchen auf dem Kopf. Es schien mir, dass der Kantor heute ganz besonders schön sang.

Rechts neben mir saß mein Vater, auf der anderen Seite Richard. Neben Papa saß Onkel Gerhard. Seit ich nicht mehr bei ihm wohnte, verstanden wir uns eigentlich recht gut. Fast die ganze Familie von Papas Seite war versammelt. Es sollte das letzte Mal sein.

Sehr schmerzlich wurde mir bewusst, dass Mutti und ihre Familie, die nun überall verstreut lebte, fehlten.

Ich wurde aus meinen Gedanken aufgeschreckt, denn mein Name schallte plötzlich laut durch den Raum, mein hebräischer Name: »Zwi ben Jakob.«[*] Jetzt war es so weit. Mit klopfendem Herzen ging ich die kleine Treppe zum Podium hinauf. Die Tora-Rolle lag vor mir. Mit einem Mal wurde ich ganz ruhig. Ich vergaß alles: Mutti, die nicht da war, die Familie, die vor mir saß, den Rabbiner und den Kantor, die neben mir standen. Laut sang ich die uralten Segenssprüche und dann meinen Abschnitt aus der Tora. Ich hatte es oft geübt – und es ging ganz leicht und ohne Fehler. Als es vorbei war, tat es mir Leid, dass ich wieder auf meinen Platz zurückgehen musste.

Später wurde ich noch einmal nach oben gerufen, denn ich durfte eine kleine Rede halten. Ich bedankte mich bei Eltern und Verwandten, die mir geholfen hatten, so weit im Leben voranzukommen, und ich vergaß auch nicht Tante Edith und Onkel Gerhard ganz besonders zu erwähnen. Ich sprach über den Abschnitt aus der Bibel, den ich gerade vorgelesen hatte, und ich gefiel mir sehr in dieser Rolle. Dann war alles vorbei.

---

[*] »Zwi ben Jakob« bedeutet »Zwi (=Hirsch), der Sohn von Jakob«.

Wir verließen in kleinen Gruppen die Synagoge, besorgt, nur nicht aufzufallen.

Im Anschluss an die Feier trafen wir uns alle wieder in Omas kleiner Wohnung. Auf dem Tisch stand tatsächlich eine richtige Apfeltorte. Es gab kleines Gebäck und sogar Schlagsahne. Alle Verwandten hatten etwas zu meinem Fest beigetragen, denn in diesem Kriegswinter 1940 waren die Lebensmittel schon rationiert* und sehr knapp. Selbst kleine Geschenke lagen für mich bereit. Tante Trudel schenkte mir ein Buch, welches ich oft bei ihr bewundert hatte. Auf die erste Seite von Mommsens »Römischer Geschichte« hatte sie geschrieben: »Meinem lieben Gert zu seiner Bar-Mizwa – in schwerer Zeit. Ein unsterbliches Werk, dessen Lektüre Dir, dem lernbegierigen, wissensdurstigen Jungen, noch manche schöne Stunde bereiten wird. Hier wird Dir eine längst entschwundene Zeit erstehen, die Dich die hässliche Gegenwart vergessen macht. Mögest Du durch diese nur hindurchgehen in eine schöne sonnige Zukunft. In Liebe, Deine Tante Trudel.«

Ihr Wunsch erfüllte sich für mich. Für sie und ihre Kinder sollte es keine Zukunft geben.

Eine Fahrt ins Blaue

Wird man uns denn nie in Ruhe lassen?«, schrie ich aufgebracht. Papa sah mich ernst an: »Nicht solange die Nazis die Welt beherrschen.«

»Und wie lange wird das dauern, Papa?« Ich wusste, darauf gab es keine Antwort, und so war ich sehr erstaunt, als ich

---

* Lebensmittel, Kleidung und Zigaretten gab es nur noch auf Marken. Die Rationen wurden immer kleiner.

ihn sagen hörte: »Wir werden es erleben. Daran darfst du bitte nie zweifeln!«

Wir mussten mal wieder weiterziehen. Die Besatzungsbehörde hatte eine Bekanntmachung verbreitet: Alle Juden wurden bei schwerer Strafe im Falle der Zuwiderhandlung aufgefordert die Stadt zu verlassen. Antwerpen sei ein Kriegshafen. Dort könne man keine Juden dulden.

Der Familienrat trat zusammen. Schließlich waren wir von der Maßnahme alle betroffen. Es wurde beschlossen, dass die drei Schwestern Tante Trudel, Tante Edith und Tante Tilly nach Brüssel reisen sollten, um nach Möglichkeit Wohnungen für alle zu mieten. Tante Tilly, die älteste Schwester meines Vaters lebte mit ihren Söhnen Gerhard und Heinz ebenfalls in Antwerpen.

Mit Spannung erwarteten wir die Rückkunft der Tanten. Mir gefiel die Vorstellung nicht schlecht, nach Brüssel umzuziehen. Ich hatte gerade das sechste Schuljahr beendet und es waren Ferien. Nun musste ich sowieso in eine andere höhere Schule wechseln. Zwar würde ich viele gute Freunde in Antwerpen zurücklassen, aber ich wusste, dass mich in Brüssel Richard Wolff erwartete, und das wog alles auf.

Bereits am nächsten Tag kamen die Tanten zurück. »Ich habe eine Wohnung für uns gemietet«, berichtete Tante Edith. »Und auch für Oma haben wir ein möbliertes Zimmer in der Nähe gefunden. Wir können morgen früh abreisen.«

Tante Trudel war weniger erfolgreich gewesen. »Leider haben wir noch nichts für mich, für euch oder Tante Tilly gefunden. Es war nicht das Richtige dabei. Aber ich bin sicher, dass wir etwas finden werden.«

Sie lächelte verschmitzt und prustete plötzlich los. Obwohl wir gar nicht wussten, was so lustig war, steckte sie uns mit ihrem Lachen an. Als sie sich endlich gefasst hatte, platzte sie heraus: »Wir haben zwar keine Wohnungen, aber es ist mir gelungen eine Art Möbelwagen zu organisieren. Der hat gerade noch genug Benzin, um den Transport der Möbel und des übrigen Haushalts zu schaffen. Übermorgen werden wir alle mit ihm nach Brüssel fahren. Das gab es noch nie. Wir rücken an mit Sack und Pack, mit Kind und Kegel, aber Wohnung haben wir keine, und wenn das Benzin nicht reicht, dann müsst ihr eben schieben. Das seid ihr, Gert und John, ja von eurem Karrengeschäft gewöhnt!«

Verblüfft schauten wir uns an. Dann lachten wir wieder alle los, bis uns die Tränen in den Augen standen. Typisch Tante Trudel. Sie ließ sich einfach nicht unterkriegen und verlor auch in schwierigen Situationen nie ihren Humor.

Zwei Tage später ging es tatsächlich los. Der angekündigte Lastwagen sah aus wie ein Modell aus dem Jahr 1910. Er ächzte und dampfte, er wurde heiß, ratterte und stotterte, aber wir mussten ihn nicht schieben. Wir kamen nach Uccle, einem Stadtteil von Brüssel, recht schön gelegen und nicht zu teuer. Tante Trudel entdeckte am Fenster eines Hauses ein Schild mit der Aufschrift »A louer!« (Zu vermieten!)

Tante Trudel stellte sich sofort beim Hauswirt vor, der sehr nett war, und konnte die Wohnung mieten.

»Und wann wollen Sie einziehen?«, fragte der Hauswirt.

Tante Trudel zog ihn ans Fenster. »Da unten steht unser Möbelwagen, wir sind schon da!« Dabei lachte sie wieder so ansteckend, dass der gute Mann immer nur sagte: »Quelle affaire, quelle affaire!« (Na so was, na so was!) Dann musste auch er lachen. »Madame, ich freue mich Ihnen die Wohnung vermietet zu haben. Es sind schwere Zeiten, besonders für Sie.«

Offenbar hatte er Verständnis für unsere besondere Lage, denn er informierte sich noch genauer und meinte dann: »Ich habe einen Bekannten, dem gehört ein Haus hier gleich um die Ecke. Den rufe ich jetzt an. Ich glaube, er hat etwas frei, was auch nicht teuer sein wird.«

Papa, Ilse und ich gingen gleich zu der angegebenen Adresse. Wir kamen zu einem schmalen Haus auf der Chaussée d'Alsemberg. Die Nummer 376 war schnell gefunden. Ein Herr stand vor der Tür. Er sprach perfekt deutsch. »Ich stamme aus Eupen-Malmedy«, erklärte er uns sofort. »Ich bin aber Belgier.«

Monsieur Vaume führte uns hinein und wir nahmen in seinem schönen Büro Platz. Er war Tapetengroßhändler und wollte nun alle Einzelheiten von uns wissen. Als er hörte, dass Ilse perfekt deutsche und französische Stenografie beherrschte, bot er ihr sofort eine Stellung an: »Sie können in meinem Büro arbeiten, denn ich brauche jemanden wie Sie ganz notwendig. Andere Angestellte habe ich nicht. Ich selbst wohne mit meiner Frau oben in der zweiten Etage. Hier im Parterre ist auch die kleine Wohnung frei, die ich Ihnen gerne abgebe. Schließlich nannte er noch das Gehalt. Ilse war sprachlos. Die Summe erschien uns riesig. Wie lange hatten weder sie noch Papa ein festes Einkommen gehabt. Von diesem Betrag konnten wir alle leben. »Ich nehme das gerne an«, sagte Ilse.

»Und wie hoch ist die Miete?«, wollte nun Papa wisssen.

»Die ist doch ein Teil des Gehalts. Die Wohnung kostet Sie gar nichts«, war die Antwort. Wir konnten es kaum glauben.

Unser eigenartiger Möbelwagen war inzwischen schon vorgefahren und wir begannen sofort mit dem Einzug. Da Oma ein möbliertes Zimmer gefunden hatte, konnten wir ihre beiden Betten für Ilse und mich nehmen. Ein paar leere Holzkisten dienten als Kücheneinrichtung. In der Küche stand auch noch ein klappriges Sofa, auf dem wir tagsüber sitzen konnten, das aber am Abend zu einer Schlafstätte für

Papa ausgeklappt wurde. Die Räume, die alle hintereinander lagen, waren sehr dunkel. Ihre winzig kleinen Fenster waren mit Tapeten zugeklebt, die wir erst noch abkratzen mussten. Das letzte Zimmer war etwas geräumiger und hatte sogar ein großes Fenster zum Garten. Hier stand eine wunderbare, riesige Badewanne, aus der allerdings die Wasserleitungen herausgerissen worden waren. Aus Platzgründen musste in diesem »Badezimmer« unsere »Kommode« untergebracht werden, ein kunstvoller Aufbau von sechs Holzkisten. Später nähte Oma uns noch Vorhänge an dieses besondere »Möbelstück«.

Als ich die Wohnung zum ersten Mal sah, war ich ziemlich entsetzt. Die Räumlichkeiten waren jahrelang ausschließlich als Abstellkammer genutzt worden. Mit der Zeit und mit Omas Hilfe wurde daraus aber noch ein recht gemütliches Zuhause.

Schlag auf Schlag

Onkel Gerhard war »auf den Hund gekommen«, wie Tante Edith es nannte. Da er in Antwerpen kein Geschäft mehr hatte, legte er sich zum Zeitvertreib einen Hund zu.

»Onkel Gerhard, kann ich den Hund spazieren führen?«, bettelte ich eines Tages. »Ich denke doch, aber darf ich auch mitkommen?«, war die unerwartete Antwort.

Unsere Spaziergänge zu dritt sollten zu einer lieben Gewohnheit werden. Jetzt, da Onkel Gerhard nicht mehr die Ersatzvaterrolle spielen musste, hatten wir einen guten Draht zueinander gefunden. Wir wurden fast Freunde.

So traf es mich schwer, als er und Tante Edith eines Abends zu uns kamen und uns ins Vertrauen zogen: »Wir wollen versuchen in das unbesetzte Südfrankreich* zu gelangen. Das Unternehmen wird wohl ähnlich sein wie dein ›Emma-Emma-Abenteuer‹, John, damals, als du dich über die deutsch-belgische Grenze schmuggeltest. Wünscht uns Glück! Wir wollen hoffen über Südfrankreich in das neutrale Portugal zu kommen. Von dort aus möchten wir nach Argentinien weiterreisen, wo mein Geschäftspartner schon auf mich wartet.«

»Wann geht es denn los?«, fragte Papa.

»Wir wissen es noch nicht so genau, aber ab morgen verkaufen wir, was wir haben. Dann werden wir von den Leuten, die alles organisieren, von zu Hause abgeholt. Mehr darf ich euch nicht erzählen. Bitte sprecht zu niemandem darüber. Der genaue Termin ist geheim. Wir wollen uns heute schon von euch verabschieden.«

Die Tränen flossen. Wann würden wir uns wiedersehen? Tante Edith wiederholte immerzu: »Wenn wir euch nur mitnehmen könnten.«

Wir erfuhren, dass sie viel Geld bezahlen mussten, um heil über die Grenzen zu kommen, und ein wenig beneideten wir sie, denn bald würden sie in Sicherheit sein. Zwei Tage später wollte ich nachfragen, ob Onkel Gerhard noch einmal mit mir spazieren gehen mochte. Niemand antwortete auf mein Klingeln. Der Hausmeister kam aus seiner Kellerwohnung.

»Die sind verreist«, informierte er mich. »Ich weiß auch nicht, ob die wiederkommen, denn die Möbel wurden gerade abgeholt. Die Miete ist ja bezahlt . . .«

Er schickte sich an noch weiterzureden, aber ich hatte

---

* Deutschland besetzte zunächst nicht ganz Frankreich. Südfrankreich wurde von der nazifreundlichen »Vichy-Regierung« unter Marschal Pétain geleitet. Erst am 11. November 1942 marschierten Einheiten der deutschen Wehrmacht in Südfrankreich ein. Damit begannen auch dort die Deportationen der Juden.

genug gehört. Ich ging nach Hause und fühlte mich sehr einsam. Am selben Tag noch machten wir uns auf den Weg zu Onkel Gerhards Eltern, dem Ehepaar Stoppelmann, welches ebenfalls in Brüssel wohnte. Sie wussten aber auch nicht mehr als wir.

Allerdings hatten sie sehr schlechte Nachrichten von Renate und Peter Pollak, die ja beinahe zwei Jahre lang bei ihnen in Antwerpen gewohnt hatten. Kurz vor dem unfreiwilligen Umzug der Stoppelmanns nach Brüssel waren Peter und Renate zurück nach Hamburg gefahren. Da Belgien von den Deutschen besetzt war, wurde das wieder möglich. Es schien keinen Unterschied zu machen, ob Peter und Renate in Belgien waren oder bei ihrer Mutter, die sie so vermisst hatten, in Hamburg.

Zunächst waren ein paar ganz zufriedene Briefe gekommen, obgleich den Juden in Deutschland immer einschneidendere Beschränkungen auferlegt wurden: Zwischen acht Uhr abends und sechs Uhr morgens durften sie nicht mehr auf die Straße. Parkanlagen waren für sie verboten. Radioapparate und Telefone mussten ohne Entschädigung abgeliefert werden . . .

Lebensmittel waren in Deutschland für die gesamte Bevölkerung rationiert. Juden bekamen ihre Lebensmittelkarten aber an gesonderten Dienststellen. Ihre Karten waren mit einem großen »J« gestempelt und die Zuteilungen waren viel geringer als die der »Arier«. Eier und Obst, Geflügel und Fisch, Süßigkeiten und vieles andere gab es für Juden überhaupt nicht. Sie erhielten auch keine Kleiderkarten, um sich etwas zum Anziehen kaufen zu können. Als letzte Schikane mussten sie nun noch einen großen gelben Stern mit einem »J« auf ihre Kleidung nähen. Ohne dieses Zeichen durften sie überhaupt nicht auf die Straße gehen.[*]

Hatten mich die Kinder auf meinem Schulweg schon ohne Stern gequält, wie schrecklich musste es jetzt sein, so deutlich gekennzeichnet in der Öffentlichkeit herumzulaufen. Die Zustände waren für die Juden entwürdigender als vor mehreren hundert Jahren in den Gettos.[**]

Juden mussten inzwischen schon in für sie bestimmten Stadtteilen wohnen. In Hamburg waren in Straßen unweit der abgebrannten Synagoge und der Talmud Tora Schule alte, heruntergekommene Gebäude zu sogenannten »Judenhäusern« erklärt worden. Sie wurden von außen mit dem Judenstern gekennzeichnet und waren völlig überbelegt.

Im Dezember 1941 war nun ein trauriger Abschiedsbrief von Peter, Renate und ihrer Mutter bei Stoppelmanns eingetroffen: »Wir werden übermorgen Hamburg verlassen«, schrieb die Mutter. »Man siedelt uns in den Osten um. Wir wissen nicht, wohin. Möge Gott wollen, dass wir alle gesund bleiben. Ich danke euch für alles Gute, was ihr meinen Kindern getan habt. Ich werde euch das nie vergelten können.«

Peter hatte angefügt: »Unsere Oma kommt auch mit. Besondere Grüße an meinen Freund Gert.« Renate schrieb: »Ich habe solche Angst, aber Mutti hat gesagt, wir bleiben bestimmt alle zusammen.«

Der Brief war das letzte Lebenszeichen von ihnen.

Leider kam auch von Onkel Gerhard und Tante Edith schon nach kurzer Zeit eine sehr schlechte Nachricht. Sie waren auf

---

[*] Ab dem 19. September 1941 wurde in Deutschland die Polizeiverordnung erlassen, dass alle Juden und Jüdinnen vom sechsten Lebensjahr an den Judenstern auf der linken Seite ihrer Kleidung zu tragen hatten.

[**] Vom Mittelalter bis ins 19. Jahrhundert gab es in vielen Städten Europas Judengettos, d. h. abgeschlossene Wohnbereiche, in denen die Juden leben mussten. Im Zweiten Weltkrieg errichteten die nationalsozialistischen Besatzungsbehörden in den Großstädten Polens (z. B. in Warschau) und im Baltikum (z. B. in Riga) wieder Gettos, von denen aus schließlich die Deportationen ins Vernichtungslager erfolgten.

ihrer Flucht von der französischen Polizei aufgegriffen und den Deutschen übergeben worden. Nun saßen sie im Sammellager Drancy*, nicht weit von Paris.

»Es ist missglückt«, schrieb Tante Edith. »Ach, wären wir doch bloß dieses Risiko nicht eingegangen. Aber ich will nicht klagen, wenn auch euer eleganter Gerhard schon ganz abgerissen aussieht, schlimmer als ein Landstreicher. So schnell kommt man hier herunter. Immerhin haben wir ein besonders schönes Leben gehabt, schöner und reicher als viele andere Menschen. Ich war so glücklich mit meinem Mann. Ich denke an die Vergangenheit und die war wunderbar. Dabei vergesse ich die furchtbare Gegenwart und an eine Zukunft wage ich nicht zu denken.«

Onkel Gerhard schrieb: »Edith ist heute so pessimistisch. Das kann sich bei ihr aber schnell wieder ändern. Ich lasse den Mut nicht sinken.«

Inzwischen wurde auch unsere Lage immer schwieriger. Gerüchte gingen um, dass in Belgien bald der Judenstern zu tragen wäre. Alle Juden über sechzehn sollten zum Arbeitsdienst eingezogen werden.

Tante Trudel bangte um Kurt und traf einen verzweifelten Entschluss: »Ich wage es, John, ich muss es tun, trotz der schlechten Erfahrung, die Gerhard und Edith gemacht haben. Über das Rote Kreuz habe ich von Berthold aus Amerika gehört. Er sagt, dass alles für uns bereit sei, und er erwähnt einen Freund, von dem ich weiß, dass er in Lissabon wohnt. Das kann doch nur bedeuten, dass Berthold mir rät ins neutrale Portugal zu kommen. Es gibt keinen anderen Weg als den illegalen. Ich versuche es, John, was meinst du?«

Papa umarmte seine Schwester. »Was soll ich dir raten?«,

---

* Viele in Frankreich verhaftete Juden kamen ins Lager von Drancy und wurden von dort nach Auschwitz deportiert.

sagte er. »Aus Holland werden die Juden ja auch schon nach dem Osten deportiert.[*] Wie lange wird sich das hier noch halten? Man könnte sich vielleicht verstecken, aber wo?«

Tante Trudel antwortete: »Daran habe ich auch gedacht. Ich habe sogar mit ein paar Leuten darüber gesprochen. Aber niemand wird es wagen, wenn es so weit ist. In Polen werden Helfer der Juden angeblich mit dem Tode bestraft, wenn man sie erwischt. Nein, John, ich bin entschlossen.«

Der Abschied war sehr schwer. Und wieder schien es uns, dass die anderen die Glücklicheren waren. Hätten wir das nötige Geld besessen, wir wären bestimmt mit ihnen gegangen.

Es folgte die ungewisse Wartezeit: Tag für Tag hofften wir auf eine gute Nachricht aus Portugal. Je mehr Zeit verstrich, umso sicherer waren wir, dass sie es geschafft haben mussten. Gerade, als wir anfingen uns für sie zu freuen, schlug aus heiterem Himmel der Blitz bei uns ein. Ein Brief kam an, jedoch nicht aus Portugal, sondern mit dem gefürchteten Stempel »Drancy«.

Sie waren verraten worden, wahrscheinlich von den Leuten, denen sie ihr letztes Geld gegeben hatten, damit sie sicher über die verschiedenen Grenzen gebracht würden. Nun saßen auch sie in dem Sammellager. Onkel Gerhard und Tante Edith waren zu diesem Zeitpunkt schon in ein Vernichtungslager abtransportiert worden.

»Könnt Ihr uns ein paar Sachen schicken«, bat Tante Trudel in ihrem Brief. »Wir haben kaum etwas anzuziehen, besonders die Kinder brauchen dringend Kleidung.«

Wir taten, was wir konnten, und schickten ein Paket, das tatsächlich ankam.

Eines Nachmittags stand Oma vor der Tür.

---

[*] In den Niederlanden wurde eine Deportationswelle eingeleitet, die Zehntausende von Juden in die Vernichtungslager von Polen brachte.

Seit Gerhard und Edith weggegangen waren, hatte sie auch finanzielle Sorgen. Das Geld, das man ihr zurückgelassen hatte, wurde immer weniger wert, die Lebensmittel knapper und teurer. Oma war schon über siebzig, aber sie ließ sich nicht unterkriegen. Sie hatte Näharbeiten übernommen und arbeitete den ganzen Tag. Geschickt verstand sie es, aus altem Kram wieder etwas Neues zu machen: Aus zwei alten Hemden machte sie eines, das dann tatsächlich auch noch ganz gut aussah, alte Pullover wurde aufgeribbelt und schöne warme Strümpfe daraus gestrickt, Mantelkragen umgedreht, Manschetten ebenfalls. Brauchte man Bettwäsche – Oma wusste Rat. Sie besah sich die alten Laken lange, die schon überall geflickt waren. Dann sagte sie mit einem Lächeln: »Daraus mache ich Ihnen noch ein paar ganz gute Überzüge und vielleicht springen auch noch ein paar Taschentücher heraus.«

So verdiente sie sich ihren Lebensunterhalt. »Das hält jung!«, behauptete sie. Sie klagte nie. Nur, wenn sie von ihren Kindern sprach, traten Tränen in ihre Augen.

Heute musste etwas Furchtbares passiert sein, das sahen wir gleich. Sie kramte einen Brief aus ihrer alten Tasche und wurde dabei so vom Weinen geschüttelt, dass sie Papa bitten musste uns den Brief vorzulesen. Er war von Tommy und Fee aus dem Lager Drancy.

»16. Juli 1942. Liebe Oma! Sei nun ja nicht zu sehr erschrocken[*] über die neuichkeit welche ich Dir jetzt miteilen muss, heute morgen ist Mutti und Kurt wechgekommen zum arbeiten mit anderen aber sie bleiben in frankreich auch sind sie noch alle in Tour um sie erst zu untersuchen, die welche krank sind kommen wieder zurück. Wir kinder sind alle hier

---

[*] Man sprach in der Familie davon, dass Oma »ein schwaches Herz« hätte und sich darum nicht aufregen durfte. Darum beginnt Fee ihren Brief so, wobei sie ihren eigenen Schmerz und Verzweiflung vollkommen zurückstellt.

geblieben und sind sehr gut aufgehoben. Man hat uns sehr gut verflecht wir haben sehr gut zu essen bekommen, besser als sonst, käs, brot mit butter u.s.w. . . . Auch schlafen wir heute nacht bei einer familie womit Mutti sich schon angefreundet hat. Sie sind sehr nett zu uns. Um halb zehn müssen wir uns in einer Barake versameln und dan werde ich neues zu hören bekommen ich hoffe gute neuichkeiten, nur reg Dich nich zu sehr auf es ist nemlich nur für kurze zeit. Teile diesen brief an die ganze familie mit daar ich nicht an alle schreiben kann. Es ist sehr traurig in kamp daar nur noch alte Männer und Frauen da sind. Sie haben jeder ein Koffer mit, 200 F. und eine Decke, eine dicke von uns.

Wir haben heute abend gar nichts mehr gehört. Für heute muss ich schliessen. Viele viele Grüsse und Küsse deine Fee.«

Unter den Brief hatte Tommy noch ein paar Zeilen angefügt. Sein Deutsch war noch schlechter als das von Fee. Schließlich waren die Kinder in Deutschland kaum zur Schule gegangen.

»Liebe Oma, Mit dieser neuichkeit habe ich glaube ich so geweind wie nie, aber es is nun so, fater von Kindern wek, mutter von kinder wek, diese par zeilen schreibe ich mit tränen in meine augen. Viele grüsse und küsse deinen Tommy.«

Erst Jahre später erfuhren wir, was Tante Trudel und den Kindern nach diesem Brief noch bevorstand. Millionen von deportierten Juden teilten dieses grausame Schicksal, welches jenseits aller Vorstellungskraft lag:

Nachdem Tante Trudel und Kurt bei Nacht mit dem Zug in Auschwitz angekommen waren, wurden die stickigen Viehwagen geöffnet. Grelles Licht blendete die Gefangenen, die tagelang im Dunkeln eingesperrt waren. Über die Leichen ihrer Mitmenschen – viele hatten die Fahrt in dem engen

Käfig nicht überlebt – kletterten sie nach draußen auf den Bahnsteig. Männer und Frauen wurden getrennt und unter Peitschenhieben zu Tausenden auf eine Rampe getrieben. Hier fand die »Auslese« statt. Ein Fingerzeig nach links bedeutete den Tod, ein Zeichen nach rechts noch für die Arbeit verwendbar.

In welch furchtbarer Verfassung wird meine Tante gewesen sein, nachdem man ihr zuerst Tommy und Fee weggenommen hatte und sie dann auch noch von ihrem ältesten Sohn Kurt wegriss? Wurde der kräftige Kurt noch vorübergehend zur Sklavenarbeit eingeteilt? Führte Tante Trudels Weg direkt in die Gaskammer?

Tommy und Fee traten zwei Monate nach ihrer Mutter den schweren Gang an. Was ging den Kindern durch den Kopf, als sie unter Schlägen und dem drohenden Gebell bissiger Hunde die Rampe hinaufgeschoben wurden? Dachten sie an ihre Mutter? Hofften sie auf ein warmes Essen? Hielten sie sich tröstend bei der Hand?

Wie Millionen wurden sie aufgefordert zur angeblich anschließenden Entlausung ihre Kleidung abzulegen. Splitternackt wurden ihnen nun die Haare geschoren. – Die Industrie verarbeitete Berge von Haaren. – Dann wurden sie zu den »Duschen« gebracht. Hunderte mussten sich gleichzeitig in eine große Kammer pferchen. Duschköpfe an der Decke erweckten kurz die Illusion, dass jetzt erlösendes Wasser auf die zerschundenen, schmutzigen Körper herabrieseln würde. Seifennachbildungen aus Stein lagen in den Duschen bereit. Dann schlossen sich die Türen. Aus den Duschköpfen strömte das Giftgas Zyklon B. Verzweifelt nach Atem ringend stiegen die Menschen aufeinander. – Noch heute sind die eingekratzten Spuren der Fingernägel auf jeder Höhe der Todeszellen zu sehen.

Nach etwa zehn Minuten war alles vorbei! Die Türen öffneten sich von der anderen Seite. Mit Haken zogen Gefangene die Leichen heraus. Jetzt gingen die »Zahnärzte« ans Werk: Goldkronen wurden aus den Mündern herausgerissen. – Berge von Gold wurden so zusammengetragen. – Erst nachdem nichts mehr zu »verwerten« war, wurden die Leichen in die glühenden Krematorien geworfen. Nur Asche blieb zurück.

In Auschwitz allein fanden drei Millionen Menschen den Tod. Es gab noch weitere Todeslager. Insgesamt wurden sechseinhalb Millionen Juden umgebracht. Das entspricht ungefähr der gemeinsamen Bevölkerung der drei größten Städte von Deutschland, nämlich Berlin, Hamburg und München.

Der Stern

Nach unserem kärglichen Abendessen saßen wir zu dritt in der Küche zusammen. Papa las in der Zeitung. Dann stellte er das Radio an und wir hörten leise die BBC-Nachrichten auf Deutsch aus London. Das war streng verboten, aber im Haus der Familie Vaume hatten wir nichts zu befürchten.

»Sicher wird Amerika bald in den Krieg gegen Deutschland eintreten«, sagte mein Vater nach der Sendung. »Das war 1917 genauso. Die riesigen Truppenreserven und unendlichen Materialien der Amerikaner werden ihnen am Ende den Sieg garantieren.«

»Hoffentlich halten wir bis zum Ende durch«, seufzte meine Schwester.

Papa nickte und warf einen Blick auf Muttis Bild. Durch das

Rote Kreuz hatten wir wieder einen 25-Wörter-Brief aus England bekommen. Daraus ging hervor, dass Mutti ausgebombt war. Sie konnte nichts als ihr nacktes Leben retten, hatte aber inzwischen eine andere Anstellung gefunden. Der letzte Satz ihres Briefes lautete: »Probiere Umsiedlung zu Oma.« Wir entnahmen daraus, dass sie sich bemühte den deutschen Bomben in England zu entfliehen und nach Ecuador zu reisen. Dorthin war ihre Schwester Lieschen Gumpel mit Familie im April 1939 ausgewandert und auch Oma Partos hatte es im letzten Moment noch geschafft dorthin zu kommen.

»Eine kluge Entscheidung«, hatte Papa gemeint. »In England kann Mutti uns auch nicht helfen, da ist sie in Guayaquil besser aufgehoben. Außerdem wird sie dort nicht mehr so alleine sein. Ich habe ja euch.«

Papa schob uns eine Zeitung aus Hamburg hin. Darin schmökerte er immer noch gerne. Wenn man auch den Kriegsberichten nicht glauben konnte, so interessierte ihn doch zu wissen, was in seiner alten Heimat los war. »Das ist zu traurig«, sagte er. »Der arme Junge!«

Wir lasen: »Gefallen im Osten, unser einziger geliebter Sohn, der Sanitäter Dieter Haller, Student der Medizin, im Alter von zwanzig Jahren. In tiefster Trauer, Dr. med. G. Haller und Frau.«

»Das war doch der nette junge Mann, der dich damals vom Schwimmbad nach Hause brachte, als du dir die Hand gebrochen hattest!« Ilse nickte.

»Es geschieht ihnen allen recht«, sagte ich trotzig. »Sie sind doch für alles selbst verantwortlich. Denkt lieber an unsere Verwandten! Wo sind sie geblieben? Vielleicht werden wir ja auch noch deportiert.«

»Große Nazis sind sie jedenfalls nicht«, erwiderte Papa.

»Seht mal im Vergleich die anderen Anzeigen: ›Getreu bis in den Tod! Mit Stolz gaben wir nun auch unseren zweiten Sohn für unseren Führer und das Vaterland!‹ Oder: ›Unser Sohn, der Hitlerjugendführer und Kriegs-Freiwillige, Gefreiter, Karl-Heinz Meier kurz vor seinem 19. Geburtstag, für Volk, Vaterland und Führer gefallen auf dem Felde der Ehre. Er hat sich nichts Schöneres gewünscht!‹ «

Papas Blick ruhte lange auf mir. Dann sagte er: »Ich kann mich nicht über anderer Leute Unglück freuen.«

»Jeder Tote bei denen bringt den Krieg zu einem schnelleren Ende und uns die Freiheit«, beharrte ich.

»Stimmt vielleicht«, entgegnete mein Vater ruhig, »aber es macht mich doch traurig.«

Es sollte Jahrzehnte dauern, bis ich ihn wirklich verstand.

Eines Tages ordneten die Deutschen tatsächlich das Sterntragen für alle Juden in Belgien an. Papa ging zur jüdischen Gemeinde. Dort wurden die Sterne verteilt. Man musste sogar dafür bezahlen. Er brachte einen hässlichen Streifen von gelbem Stoff mit nach Hause, auf dem zwölf Sterne in schwarzer Farbe aufgezeichnet waren. Vier für Papa, vier für Ilse, vier für mich, damit alle Oberbekleidung gekennzeichnet werden konnte. In der Mitte jedes Sterns stand ein großes schwarzes »J« auf gelbem Hintergrund. Das konnte »Jude« oder »Jood« oder »Juif« heißen, je nachdem, in welchem Sprachgebiet Belgiens man sich befand.

Die Deutschen hatten genaue Durchführungsbestimmungen für die Kennzeichnung der Juden erlassen: »Die Kennzeichen sind sorgfältig zu behandeln. Die Kennzeichen sind fest aufzunähen. Die Kennzeichen müssen etwa auf Herzhöhe angebracht werden und auf jeden Fall voll sichtbar sein . . .«

Es gab tatsächlich eine ganze Seite mit Anordnungen zur Handhabung des Sterns. Am Ende prangte die Drohung: »Verstöße gegen die Vorschriften werden streng bestraft.«

Angewidert schob ich den Stoffstreifen weg und sagte: »Ich mach da nicht mit. Das können andere tun, ich denke nicht daran!«

»Es hat keinen Zweck«, redete Papa auf mich ein, »wir werden nur alle bestraft, wenn du erwischt wirst.«

Ilse holte Nadel und Faden. Sie machte sich an die Arbeit. Papa konnte von seiner Soldatenzeit her auch noch nähen und half mit. »Auf Schönheit kommt es hier nicht an«, meinte er.

Ich ballte die Fäuste vor Wut und ohnmächtigem Zorn.

»Du kannst inzwischen den Hund ausführen«, schlug Ilse versöhnlich vor. Der Hund war uns zugelaufen. Wir hatten ihn »Trouvé« (»gefunden«) genannt. »Wollt ihr ihm nicht auch so ein Ding annähen?«, fragte ich noch und knallte die Tür hinter mir zu.

Wie immer zog Trouvé mich zum Schlachterladen. Der arme Kerl bekam nie genug zu fressen. Er wusste genau, wo es manchmal ein paar Abfälle für ihn gab. Ich ließ ihn von der Leine, so konnte er vielleicht wirklich etwas ergattern. Vor einer Woche, als er alleine durch die Gegend streunte, kam er mit einem großen Knochen im Maul nach Hause. Zufällig war gerade Oma zu Besuch. Trouvé wollte sich mit seiner Beute in eine Ecke verkriechen, als Oma aufschrie: »Seht mal, was für einen schönen Markknochen der Hund mitgebracht hat.« Sie stürzte sich auf den knurrenden Trouvé und entriss ihm den Knochen. Schon stand sie am Waschbecken und wusch den Knochen ordentlich ab. Da der Hund noch nicht angefangen hatte davon zu fressen, sah der Knochen wirklich ganz appetitlich aus. »Darauf koche ich uns erst einmal eine

Bohnensuppe«, verkündete Oma. »So etwas Gutes habt ihr seit Monaten nicht mehr gegessen.« Dann wandte sie sich an Trouvé: »Wenn der Knochen gut ausgekocht ist, bekommst du ihn zurück.« Trouvé knurrte sie wütend an. »Na lass man«, sagte Oma lachend, »ich kann es dir nicht übel nehmen, wenn du auf mich böse bist!« Die Suppe schmeckte uns allen köstlich. »A la guerre comme à la guerre«, wie man in Belgien so schön sagte (Krieg ist Krieg).

Als ich das erste Mal mit dem Judenstern zur Schule gehen sollte, wäre ich am liebsten zu Hause geblieben. Meine Schule machte mir ansonsten viel Freude. Ich ging jetzt in das »Athenée Royale de Bruxelles«. Richard war auch dort, allerdings in einer höheren Klasse. Wir sahen uns jeden Tag mehrmals auf dem Schulhof. Auch nach der Schule trafen wir uns beinahe täglich. Je böser und drohender die Welt um uns wurde, umso näher schlossen wir uns aneinander.

Der Unterricht war nicht leicht. Im Französischen hatte ich Schwierigkeiten und musste Nachhilfestunden bekommen.

In meiner Klasse gab es nur einen einzigen jüdischen Mitschüler. Ich fühlte mich elend, als ich mit dem gelben Abzeichen ins Klassenzimmer trat. Doch keiner der Klassenkameraden starrte uns Sternträger an oder rückte von uns ab, wie ich es im Geheimen befürchtet hatte. Im Gegenteil, alle waren noch eine Spur freundlicher und aufmerksamer als sonst. Die Lehrer ließen sich nichts anmerken. In der Pause schlossen sich mir mehrere Schüler aus höheren Klassen an, noch bevor ich Richard Wolff fand. Auch um ihn hatte sich eine Gruppe von Schülern geschart. Viele der Jungen wollten mir die Hand drücken, andere klopften mir auf die Schulter, einer bat mich ihm doch auch so einen Stern zu bringen. »Wir sollten aus Protest

alle so ein Ding tragen«, meinte er. Ein anderer sagte nur:
»Sales boches!«[*]

Ich rechnete es ihnen hoch an, dass diese mir ganz unbe-
kannten Mitschüler mich ihre Solidarität spüren ließen.
Trotzdem war es mir unangenehm. Ich verdankte meine
Popularität ja nur der Kennzeichnung durch den gelben
Stern.

Zu Richard sagte ich: »Warum können wir nicht genauso
sein wie alle anderen?« Richard wusste darauf keine Antwort
und sagte nur: »C'est la guerre« (So ist der Krieg).

»Heute tragen wir den Stern, morgen werden die Deportationen anfangen«, prophezeite ich finster.

Ferien vom Krieg

Ein Brief war mit der Post gekommen. Eigentlich war er an
Tommy gerichtet. Wie konnte der Brief bei uns landen?
Wusste der Postbote oder ein Nachbar, dass wir verwandt
waren? Es war und blieb ein Rätsel.

Ich hatte den Brief geöffnet, denn der bunte Umschlag mit
dem Absender der »Mission Belge Evangélique, Camp de
Vacances de Limauges« hatte mich neugierig gemacht. Es war
eine Einladung an Tommy in den Sommerferien für einige
Zeit in ein Ferienlager zu kommen. Die Teilnahmegebühr war
gering und das Ganze hörte sich sehr verlockend an. Woher
die Mission Tommys Namen hatte, konnte ich mir auch nicht
erklären. Ich hatte ihn jedenfalls nie davon sprechen hören.
Aber war das so wichtig? Ich war Feuer und Flamme bei dem

---

[*] »Boches« war im Zweiten Weltkrieg ein aus Frankreich kommendes Schimpfwort
für die Deutschen.

Gedanken an ein Ferienlager. Für eine Zeit raus aus der Stadt, spielen und toben, alle Gefahren vergessen, wie wäre das schön!

Endlich kam Papa nach Hause: »Ich kann gut verstehen, dass dir das gefallen würde«, sagte er. »Mit vierzehn war ich ein begeisterter Pfadfinder. Du bist in dieser Beziehung viel zu kurz gekommen.«

Ich erhaschte den üblichen Seitenblick auf Muttis Foto.

»Wir kommen alle zu kurz«, meinte er dann leise wie zu sich selbst.

»Ich sehe allerdings eine große Schwierigkeit, Gert: Aus unseren Papieren geht hervor, dass wir Deutsche und Juden sind und wir dürfen unseren Wohnort selbst für einen ganz kurzen Zeitraum nicht verlassen. Aber vielleicht findet sich noch eine Lösung. Die Schulferien fangen ja erst in vier Wochen an. Kommt Zeit, kommt Rat.«

Die Wochen vergingen schnell.

»Voilà, Monsieur«, sagte der belgische Beamte hinter dem Schalter kurz angebunden und ohne ein Lächeln schob er mir meinen Kinderausweis zu. Wir wurden nun oft auf der Straße von deutschen oder belgischen Beamten kontrolliert. Wehe, wenn da etwas nicht stimmte oder man seinen Ausweis nicht vorzeigen konnte. Ich war zum Gemeindehaus von Uccle gepilgert und der wortkarge Beamte hatte meinen Pass mit dem großen »J« entgegengenommen.

»Können Sie vielleicht den Namen ›Israel‹ auslassen?«, hatte ich mutig gefragt. »So heiße ich nämlich gar nicht.« Ich bekam keine Antwort. Hatte der brummige Mann überhaupt zugehört? Ich traute mich nicht noch mehr zu sagen. Wenn auch die belgische Bevölkerung weitgehend die Deutschen und die deutsche Besatzung hasste, so gab es doch eine ganze Reihe Menschen, die sich auf die Seite der Eroberer gestellt hatte. Es brachte ihnen gewisse Vorteile. Diese Leute waren natürlich gefährlich für uns Juden und der Beamte konnte durchaus zu der Kategorie gehören.

»Hier, nimm schon«, sagte er nun noch unfreundlicher und ungeduldiger. Hastig nahm ich den Ausweis in Empfang und verabschiedete mich mit einem kurzen »Merci«. Als ich schon in der Tür stand, stutzte ich. Ich hatte das Papier kurz überflogen. Das Wort »Israel« fehlte. In der Rubrik »Nationalität« stand »Belge« (Belgier). Mit einem Mal hörte ich die Stimme des Beamten: »Bonne chance, jeune homme!« (Viel Glück, junger Mann!) Ich drehte mich um, der Beamte war verschwunden. Wieder ein Helfer, dem ich nie danken konnte. Wieder ein unbekannter, namenloser Engel! Ich rannte im Dauerlauf nach Hause.

»Ich kann ins Ferienlager fahren!«, schrie ich schon im Hauseingang und präsentierte stolz den neuen Ausweis. Ilse kam bei meinem Geschrei aus ihrem Büro gelaufen und stand nun neben Papa.

»Wirklich nicht zu glauben«, wunderte sie sich. »Wie hast du das bloß gemacht?« Wichtigtuerisch berichtete ich meine Begegnung mit dem so unfreundlich wirkenden Beamten. Papa strich mir erleichtert über den Kopf: »Ab und zu muss man auch etwas Glück haben im Leben!«

Mein nächster Weg war zu Richard. Ich hatte ihm von dem Ferienlager erzählt und er hatte damals spontan gesagt: »Da würde ich auch gerne hinfahren!«

»Kann Richard nicht auch nach Limauges kommen?«, fragte ich Richards Eltern ganz direkt. Die Freude über meinen neuen Ausweis hatte mich optimistisch gemacht.

»Warum eigentlich nicht«, erwiderte Herr Wolff da zu meiner Überraschung. »Richard hat zwar nicht so ein schönes Papier wie du, aber ich denke, dass man in einem evangelischen Jugendfreizeitlager bestimmt keine Juden sucht.«

Damit war der Entschluss gefallen und wir fuhren zu zweit.

Monsieur Claude, der Leiter des Ferienlagers, gefiel mir sofort. Er war von kleiner Statur, aber sehr energisch und wirkte sehr Vertrauen erweckend. Man fühlte sich gut aufgehoben bei ihm.

Wir trafen ihn am Bahnhof »Gare de Luxembourg«. Nach ein paar Stunden Bahnfahrt und einem langen Marsch durch grüne Felder kamen wir im Jugendlager an. Schon lange hatte ich mich nicht mehr so unbeschwert gefühlt. Judenstern, falsche Papiere, unfreiwilliger Arbeitseinsatz waren hier keine Gesprächsthemen.

Wir waren in Räumen mit je acht Betten untergebracht. Über mir im Bett schlief Richard Doulière aus Charleroi. Dieser Ort war mir von der Schule her geläufig. Er war einer der wichtigsten Industriestädte Belgiens, mit Eisenwerken und bedeutenden Kohlezechen.

Weil Richard so klein und flink war, wurde er von seinen Freunden »Moustique« (Mücke) genannt. Seine Hobbys waren Malen und Zeichnen. Die Porträtskizzen, die er von jedem von uns anfertigte, sahen uns verblüffend ähnlich. Wir hefteten sie an unsere Etagenbetten.

Meinen Namen hatten die Jungen schnell in »Gérard« umgewandelt, da dies für sie leichter auszusprechen war. Mir konnte das nur recht sein. Es schien mir, dass ich mit dem deutschen Namen auch ein großes Sorgenpaket abgelegt hatte.

Obwohl ich in der Schule Schwierigkeiten in Französisch hatte, kam ich hier erstaunlich gut zurecht und konnte mich schon einigermaßen auf Französisch unterhalten.

Bald wurde mir klar, dass in Limauges die Religion eine

große Rolle spielte. Zuerst empfand ich die über den Tag verteilten Andachten, Bibelstunden und Predigten als störend und überflüssig. Ich hätte mich viel lieber ununterbrochen mit Geländespielen beschäftigt. Ich genoss es wieder Sport zu treiben, was ich seit Marneffe kaum mehr getan hatte. Es war auch herrlich, einfach nur auf dem Rasen zu liegen und in den Himmel zu schauen.

Einmal, als wir gerade ein Spiel abbrechen mussten, beklagte ich mich bei »Moustique«. »Ach, schon wieder so eine Versammlung! Ich würde viel lieber hier weitermachen. Meinst du, die merken es, wenn wir einfach draußen bleiben?«

Ich hatte nicht damit gerechnet, dass er ganz anderer Meinung sein könnte: »Aber wegen der Versammlungen sind wir doch hauptsächlich hier«, sagte er. »Hast du das vergessen?« Ganz aufrichtig antwortete ich ihm: »Ich kann es gar nicht vergessen haben, weil ich es nämlich nie gewusst habe!«

Nun blieb »Moustique« stehen und sah mich mit ehrlichem Erstaunen an: »Zu welcher Kirche gehörst du denn?«

Das brachte mich mit einem Ruck in die Wirklichkeit zurück. Ich hatte vollkommen verdrängt, dass ich nur deswegen hier war, weil ich zufällig einen Brief erhalten hatte, der eigentlich an jemand anderen gerichtet war. Und der Brief allein hätte mir auch nichts genützt, wenn der brummige Beamte mir nicht geholfen hätte.

Dass ich vor einem Jahr Bar-Mizwa geworden war, dass wir in eine Synagoge gingen statt in eine Kirche, dass wir dort einen Rabbiner hatten und nicht einen Pastor, wie sollte ich ihm das erklären, ohne mein Geheimnis preiszugeben? Ich war Jude, wenn ich auch vor ein paar Tagen den gelben Stern von meiner Kleidung abgetrennt hatte. Sollte ich ihm sagen, dass alles, was hier gepredigt wurde, mir total fremd war?

Besonders das, was Monsieur Claude gestern gesagt hatte, »Jesus ist der Sohn Gottes, der auf die Erde kam, um uns durch seinen Tod am Kreuz von unseren Sünden zu retten«?

Das war doch gerade der wesentliche Unterschied zwischen Juden und Christen. Seit fünftausend Jahren hatten wir Juden daran festgehalten, dass es nur *einen einzigen, unteilbaren* Gott gibt und dass wir immer noch auf einen Erlöser warteten, den Gott eines Tages zur Befreiung aller Völker schicken würde. In der Talmud Tora Schule in Hamburg hatte man von einem »Messias« gesprochen, damit war aber nicht Jesus gemeint. Es gab ja noch keinen Frieden zwischen den Menschen. Nach wie vor wurden Völker und Länder unterdrückt. Das konnte unmöglich die von einem »Messias« erlöste Welt sein!

Aber das durfte ich »Moustique« einfach nicht sagen. Sogar Monsieur Claude, der über meine wahre Identität informiert war, hatte mir dringend geraten darüber zu schweigen. Andererseits wollte ich meinen neuen Freund auf keinen Fall belügen. Dieses Dilemma verschlug mir die Sprache. »Moustique« sah mich an: »Ich werde für dich beten«, sagte er ganz einfach. So blieb mir eine Antwort erspart.

Wir gingen in den großen Saal. Dort sang man schon eine der schönen Hymnen, die scheinbar alle kannten. Wir setzten uns in eine der hinteren Reihen und hörten zu. »Moustique« schloss die Augen und senkte seinen Kopf. Betete er für mich? Was wünschte er mir wohl? Ich hätte ihm einiges auftragen können: Vor allen Dingen wollte ich diesen Krieg und unsere Verfolgung überleben. Und dann wollte ich meine Mutter wieder sehen, nach der ich mit einem Mal große Sehnsucht verspürte.

Nachdem ich mich schon etwas an die vielen Gebets- und Besinnungsstunden in Limauges gewöhnt hatte, sprach ich eines Tages meinen Freund Richard Wolff daraufhin an. Für ihn musste doch alles ebenso fremd und ungewöhnlich sein wie für mich.

Ich hatte ihn in diesen Tagen öfter mit dem Neuen Testament in der Hand getroffen.

»Liest du jetzt nur noch dieses Buch?«, fragte ich etwas spöttisch. »Wir hören doch schon genug davon.«

Richard schaute mich prüfend an und antwortete nicht gleich. Ich hatte gelernt ihn nie zu drängen, wusste, dass er nicht gerne seine Gefühle preisgab, dass er sogar äußerst zurückhaltend sein konnte.

»Weißt du«, sagte er schließlich, »mir ist aufgefallen, dass diese Jungen hier das Neue Testament nicht nur mit sich herumtragen und oft darin lesen, sondern dass sie auch ganz schnell eine ihnen bekannte Stelle finden können. Ich lese ja selber auch sehr viel, aber ich kenne kein Buch so genau, wie diese Jungen ihr Neues Testament zu kennen scheinen. Ich habe mir deshalb auch ein Exemplar zugelegt, um verstärkt darin zu lesen. Es hat mich einfach neugierig gemacht.«

»Hast du denn keine Schwierigkeiten mit dem Französischen?«, hakte ich nach.

»Nein, und ich wundere mich selbst darüber«, war die lakonische Antwort meines Freundes. Dann wurde unser Gespräch unterbrochen und Richard ließ mich nachdenklich zurück.

Die Jugendlichen des Ferienlagers waren ganz anders als die Jungen des »Athenée Royale« in Brüssel. In Limauges waren alle besonders freundlich, recht gehorsam, dabei aber keineswegs langweilig, sondern fröhlich, sorglos und unbeschwert. Irgendetwas erinnerte mich entfernt an einige orthodoxe Kinder aus der Talmud Tora Schule; was das genau war, konnte ich nicht definieren.

Die einzelnen Räume des Ferienlagers hatten jeweils einen

verantwortlichen Leiter, an den wir uns wenden konnten. Pierre Vansteenberghe, ein Pastorensohn und Student aus Brüssel, war für unser Zimmer zuständig. Wir schwärmten für ihn. Er war sehr einfühlsam, fürsorglich und hilfsbereit und immer für uns da. Nie fragte er mich etwas, was mich in Verlegenheit gebracht hätte. Ich hätte gerne mit ihm über die Abendpredigten gesprochen, ihm viele Fragen gestellt. Wie konnte ich das, ohne meine Identität zu verraten?

Eines Nachmittags befand ich mich alleine im großen Versammlungssaal. Dort stand ein Harmonium. Wie lange hatte ich kein Klavier mehr gespielt! Ich setzte mich hin, öffnete den Deckel und drückte die Tasten. Kein Ton war zu hören.

»Du musst auf die Pedale treten«, sagte eine Stimme hinter mir. Es war »Moustique«. Ich hatte gar nicht bemerkt, dass er auch hereingekommen war.

Jetzt kamen Klänge aus dem Harmonium. Ich schlug ein paar Akkorde an. Dann versuchte ich die Hymnen zu spielen, die ich seit beinahe zwei Wochen täglich hörte. »Moustique« war erstaunt. »Du hast doch gar keine Noten.« Ich lachte. »Die brauche ich auch nicht. Sobald ich etwas singen kann, kann ich es auch spielen. Nur wenn ich eine Melodie nicht genau im Kopf habe, benötige ich Noten.«

»Das ist eine wunderbare Gabe Gottes, die du da besitzt«, sagte Moustique ernst. »Du kannst damit viel Freude bereiten.«

Ich hatte meine Begabung nach Gehör zu spielen immer als etwas Selbstverständliches hingenommen. Papa und Opa konnten das schließlich auch. Nie hatte ich mir Gedanken darüber gemacht, da es mir einfach Spaß machte.

»Moustique« bat: »Könntest du auch ›A Toi, la Gloire‹ spielen? Es ist kompliziert, aber es ist mein Lieblingslied.« Das ist »Oh Tochter Zion« ging es mir sofort durch den Kopf. »Die Melodie stammt von Mozart«, erklärte ich ihm. »Wenn du ein bisschen mitsingst, kriegen wir es bestimmt zusammen.« Es klappte. »Moustique« hatte eine schöne Stimme. Während wir versunken musizierten, hatte sich unbemerkt eine ganze Schar um uns versammelt.

»Ein' feste Burg ist unser Gott«, wünschte sich einer unserer Zuhörer. Er summte die Weise, damit ich mich erinnerte. »Die Melodie ist von . . .« Ich verstummte. Ich wollte sagen: »Von dem deutsch-jüdischen Komponisten Felix Mendelssohn-Bartholdy. Und ich hätte hinzufügen können: »Weil er Jude war, wird seine Musik in Deutschland nicht mehr gespielt.« Laut sagte ich nur: »Die Melodie ist von Felix Mendelssohn-Bartholdy«, und ließ die Weise anklingen. Danach spielte ich auch noch seinen berühmten Hochzeitsmarsch.

Alle lachten. »Wer heiratet denn hier«, fragte einer. Ein anderer hielt Pierres Hand hoch und rief: »Hier ist der Bräutigam!« Es hatte sich herumgesprochen, dass Pierre verliebt war und nach Abschluss seines Studiums heiraten wollte. »Ihr werdet alle zu meiner Hochzeit eingeladen, wenn es einmal so weit ist«, kündigte er an.

An diesem Abend gab mir die Predigt viel zu denken. Thema war der 23. Psalm: »Der Herr ist mein Hirte, nichts wird mir fehlen.«

So einen Beschützer könnten wir wohl brauchen, ging es mir durch den Kopf. Es war Monsieur Vandenbroeck, ein Pastor aus Brüssel, der heute predigte. Er sprach mit so großer Überzeugung von Jesus als dem einzigen Weg, der uns zu Gott führen kann und der uns von allen Sünden erlöst. Es gab ja niemanden auf der Welt, der nicht schon Böses begangen hatte und Vergebung brauchte. Das leuchtete mir ein. Aber Pastor Vandenbroeck sprach auch von Jesus als dem großen Beschützer in der Not, dem Retter für jeden in dieser Welt.

Jemand spielte leise auf dem Harmonium und schließlich

stimmten alle eine Hymne an, die ich in den letzten zwei Wochen oft gehört hatte und die mit dem Satz endete: »Si ton fardeau t'oppresse . . . je donne le repos« (Wenn deine Bürde dich bedrückt . . . ich gebe dir Frieden).

Zum ersten Mal in meinem Leben beugte ich meinen Kopf und versuchte zu beten: »Meine Bürde bedrückt mich sehr. Ich bin ein Sünder und morgen fahre ich wieder nach Hause. Ich weiß nicht, was mich dort erwartet. Auch ich brauche Vergebung und einen Hirten, einen Beschützer. Wir sind alleine zu schwach gegen die feindliche Übermacht. Gott, bitte hilf mir hier und in alle Ewigkeit.« Wie von selbst kam mir dann der Satz auf die Lippen: »Im Namen Jesu, Amen.«

Am nächsten Morgen kam Ilse und holte Richard und mich ab.

Blitz und Donner

(Herbst 1942-Frühling 1945)

Der Mord an den Juden war bereits in vollem Gange, als sich am 20. Januar 1942 auf der sogenannten »Wannseekonferenz« Reichssicherheitshauptmann Reinhard Heydrich mit den Staatssekretären der wichtigsten deutschen Ministerien über die »Endlösung der europäischen Judenfrage« beriet und den systematischen Massenmord an Millionen von Juden generalstabsmäßig plante. Im geheimen Protokoll der Konferenz sprach man von elf Millionen Juden, die in Betracht kämen!

So fing man am 26. März 1942 damit an, Juden aus der Slowakei nach Auschwitz in die Vernichtungslager zu transportieren. Am 22. Juli begann man mit dem Abtransport von 5 000 Männern, Frauen und Kindern die Deportation der im Warschauer Getto lebenden Juden nach Treblinka. Bis August 1942 wurden alleine dort 66 701 Juden in

Gaskammern ermordet. Es folgten ihnen in den nächsten Jahren Millionen aus dem Warschauer und anderen polnischen, baltischen und russischen Gettos. Dort waren die Juden bald nach der Besetzung dieser Länder gewaltsam umgesiedelt worden. Schon vor den Abtransporten in die eigentlichen Vernichtungslager starben in den Gettos Zehntausende an Hunger und Seuchen oder wurden von SS-Kommandos und gelegentlich auch von Militäreinheiten erschossen. Ende Juli 1942 starben 6 000 Juden aus den Niederlanden in Treblinka. Am 16. Juli 1942 wurden in Paris 12 884 Juden verhaftet. 6 000 wurden direkt nach Auschwitz deportiert. Anfang August 1942 begannen die Deportationen aus Belgien und Luxemburg . . .

Der Krieg wütete noch zwei Jahre, bevor am 6. Juni 1944 endlich die weltweit erwarteten alliierten Truppen an der Normandie-Küste landeten und den Untergang des NS-Systems einleiteten. Am 9. Juli wurde Caen befreit. Am 3. September bereitete die Bevölkerung von Brüssel den amerikanischen und britischen Verbänden einen begeisterten Empfang. Am 4. September zogen britische Truppen in Antwerpen ein.

Zur bedingungslosen Gesamtkapitulation des deutschen Militärs kam es erst in der Nacht vom 6. zum 7. Mai 1945. Bis dahin ging der Völkermord an den Juden weiter. Sechseinhalb Millionen kamen um, davon etwa zwei Millionen Kinder. Nur wenige überlebten.

Untergetaucht

Zu Hause erwarteten mich zwei Schreckensnachrichten: Die erste betraf Tante Tilly Wulf. Sie und ihre Söhne Gerhard und Heinz hatten vor zehn Tagen den Befehl bekommen, sich, ausgerüstet mit je einem Koffer und Proviant, zum Arbeitseinsatz zu melden. Da Tante Tilly dem Befehl nicht nachgekommen war, hatte die Gestapo sie am Vortag daheim abgeholt. Ihre Söhne waren gerade unterwegs gewesen und blieben somit zunächst verschont. Mein Vater wusste nicht, wo sie waren. Vielleicht hatten sie sich irgendwo verstecken können.

Die zweite Nachricht betraf uns selber: Ein Bote der jüdischen Gemeinde war vor zwei Stunden ins Haus gekommen und hatte Papa den gleichen gefürchteten Befehl überbracht: »John Koppel, geboren am 6. April 1896 in Hamburg, und seine minderjährigen Kinder, Ilse Koppel, geboren am 28. Januar 1923 in Hamburg, und Gert Koppel, geboren am 21. Dezember 1927 in Hamburg, haben sich am siebten Tag nach Zustellung dieses Befehls, bei der Lagerleitung des Durchreiselagers Mechelen zu melden. Bestimmungsort: unbekannt. Zweck: Arbeitseinsatz.« So etwa lautete der Befehl.

Es folgten noch die übliche Androhung sofortiger Verhaftung bei Nichtbefolgen des Befehls und Anweisungen, was mitzubringen war. Hausschlüssel sollten auf der Polizeiwache abgegeben werden!

Oma war gekommen und saß niedergeschlagen auf dem Schlafsofa. Was sollten wir bloß machen?

Natürlich war jetzt nicht der Moment vom Ferienlager zu erzählen, dabei hätte ich so gerne über meine neuen Erfahrungen gesprochen. Der Einzige, der mir seine ungeteilte

Aufmerksamkeit zukommen ließ, war Trouvé. Er sprang immer wieder an mir hoch und leckte mir die Hände.

Papa sah mich mitfühlend an und sagte dann: »Wir wissen nicht, was auf uns zukommt, aber ich bin froh, dass du wenigstens noch ein paar Ferientage genießen konntest. Es muss schön gewesen sein. Du siehst so gut erholt aus.«

»Es gab herrliches Essen, wir konnten spielen und Sport treiben«, sprudelte es aus mir heraus. »Und . . .«, fuhr ich zögernd fort, »wir haben viel über Jesus Christus gesprochen und . . . gebetet.«

Oma runzelte die Stirn und machte ein skeptisches Gesicht, doch ich sagte mit fester Stimme: »Wenn es Gottes Wille ist, dann wird er uns helfen und uns schützen. Ich bete jeden Tag zu ihm!«

Nun war es heraus. Oma wollte zu einer Rede ansetzen, aber Papa winkte ab und warf einen hilflosen Blick zu Muttis Bild.

»Gert, offenbar hast du ein einschneidendes Erlebnis gehabt. Wir sollten noch einmal ausführlich darüber sprechen. Du musst verstehen, dass wir im Augenblick einfach keine Zeit haben dir zuzuhören, sosehr es uns auch interessieren würde. Ich bin sehr froh, dass du wieder hier bist, aber jetzt muss ich losgehen und schauen, ob sich irgendetwas machen lässt. Ich kenne allerhand Leute, manche haben Einfluss in der jüdischen Gemeinde. Vielleicht kann ich dort Arbeit für mich oder Ilse bekommen. Dann würden wir vorerst vom Arbeitsdienst zurückgestellt. Einige meiner Bekannten haben auch Beziehungen zur Untergrundbewegung[*]. Wer weiß, ob uns nicht jemand verstecken könnte. Ich habe auch schon mit unserem Hauswirt, Herrn Vaume, gesprochen. Er hat zuverlässige Ver-

---

[*] Auch in Belgien gab es eine »Resistance«, d. h. eine Widerstandsgruppe im Untergrund. Ihre Mitglieder versuchten die von den Deutschen Verfolgten zu unterstützen, indem sie Geld und Lebensmittelmarken verteilten und Unterschlupfmöglichkeiten boten.

wandte außerhalb der Stadt. Ich gehe dort gleich mal vorbei. Jedenfalls werde ich nichts unversucht lassen.«

Als ich am Abend ins Bett ging, war Papa immer noch nicht zurück. Trouvé sprang sofort mit ins Bett. Im Winter war er eine angenehme Wärmflasche in dem ungeheizten Zimmer. Ilse und ich hatten uns oft um ihn gestritten. Jetzt war es viel zu heiß, um einen Hund im Bett auszuhalten, aber ich ließ ihn liegen. In zwei bis drei Tagen müssten wir ihn sowieso abgeben.

Auch am nächsten Morgen sah ich Papa nicht, da er schon in aller Frühe wieder weggegangen war, um noch eine Lösung zu finden.

Mittags kam er zurück. Er sah sehr niedergeschlagen aus. Auch das magere Essen, das Ilse auftischte, war nicht dazu angetan ihn aufzuheitern: Rüben und Kartoffeln und eine wässrige Suppe aus grünem Erbsenpulver. Wurst gab es nicht, aber Ilse hatte für die paar Wurzeln schon morgens um sechs eine Stunde vor einem Laden Schlange gestanden. Das halbe Brot, das sie mit ihrer Lebensmittelkarte noch bekommen hatte, musste für den Abend aufbewahrt werden. Bei dieser Kost verhungerte zwar niemand, aber die fettarmen Mahlzeiten hielten nie lange vor.

»Erzähl doch endlich!«, drängte Ilse, als Papa ein paar Bissen gegessen hatte.

Papa schüttelte traurig den Kopf. »Es gibt nichts zu erzählen«, brachte er dann mühsam hervor. »Bei der jüdischen Gemeinde betteln Hunderte um Arbeit und Schutz. Die Gemeinde darf aber nur eine kleine Anzahl von Leuten beschäftigen. Das regelt die Gestapo. Sie haben sowieso schon doppelt so viel Leute eingestellt, wie eigentlich erlaubt sind, und wissen nicht mehr, wie sie das noch vertuschen können. Meine sogenannte Verbindung zur ›Resistance‹ hat sich auch als nicht echt herausgestellt. Von da ist also nichts zu erwarten. Und die Verwandten von Herrn Vaume haben nur eine winzige Wohnung mit einem separaten Schlafzimmer. Mir wäre das für den Anfang recht gewesen, aber das junge Ehepaar hatte zum Schluss doch zu viel Angst. Die Wände seien zu dünn, fürchteten sie, die Nachbarn könnten etwas hören.«

»Und die Bahrenfelder Urkunde?«, unterbrach Ilse plötzlich die eingetretene Stille.

»Was ist das denn?«, fragte ich verwundert. »Davon habe ich ja noch nie was gehört.«

»Du weißt nichts darüber, weil du damals noch zu klein warst«, bestätigte Ilse aufgeregt, »es war ja mehrere Jahre vor unserer Auswanderung. Papa hatte eine Einladung ins Rathaus bekommen. Bei einer Feier sollte ein paar freiwilligen Kämpfern, zu denen auch Papa gehörte, diese Urkunde ausgehändigt werden. Papa ist nicht hingegangen, weil das Ganze von der Nazi-Partei organisiert worden war. Mutti hat ihm aber dann keine Ruhe gelassen. Sie meinte, man wisse nie, wozu so eine Urkunde noch mal gut sein könnte, und da ist er einige Tage später tatsächlich noch ins Rathaus gegangen, um sich das Papier abzuholen.«

»Was haben die Bahrenfelder denn getan?«, fragte ich interessiert weiter.

Jetzt erklärte Papa selbst: »Gleich nach dem verlorenen Ersten Weltkrieg wollte eine Gruppe von Leuten – man sprach von ›revolutionären Kommunisten‹ – die Hamburger Regierung stürzen. Dergleichen fand auch an vielen anderen Orten statt. Sie hatten schon das Rathaus besetzt. Da haben ein paar hundert ehemalige Soldaten zur Wahrung der Ordnung freiwillig zu den Waffen gegriffen. Ein ehemaliger Kriegskamerad forderte mich auf mitzukommen und so lag ich auch zwei Tage vor dem Rathaus. Eigentlich wusste ich gar nicht so genau, was da gespielt wurde, ich war einfach noch zu jung. Mir gefiel dann die politische Einstellung von den Leuten auf unserer Seite nicht und so gab ich mein Gewehr bald wieder ab und ging nach Hause. Trotzdem wurde mein Name später mit aufgeführt.«

»Ja«, fiel ihm Ilse begeistert ins Wort, »du warst jedenfalls dabei. Ich glaube sogar als einziger Jude. In dieser Urkunde steht ganz deutlich, dass das Vaterland dir Dank schuldet und dass du immer mit der Dankbarkeit der Nation rechnen kannst. Irgendwelche hohen Tiere haben das im Namen des Führers unterschrieben.«

»Was soll uns das jetzt nützen, Ilse?«, fragte Papa.

»Das wird sich herausstellen«, rief Ilse. »Ich fahre mit dem Papier morgen nach Mechelen und bitte um einen Aufschub des Arbeitseinsatzes. So eine Urkunde mit dieser Unterschrift hat doch keiner hier. Du wirst sehen, das wird denen imponieren.«

»Mir gefällt dein Plan nicht«, sagte Papa zweifelnd, »du wirst es mit irgendwelchen mörderischen SS-Führern zu tun bekommen. Möglicherweise behalten sie dich gleich da.«

Wir überlegten hin und her und versuchten Papa zu überzeugen.

»Du sagst doch immer, nicht jede Kugel trifft!«, zitierte ich Papa. »Vielleicht hat Ilse ja Glück. Außerdem ist das doch unsere einzige Chance.«

»Und einem hübschen blonden Mädchen wird auch keiner was tun«, sagte Ilse.

»Schluss damit«, beendete Papa mit ungewohnter Schärfe unser Gespräch. »Ich muss in Ruhe über alles nachdenken. Morgen früh werde ich die Entscheidung treffen.«

Am nächsten Morgen fuhr Ilse nach Mechelen. Papa war furchtbar nervös und ging immer wieder im Zimmer auf und ab. Als Ilse am Spätnachmittag wieder zurückkam, sah ich Tränen in seinen Augen stehen. »Ich hatte solche Angst um dich«, sagte er und umarmte sie ganz fest.

»Es hat nichts genützt«, erwiderte Ilse enttäuscht und fing nach der ganzen Anspannung auch an zu weinen. »Man hat mir nichts getan, aber ich bin nur bis zu dem großen Tor gekommen. Von da aus konnte ich eine Menge Gefangene im Hof sehen: Greise, kleine Kinder, Frauen, kaum jüngere Männer. Dann kam ein SS-Mann auf mich zu und scherzte. ›Na meine Süße, wie wär's mit uns?‹ Als er den Stern sah, änderte sich sein Ton schlagartig. Ich bat ihn mich zu dem Lagerleiter zu bringen, aber er machte nur ein paar unflätige Bemerkungen und sagte dann: ›Erzähl deine Geschichte lieber mir, mit dem Kommandanten ist nicht gut Kirschen essen.‹

Ich zeigte ihm die Urkunde und die Unterschrift und er schien beeindruckt und ging mit dem Papier ins Haus. Nach zehn Minuten kam er zurück und sagte, wir sollten am befohlenen Tag alle zusammen wiederkommen und die Urkunde dem Kommandanten zeigen. ›Vielleicht gibt es ja eine Ausnahme für euren Vater‹, meinte er und: ›Ihr Kinder steht aber nicht mit drauf. Euch wird es also nichts nützen.‹ Dann murmelte er noch was von einem ›Begräbnis erster Klasse für Judenhelden‹ . . .

Wenn wir da hingehen, kommen wir nicht mehr lebendig heraus«, stieß Ilse schluchzend hervor.

»Du sagst ja gar nichts, Gert«, hörte ich Papas Stimme.

»Ich habe gebetet«, erwiderte ich leise, »und ich glaube, Gott hat mich gehört. Wenn ich jetzt gleich losgehe, schaffe ich es vielleicht noch bis fünf Uhr.«

Papa und Ilse starrten mich verwundert an und machten nicht mal Anstalten mich zurückzuhalten.

Ich rannte aus dem Haus, sprang auf die Straßenbahn und

war bereits kurze Zeit später in der »Mission Belge Evangé-lique«.

Das Büro von Pastor Vandenbroeck, den ich im Ferienlager kennen gelernt hatte, fand ich sofort. Atemlos erzählte ich unsere Geschichte. Ich war noch nicht zum Ende gekommen, als ein anderer Herr ins Zimmer kam. Es war der Direktor der Mission Pastor Odilon Vansteenberghe, Pierres Vater.

Ich musste noch mal alles wiederholen. Beide hörten schweigend zu.

Schließlich standen sie auf und Pastor Vandenbroeck sagte: »Das ist eine große Entscheidung, die wir da treffen sollen. Wir tragen ja nicht nur die Verantwortung für uns und unsere Familien, sondern für die ganze Kirche sowohl hier in Brüssel als auch in ganz Belgien, wo unsere Gemeinden verstreut sind. Wir wollen jetzt um einen weisen Beschluss beten.«

Die beiden Pastoren gingen hinaus und ließen mich mit meiner Angst und Verzweiflung im Büro zurück. Ich setzte mich auf einen Stuhl und versuchte ebenfalls zu beten, was mir bei meiner großen Anspannung aber nicht recht gelang. Das Warten schien mir endlos.

Irgendwann kam Pastor Vandenbroeck alleine zurück. Ruhig nahm er neben mir Platz und sagte dann: »Wir werden euch verstecken. Gott wird uns helfen.«

Als ich wieder zu Hause war, konnten Papa und Ilse die große Neuigkeit kaum glauben. Monsieur Vandenbroeck hatte mir aufgetragen, dass wir bereits am nächsten Tag in die Mission kommen sollten. Von dort aus würde er Ilse und mich nach Limauges bringen. Papa würde, von Pastor Vansteenberghe vermittelt, zu einer zuverlässigen Familie nach Brüssel ziehen und dort zunächst bis zum Ende der Ferien bleiben. Weitere Planungen gab es zu diesem Zeitpunkt noch nicht.

Am darauf folgenden Tag machten wir uns auf den Weg.

Jeder trug nur kleines Gepäck und wir gingen nicht zusammen, um kein Aufsehen zu erregen.

Monsieur Vaume hatte versprochen sich um unser noch verbliebenes bescheidenes Mobiliar zu kümmern und wir stellten einige Koffer bei ihm unter, die wir später nachholen lassen wollten. Trouvé kam zu Oma, die jetzt ganz allein in Brüssel war.

»Ich bleibe hier in meinem Zimmer«, beschloss sie mutig. »Ich habe mich nie bei der Polizei angemeldet, also weiß keiner, dass ich da bin. Mir wird schon nichts passieren. Unkraut vergeht nicht«

Schweren Herzens riss ich mich von ihr los und ging rasch aus dem Haus. Ein Blick zurück zeigte mir, dass auch Ilse schon aus dem Haus trat. Ohne Judenstern! Gleich würde Papa folgen. Ich sprang auf das Trittbrett der Straßenbahn. Wir waren untergetaucht!

Verstecke Nr. eins, zwei und drei

Moustique«, sagte ich, »mach mal Platz auf der Kartoffelschälbank!«

»Moustique« sah kurz von seiner Arbeit auf und drückte mir ein Messer in die Hand. Erst dann fragte er: »Was machst du eigentlich hier?« – »Ich schäle Kartoffeln, siehst du das nicht?«, witzelte ich.

Eine Weile beschäftigten wir uns still mit unserer Arbeit. Dann sagte »Moustique«: »Ich habe dafür gebetet, dass ich dich bald wieder sehe. Allerdings hätte ich nicht gedacht, dass mein Gebet so schnell erhört würde. Das hat sicher seinen Grund.«

Da ich »Moustique« nun schon besser kannte, wunderte ich mich nicht. Ich wusste, dass er sehr gläubig war. In meinem bisherigen Leben war ich noch niemandem begegnet, der so fest davon überzeugt war ein direktes und intensives Verhältnis zu Gott zu haben wie er. »Moustique« konzentrierte sich wieder auf das Kartoffelschälen und stellte keine weiteren Fragen. Ich war erleichtert: Die Wahrheit hätte ich ihm nicht sagen können.

Ich war also wieder in Limauges gelandet, diesmal zusammen mit Ilse, die sofort zu »Elsie« wurde. Wir waren beide wie »Moustique«, der bis zum Ende der Sommerferien bleiben wollte, als Küchenhilfen eingeteilt. Nach der Jungengruppe, zu der ich zusammen mit Richard Wolff und Richard Doulière gehört hatte, war eine Mädchengruppe ins Ferienlager gekommen, später sollten noch kleine Kinder folgen, dann Studenten und schließlich eine Gruppe Senioren.

Wie die übrigen Helfer erledigte ich meine Pflichten, hatte meine freien Tage und hörte sooft ich konnte den Vorträgen zu. Die »Réunions« (Versammlungen) am Abend erschienen mir als Höhepunkt des Tages. Ich erfuhr viel über das Neue Testament, das diesen Menschen als Grundlage für ihr ganzes Leben diente. Aber auch das Alte Testament, welches ich ja von meinem Bar-Mizwa-Unterricht und dem Unterricht in der Talmud Tora Schule kannte, wurde hier eifrig studiert. Die Auslegungen der oft schwierigen Texte schienen die Wahrheit des Neuen Testamentes zu beweisen, ja direkt vorauszusagen. Ich war fasziniert.

Oft diskutierte ich nach den »Réunions« noch stundenlang mit Richard Doulière, der sich als guter Lehrer erwies. So manche Unterredung beendete er mit dem Satz: »Man kann nicht immer alles mit Logik erklären, manches ist Sache des Herzens, nicht des Verstandes. Und der Glaube kommt von Gott.«

»Moustique« fragte mich nie aus und war sehr diskret. Eines Tages bemerkte er jedoch: »Meine ganze Familie betet für dich und deine Familie.« Also hatte er seinen Eltern von mir erzählt.

Wenn wir nicht gerade zum Helfen eingeteilt waren, streiften wir oft stundenlang durch die weiten Felder und Wiesen der Umgebung, sahen uns Bauernhöfe an oder planschten im nahen Fluss. Ich war so zufrieden, dass ich sogar Papa kaum vermisste. Gelegentlich bekam ich durch die in unser Geheimnis eingeweihten Pastoren einen Brief von ihm. »Es ist gut, dass du nun viel selbstständiger geworden bist«, schrieb er. »Ich bin sehr froh darüber.«

Natürlich durfte er mir nicht sagen, wo er war, denn die Briefe konnten ja abgefangen werden. Es schien ihm nicht schlecht zu gehen. Er beklagte sich nur gelegentlich über Langeweile. »Ich schreibe viel in mein Tagebuch«, teilte er mit.

Ich wusste, dass Papa am Tag des Kriegsausbruchs ein Tagebuch begonnen hatte. Seitdem konnte er Mutti ja keine Post mehr schicken. Er hatte uns gebeten nicht darin zu lesen. Das Tagebuch war in Form von Briefen an Mutti geschrieben und er wollte es ihr sofort nach dem Krieg übergeben. Danach konnte sie selber entscheiden, ob sie seine Gedanken mit uns teilen wollte. »Das Schreiben muss mir meine Frau etwas ersetzen«, hatte Papa damals zu uns gesagt. Ich war noch viel zu jung, um seine große Sehnsucht und Trauer richtig nachfühlen zu können.

Der Sommer ging zu Ende. In ein paar Tagen sollte Richard von seinen Eltern abgeholt werden. »Ich muss noch ein paar Dinge erledigen, bevor die Schule anfängt«, erklärte er mir.

Er schien fest anzunehmen, dass auch ich nach Brüssel zurückkehren würde, zu meinen Eltern, in meine Schule. Das wäre ja auch normal gewesen. Aber »normal« gab es für mich nicht. Ich war untergetaucht, obwohl es mir an diesem Ort fast gelang es zu vergessen. Ich wusste schon, dass Herr Vandenbroeck noch keinen Platz für die Zeit nach den Ferien für mich gefunden hatte. Ilse sollte bei einer Arztfamilie wohnen und im Haushalt und bei der Kinderbeaufsichtigung helfen. Das fiel nicht auf. Aber ein Junge in meinem Alter, der nicht zur Schule geht? Wo konnte man den verstecken? Papa sollte nach den Ferien nach Limauges kommen, um bei Aufräumungsarbeiten zu helfen. Weitere Beschlüsse waren bisher noch nicht gefasst worden.

An einem Abend, kurz vor »Moustiques« bevorstehender Abreise, konnten wir in dem heißen, stickigen Zimmerchen, das wir uns teilten, nicht einschlafen und machten noch einen Spaziergang. Die Nacht war klar und ruhig. Es war Vollmond und so hell, dass wir ohne Schwierigkeiten zur Wiese unseres Nachbargehöftes laufen konnten.

Träge lagerten die Kühe, die bei diesem schönen Wetter nicht in die Ställe zurückgeführt wurden, im Gras. Wir lauschten den eigenartigen Geräuschen ihres Wiederkäuens und setzten uns in die Nähe der Tiere. Ich legte meinen Arm um »Moustiques« Schultern. In dieser harmonischen Stimmung drängte mich plötzlich etwas unwiderstehlich meinen Freund ins Vertrauen zu ziehen.

»Ich möchte dir etwas sagen«, begann ich zögernd. »Moustique« schaute überrascht auf.

»Ich werde nicht nach Hause fahren. Ich habe nämlich kein Zuhause mehr.«

»Ich denke, du lebst mit Elsie und eurem Vater in Brüssel.«

»Jetzt nicht mehr. Wir müssen uns verstecken, weil wir Juden sind. Die Deutschen sind hinter uns her. Wenn sie uns finden, ist es um uns geschehen.«

Nun hatte ich mein Geheimnis verraten. Aber ich musste

mich einfach jemandem anvertrauen und »Moustique« war doch mein Freund.

»Jesus war auch ein Jude!«, sagte er da mit fester Stimme. Ich hatte eine ähnliche Bemerkung von ihm erwartet.

»Aber wo willst du jetzt hin?«

»Herr Claude und Herr Vandenbroeck haben noch nichts ausfindig gemacht«, gestand ich.

»Bei meiner Familie ist Platz«, sagte »Moustique« ganz spontan. »Du kannst mit mir zur Schule gehen. Ich frage gleich meine Eltern, wenn sie kommen.«

»So einfach ist das nicht«, unterbrach ich die Gedanken meines Freundes. »Ich habe keine Dokumente, keine Lebensmittelkarten, kein Geld. In die Schule kann ich sowieso nicht gehen, da sie dort zuerst nach Ausweispapieren und Zeugnissen fragen würden.«

»Was willst du denn den ganzen Tag machen?«

»Mein Vater ist schon seit zwei Monaten in einem Versteck. Er ist in all diesen Wochen nie auf die Straße gegangen. Er langweilt sich wohl sehr, aber er schreibt an seinem Tagebuch und das werde ich wohl auch tun.«

»Meine Eltern müssen dir helfen, ich werde ihnen alles erklären«, versprach »Moustique« mit entschlossener Miene. »Aber vorher wollen wir beten!«

Ich war gerne dazu bereit. Woher sollte in dieser Zeit auch Hilfe kommen, wenn nicht vom Himmel? Ich betrachtete lange den Mond und die blitzenden unzähligen Sterne, die so unendlich fern waren. Das sollte nur der Anfang des Universums sein. Richard glaubte fest, dass über alledem jemand stand, dem wir wichtig waren und der nichts dem Zufall überließ. Auch ich fühlte mich von diesem Wesen gestärkt.

Monsieur und Madame Doulière waren mit Richards älterem Bruder Ivan gekommen. Mein Freund stellte mich seiner

Familie vor. Sie waren alle sehr freundlich zu mir. Am liebsten hätte ich zu Richard gesagt: »Frage deine Eltern doch gleich!« Ich wusste natürlich, dass das nicht ging. Seine Eltern unterhielten sich noch mit vielen anderen Bekannten aus ganz Belgien, die an diesem Sonntag einen Ausflug ins Ferienlager gemacht hatten.

Moustique musste einen ruhigen Moment abwarten.

Ich ging in die Küche und verrichtete meine Arbeit.

»Wo ist denn dein Freund«, fragte man mich. »Der ist wohl mit seinen Eltern unterwegs«, antwortete ich.

»Wenn er nicht kommt, musst du doppelt so viel Kartoffeln schälen«, wurde ich geneckt.

Endlich kam Richard zurück. Es gab kaum noch etwas zu tun. Vor lauter Nervosität hatte ich wie ein Wilder gearbeitet. Er setzte sich zu mir.

»Sie meinen, es wird gehen«, flüsterte er mir zu. »Du kannst aber nicht einfach mitkommen, das wäre zu auffällig, denkt mein Vater. Außerdem will er mit Monsieur Claude sprechen. Es gibt noch eine Menge Fragen.«

Als er den zweifelnden Ausdruck auf meinem Gesicht sah, klopfte er mir beruhigend auf die Schultern und meinte: »Es wird alles gut werden.« Wir gingen zusammen hinaus. Es war Zeit beim Essenaustragen zu helfen.

»Moustiques« Eltern hatten alles gut geplant. Sie würden mit ihren Söhnen nach Hause fahren. Zwei Tage später würde mich dann eine befreundete Dame abholen. Mit ihr zusammen sollte ich nach Charleroi fahren. Ich würde kurze Zeit in ihrem Haus bleiben, danach würde sie oder ihr Mann mich zur Familie Doulière bringen. Man hoffte, dass ich, von Nachbarn ungesehen, in mein Versteck schlüpfen könnte.

Ich packte meine Schultasche. Der Koffer stand noch immer bei Monsieur Vaume. Den würde Herr Doulière abholen.

Wie verabredet, traf eine Dame, die sich Madame Wautier nannte, im Lager ein. Ilse war schon früher abgeholt worden. Dr. Molinghen war selber gekommen. Als Arzt hatte er die Möglichkeit sein Auto zu benutzen. Ich war hocherfreut zu hören, dass auch die Molinghens in Charleroi wohnten. Es schien ihnen jedoch zu riskant uns beide im Auto mitzunehmen. Warum alles auf eine Karte setzen? Es wurde oft kontrolliert. Das leuchtete mir ein. Ich fuhr mit Madame Wautier mit der Eisenbahn. Kurz vor Charleroi gab es eine Kontrolle. Zwei deutsche Feldgendarmen und ein Belgier verlangten die Ausweise. Ich erstarrte. Dem Ausweis aus Brüssel traute ich nicht mehr. Madame Wautier zeigte ihre grüne Identitätskarte vor. Mir warfen die Beamten nur einen flüchtigen Blick zu und gingen ins nächste Abteil weiter.

Ich verbrachte drei Nächte bei den Wautiers. Am vierten Abend sagte Herr Wautier: »Gérard, ich bringe dich in einer Stunde zu den Doulières.«

Wir fuhren zunächst mit der Straßenbahn und gingen dann noch durch viele enge Gassen. Hier sah alles bedeutend einfacher aus als in der Straße der Wautiers. Wir spazierten ohne Hast, um nicht aufzufallen. Es ging bergauf. Ich kam etwas außer Atem. Der Geruch, der in der Luft hing, störte mich. Ich hustete.

»Das kommt vom Kohlenstaub«, erklärte mir Herr Wautier. Über unseren Köpfen rasselten große eiserne Karren voller Kohlen. Alles war schwarz und staubig. Hunderte von Arbeitern kamen aus einem riesigen Tor. Sie sahen müde, verschwitzt und verrußt aus. »Bergleute«, erklärte Herr Wautier. Wir stiegen noch weiter den Berg hinauf und standen schließlich vor einem weiteren großen Tor: viel Lärm, viel Licht. Große Flammen schossen aus einem Schornstein, dann kam wieder undurchdringlicher Rauch. »Das ist ein Eisenhüttenwerk«, teilte mir Herr Wautier mit. Inzwischen waren wir oben am Berg angekommen. Eine Reihe von Häusern lag vor uns. Sie waren alle völlig gleich, Wand an Wand gebaut. Schon beim ersten Haus blieb Herr Wautier stehen. Das Eckhaus war größer als die anderen Reihenhäuser. Es gab dort mehr Platz und natürlich keine Nachbarn auf der einen Seite. Trotz der Dunkelheit konnte ich erkennen, dass es hinter dem Haus einen größeren Garten gab. Herr Wautier wusste hier sehr gut Bescheid. Er ging an der Seite in den Garten, dann klopfte er an die Hintertür. Madame Doulière öffnete. Wegen der Verdunkelung[*] hatte sie kein Licht angemacht. Sie lächelte. Wir schlüpften ins Haus. »Bienvenu«, sagte sie herzlich und umarmte mich. Versteck Nummer drei war erreicht.

Die Angst im Nacken

Bei den Doulières ging es einfach und karg zu. Ein Bad gab es nicht. Der einzige Wasserhahn war am Handstein in der Küche zu finden. Dort wusch man sich morgens und abends kalt. Fließend warmes Wasser gab es nicht. Im Winter stand ein großer Topf mit heißem Wasser auf dem Herd in der Küche, aus dem man sich bedienen konnte. Der Herd wurde mit Kohlen geheizt, die immer knapp waren, obwohl wir im Herzen des belgischen Kohlebeckens wohnten. Die Zivilbevölkerung bekam nur unzureichende Mengen zugeteilt. Die meiste Kohle ging nach Deutschland zur Kriegsindustrie.

---

[*] Im Krieg wurden am Abend Fenster und Türen zugehängt, damit kein Lichtschein nach außen drang. Feindliche Flugzeuge konnten somit aus der Luft die Städte nicht so schnell identifizieren.

Einmal pro Woche, am Samstag, war Badetag. Hinter dem Haus gab es einen Schuppen. Dort wurde ein ziemlich großer hölzerner Waschtrog mit heißem Wasser aus der Küche gefüllt. Einer nach dem anderen badete sich dort. Im Winter wurde das Badewasser nicht weggegossen. Wegen der Knappheit des warmen Wassers benutzten alle dasselbe Wasser. Als Gast wurde ich aufgefordert als Erster zu baden und hatte somit immer reines Wasser. Von einer Änderung der Reihenfolge wollten die Doulières nichts hören. Erst nach einigen Wochen wurde mir klar, wie viel Rücksicht diese Familie ohne viele Worte auf mich nahm. Auch an die Toilette musste ich mich erst gewöhnen. Es war eine Art dunkle Kammer, im Grunde mehr ein Verschlag. Im Winter war es dort eisig kalt, im Sommer schrecklich heiß.

Trotz aller Beschränkungen fühlte ich mich bei den Doulières sehr wohl. Ich schlief in einem großen belgischen Doppelbett mit »Moustique«. Ivan hatte mir seinen Platz überlassen und war wieder in sein Kinderbett umgezogen, welches eigentlich zu kurz für ihn war. Er klagte aber nie. Wir drei teilten einen kleinen Raum. Jeder hatte ein Nachttischchen und es gab einen großen Schrank für uns gemeinsam. Unter dem Bett stand ein Nachttopf.

Die meiste Zeit verbrachten wir in der Küche. Es gab zwar auch noch eine »gute Stube«, in der man sich aber nicht aufhalten konnte, weil sie nicht geheizt wurde. In der Wohnküche standen ein großer Esstisch und ein Ohrensessel für den Vater, Alexandre Doulière. Wenn morgens alle aus dem Haus gegangen waren, verbrachte ich praktisch die ganze Zeit in diesem Sessel bis zum Nachmittag, wenn sie nacheinander wieder zurückkamen. Ich las sehr viel, hauptsächlich die Bibel und christliche Literatur.

Ich beschäftigte mich immer mehr mit der neuen Religion.

Familie Doulière nahm das zur Kenntnis, versuchte allerdings niemals mich zu beeinflussen. Das war auch gar nicht nötig, denn ich lebte mit Menschen, die tatsächlich das praktizierten, woran sie glaubten. Jeder Tag war mir wie ein Geschenk. Das Vertrauen in Gott war eine große Hilfe. Die Rettung meiner Familie konnte ich nur noch als Wunder verstehen.

Obwohl mir so viel Verständnis entgegengebracht wurde, war ich immer wieder unruhig und durchaus reizbar. Einmal zankte ich mich sehr mit Ivan wegen irgendeiner Kleinigkeit. Ich schrie laut, wütend und unkontrolliert. Das war sehr dumm, denn die Wände waren dünn. Nachdem ich mich beruhigt hatte, ging ich in mein Schlafzimmer. Ich schämte mich. Alles tat mir furchtbar Leid. Inzwischen war Herr Doulière nach Hause gekommen. Ich hörte, wie man ihm unten einiges erzählte. Dann kam er zu mir ins Zimmer. Ivan stand hinter ihm.

»Ivan will sich bei dir entschuldigen«, sagte Alexandre Doulière. Ivan gab mir die Hand.

»Nein, ich hatte Schuld. Ich muss mich entschuldigen«, entgegnete ich. »Es tut mir Leid.« Nun kam auch Elmire Doulière in das kleine Zimmer. »Pauvre petit gamin, toi« (Du armer kleiner Junge), sagte sie. »So ein junger, kräftiger, temperamentvoller Mensch, eingesperrt. Für ihn muss unser Haus wie ein Gefängnis sein. Trotzdem können wir es ihm nicht erlauben nach draußen zu gehen. Dabei bräuchte er so nötig Bewegung.« Damit schien alles bereinigt.

Nach dem Abendessen rief Alexandre: »Wer hat Lust Jiu-Jitsu zu lernen?« Was für eine Frage!

Wir kletterten alle die steile Treppe zum Dachboden hinauf. Auf dem Boden lagen alte Matten. Nicht einmal Ivan und »Moustique« hatten gewusst, dass ihr Vater so viel von Jiu-Jitsu verstand. Noch weniger hatten sie ihn für einen guten Sportlehrer gehalten. Wir wussten alle nur, dass er eine große Begabung zum Malen hatte. Viele seiner Ölgemälde hingen in der Wohnung oder standen im Schuppen. Leider verkaufte er nur selten eines davon.

Nun fanden beinahe jeden Abend Unterricht und Kämpfe statt. Ich konnte es kaum erwarten mich auszutoben. Allerdings spürte ich auch, dass die anderen nicht immer so begeistert waren wie ich, denn sie kamen von der Arbeit oder von der Schule und waren müde. Trotzdem lehnte nie jemand ab, wenn ich um eine Runde bat. Nach dem Sport gingen wir zum Abendessen hinunter. Das Essen war sehr knapp, da wir die begrenzten Rationen von vier auf fünf verteilen mussten.

Eines Nachmittags klingelte es an der Haustür. Wie üblich huschte ich sofort in den Schuppen. Von dort aus bestand eine Möglichkeit über den hinter dem Haus liegenden Garten davonzuschleichen. Eine Adresse, wo ich mich melden sollte, hatte ich auswendig gelernt. Etwas Geld lag im Schuppen für diesen Notfall bereit.

Aber da ertönte bereits das verabredete Klopfzeichen. »Alles in Ordnung, du kannst herauskommen«, bedeutete es. Ich ging ins Haus zurück. Am Küchentisch saß eine nette Dame und schlürfte aus einem Becher etwas Heißes. Am Duft merkte ich, dass es richtiger Kaffee war. Sogar Zucker stand auf dem Tisch. Daran war zu erkennen, wie wichtig diese Besucherin war. Die unersetzliche Kaffeereserve wurde ja immer kleiner und Zucker war sowieso ein Luxus.

»Das ist Gérard«, stellte mich Frau Doulière vor. »Und das ist Madame Bougard.« Madame Bougard sprach wie alle Menschen in dieser Gegend wallonisch.[*] Ich hatte inzwischen

---

[*] Wallonisch (»wallon«) ist eine von Wallonen gesprochene Mundart der französischen Sprache. Die Wallonen wohnen im Süden Belgiens.

genug davon gelernt, um es halbwegs zu verstehen. »Mein lieber, guter Junge«, sagte sie und tätschelte meine Wangen, meine Hände und gab mir einen Kuss. Ich musste an Oma denken, aber es war mir auch etwas peinlich.

Madame Bougard stand energisch auf und packte zwei große Einkaufstaschen aus. Was da alles zum Vorschein kam: zwei Brote, eine geräucherte Wurst, in Papier gewickelte Eier, viele Äpfel und etwas Waschpulver, Zahnpasta, Seife, sechs neue Taschentücher, ein warmer Pullover. »Aus alter Wolle selbst gestrickt«, sagte sie. Sogar ein Pfund Reis war dabei, etwas Speck und ein halber Käse, Marmelade und Bonbons. »Zigaretten habe ich keine, aber rauchen tut ja hier keiner«, meinte sie zum Schluss und zauberte dann noch zwei große Thermosflaschen, gefüllt mit einer wunderbaren Bohnensuppe, hervor. »Die hab ich selber gekocht«, rief sie stolz. Damit war sie auch schon in der Küche, holte drei Teller und wir genossen diese unerwartete Extramahlzeit. Der Rest wurde für Herrn Doulière und die beiden Jungen aufbewahrt. »Die leeren Flaschen nehme ich wieder mit«, sagte Madame Bougard, »alles andere bleibt hier.«

Ich hatte inzwischen verstanden, woher dieser unerwartete Segen kam. Madame Bougard gehörte der kleinen evangelischen Gemeinde von Charleroi an. Sie war in das große Geheimnis eingeweiht worden. Ilse und ich waren nicht die Einzigen, die von dieser Gemeinde versteckt wurden. Jeder kannte Madame Bougard, jeder vertraute ihr. So ging sie von einem Gemeindemitglied zum anderen und sammelte Lebensmittel und Geld. »Fragt mich nicht, wofür«, sagte sie zu jedem. »Ich brauche es für Gottes Werk. Ihr müsst mir einfach helfen, es gibt sehr hungrige Menschen unter uns.«

Alle Familien aus der Gemeinde gaben so viel sie entbehren konnten. Niemand fragte nach. Frau Bougard übernahm es, die Lebensmittel dorthin zu bringen, wo sie gebraucht wurden. An diesem Nachmittag hatte sie noch einen weiteren »Besuch« zu machen und verabschiedete sich bald.

Von da an kam sie regelmäßig jeden Monat. Immer freundlich, immer in Eile, immer mit einigen guten Sachen. Nie, ohne mich zu umarmen, als wäre ich ihr eigener Enkel. Eine kleine zierliche Dame voller Energie und Gottvertrauen. Was hätten wir ohne sie gemacht?

Alexandre Doulière arbeitete bei der städtischen Verwaltung. Eines Tages kam er mit einer wunderbaren Identitätskarte für mich nach Hause. Ein Freund aus der Verwaltung hatte sie ihm zugespielt. Mein Bild war eingeklebt und ein imponierender Stempel zeugte von der Echtheit des Dokumentes. Der Ausweis sah viel authentischer aus als alle Papiere, die ich vorher besessen hatte.

»Wie heißt du?«, fragte Herr Doulière in amtlichem Ton.

Ich las von der Karte: »Gérard Dubois.«

»Geboren?«

»Am 21. Dezember 1927 in Antwerpen.« Antwerpen war wichtig. Damit war meine Aussprache erklärbar, da ich ja angeblich aus dem flämischen Teil Belgiens stammte. Ich beantwortete noch ein paar Fragen und wusste nicht, ob ich lachen oder weinen sollte. Monsieur Doulière nickte zufrieden. Nun war es also amtlich: Gert Koppel gab es nicht mehr. An seine Stelle war Gérard Dubois getreten. Ob Gert wohl eines Tages wieder auftauchen konnte?

Mit dem neuen Ausweis durfte ich mich gelegentlich auf die Straße wagen. Ich freute mich auf diese seltenen Ausflüge. Auch alles andere hatte sich inzwischen gut eingespielt. Sogar Schularbeiten konnte ich machen. »Moustique« hatte mir die entsprechenden Bücher besorgt. Alles schien wie am Schnürchen zu laufen. Dann passierte es:

Zwischen neun Uhr abends und fünf Uhr morgens durfte die belgische Zivilbevölkerung nicht auf die Straße gehen. Das sollte Sabotageakte im Schutz der Dunkelheit verhindern. Mit dieser Bestimmung machte sich die deutsche Besatzungsmacht sehr unbeliebt. Während der Nacht fühlte man sich im Haus gefangen. Deutsches Militär verhaftete jeden, der ohne ausdrückliche Erlaubnis nachts auf der Straße aufgegriffen wurde. Eines Abends, wir saßen alle in der Küche und spielten ein Gesellschaftsspiel, wurde kurz vor der Sperrstunde an die Tür geklopft. Es war ein verabredetes Zeichen, Frau Doulière öffnete. Ich hörte sie im Flur flüstern. Dann sah ich durch einen winzigen Spalt zwischen den Gardinen, wie eine Gestalt davoneilte. Madame Doulière kam totenbleich wieder herein. Sie musste sich hinsetzen. Es war fünf Minuten vor neun.

»Madame Bougard ist verhaftet worden«, brachte sie endlich unter Tränen hervor. »Von der Gestapo! Vor einer Stunde wurde sie aus ihrer Wohnung geschleppt. Jemand muss sie angezeigt haben. Nun wird die Gestapo sicher alles versuchen, damit sie die Verstecke verrät. Gérard muss sofort an einen anderen Ort gebracht werden.«

Madame Doulière nannte einen Namen und eine Adresse.

In diesem Moment schlug die Uhr neun. Wir wussten alle, was das bedeutete: Sperrstunde! Wir saßen in der Falle!

Endlich sagte Monsieur Doulière: »Wir müssen warten bis morgen früh. Wir können nur auf Gott vertrauen. Er ist mächtiger als die Gestapo! – Prions!« (Lasst uns beten!)

In dieser Nacht spürte ich, was wirkliche Angst war. Wir waren alle zu Bett gegangen, aber ich konnte nicht einschlafen. Wilde Fantasien jagten durch meinen Kopf: Ich sah mich im großen Hof des Gefangenenlagers Mechelen sitzen. Um mich herum lauter fremde, zerlumpte Gestalten mit unendlich müden, traurigen Gesichtern und hungrigen Augen. Langsam gingen sie auf mich zu und raunten: »Na, du Verräter, es hat dir wohl doch nicht geholfen, dass du die Religion gewechselt hast? Jude bleibt Jude, hast du das nicht gewusst? Jetzt bist du trotzdem bei uns gelandet. Hier kommen wir nicht mehr lebendig heraus.«

Ich fühlte mich hilflos und einsam. Wäre nur Papa da! Vielleicht sah ich ihn nie wieder?

Wenn ich nun in ein Lager nach Polen deportiert würde? Vor meinen Augen stieg das Bild eines Jungen auf, der in der Ecke saß und Säcke nähen sollte. Der Junge konnte es nicht. Gleich würden die Aufseher kommen, gleich würden sie ihn schlagen, entblößt, über eine Kiste gelegt. Ich spürte die Peitsche förmlich auf dem nackten Körper. Der Junge war ich . . .

Ich versuchte meine Gedanken zu einem Gebet zu sammeln: »Himmlischer Vater, stehe Madame Bougard bei. Schütze sie, dass sie nicht so viel leiden muss. Lass sie stark genug sein uns nicht zu verraten.«

Die Angst nahm mir fast die Luft zum Atmen. Mein Herz schien mir wie in einen Schraubstock eingespannt und ich fröstelte trotz der warmen Bettdecke. Die Foltern der Gestapo waren berüchtigt. Kaum einer, der darunter nicht bald preisgab, was er wusste. Wie sollte diese zarte Frau den mörderischen Methoden dieser Henker widerstehen?

Irgendwann musste ich eingeschlafen sein, fuhr aber kurze Zeit später erschrocken wieder hoch. Ich hatte gerade von Madame Bougard geträumt und im Traum gesehen, wie sie gefoltert worden war. Sie schrie . . .

Schweißgebadet setzte ich mich in meinem Bett auf und hörte nun, dass draußen ein Hund heulte. Ich musste wohl aufgeschrien haben, denn Richard war ebenfalls wach geworden und sagte: »Gérard, sei ganz ruhig. Nichts kann passieren, was Gott nicht erlauben will. Und für das, was er erlaubt, gibt er uns auch die Kraft es auf uns zu nehmen.«

Wir versuchten wieder einzuschlafen. Doch ich fand keine Ruhe. Ich sah auf die Uhr. »Noch drei Stunden, dann kann ich hier raus«, sprach ich leise zu mir selber, aber was wäre, wenn sie vorher kämen, wenn sie wütend gegen die Tür schlügen: »Aufmachen, Gestapo!«

Wehe, wenn man den Befehlen nicht sofort nachkam. Die Tür würde aufgebrochen werden. Schreiend würden sie hereinstürmen: »Raus mit dem verdammten Saujuden! Wir wissen genau, dass sich das Gesindel hier versteckt!« Auf meine Papiere würden sie sowieso nicht hereinfallen. Sie würden mich ins Auto zerren – genauso wie Herrn Herz damals 1938 in Hamburg –, ohne mir Zeit zu geben mich richtig anzuziehen. Im Auto würde ich sicher gleich die ersten furchtbaren Schläge bekommen. »Dir werden wir es zeigen, du verdammter Judenhund! Dachtest du etwa, wir würden dich hier nicht finden?«

Auch die Familie Doulière würde zu leiden haben: Alexandre und Ivan würden auf jeden Fall nach Deutschland zur Zwangsarbeit deportiert werden. Vielleicht würden sie auch in ein KZ gebracht werden, das überlebten viele nicht. Das Mobiliar würde zertrümmert werden. Elmire und Richard müssten alleine zurückbleiben. Wer würde für sie sorgen?

Neben mir hörte ich Richard seufzen.

»Morgen gehst du weg und du bist doch wie ein Bruder für mich. Ich mag gar nicht daran denken, dass ich dich nicht mehr täglich sehen kann«, klagte er leise. Er schien nicht daran zu zweifeln, dass wir diese Nacht heil überstehen würden.

Auch Ivan war aufgewacht. Irgendwann kam er zu uns

herüber, schob seinen Bruder etwas zur Seite und legte sich einfach neben uns hin. »Dieu nous sauvera« (Gott wird uns retten), flüsterte er. Dann fielen wir alle in einen unruhigen Schlaf.

Madame Doulière weckte uns kurz vor fünf Uhr. Sie hatte schon ein kleines Frühstück vorbereitet. Ich zog mich schnell an. Ivan sollte mich in mein neues Versteck bringen. Wir beide würden am wenigsten auffallen, da ja um diese Zeit viele junge Menschen zur Arbeit gingen. Ivan war schon fertig. Auf dem Rücken trug er wie immer sein Handwerkszeug in einem Sack. Darin waren auch ein paar meiner notwendigsten Kleidungsstücke gepackt sowie Kamm, Bürste, Zahnbürste und Rasierzeug, das ich inzwischen schon zweimal die Woche brauchte. Er lächelte mir aufmunternd zu: »Sollte jemand uns fragen, dann sagen wir einfach, wir gehen zur Arbeit. Wenn unser Gepäck kontrolliert wird, geben wir an, dass wir außer den Werkzeugen noch ein paar Sachen dabeihaben, um uns nach der Arbeit umzuziehen. Wir sagen, wir wollen ein paar Mädchen treffen. Das werden die bestimmt glauben.« Er hatte an alles gedacht.

Ich aß mein Brot und trank einen Becher Kakao, der extra für mich bereitstand, eine Kostbarkeit, die uns Madame Bougard einmal gebracht hatte.

»Komm jetzt, Bruder«, sagte Ivan mit warmer Stimme. »Ich werde schon gut auf dich aufpassen.« Ich spürte, dass auch der etwas wortkarge Ivan mich ins Herz geschlossen hatte. Ein Kuss für Elmire, eine Umarmung mit Alexandre, eine feste Umarmung mit »Moustique«, dann schloss sich die Tür hinter uns. Wir mischten uns schnell unter die große Zahl der Arbeiter, die zu ihren Beschäftigungen unterwegs waren. Die lange Nacht der Angst war vorbei.

Von Haus zu Haus

Wir fuhren eine lange Strecke mit der Straßenbahn. Dann gingen wir noch eine Viertelstunde zu Fuß. Ivan schien die Gegend gut zu kennen. Vor einem Haus, welches dem seiner Eltern recht ähnlich war, blieb er stehen. Er klingelte und die Tür öffnete sich einen kleinen Spaltbreit. Ivan schob mich vor sich her und begrüßte den älteren Herrn, der noch im Pyjama war mit »Bonjour, mon oncle« (Guten Tag, Onkel). Mir wurde klar, dass unser Besuch nicht erwartet worden war. Eine alte Dame im Morgenrock kam aus einem Zimmer. Ivan redete auf Wallonisch sehr schnell auf seine Verwandten ein. Bis auf die beiden letzten Sätze – »Er muss einige Tage hier bleiben. Mein Vater kommt heute Abend, um alles mit euch zu besprechen« – verstand ich das meiste nicht. Ivan verabschiedete sich rasch, denn er durfte nicht zu spät zu seinem Arbeitsplatz kommen.

Es stellte sich heraus, dass ich bei einem Onkel und einer Tante von Elmire gelandet war. Dieses Ehepaar hatte keine Beziehungen zu der Gemeinde, zu der die Doulières gehörten. Madame Bougard kannte sie also nicht. Die Familie Doulière hatte bereits vor einiger Zeit nachgefragt, ob die beiden im äußersten Notfall bereit wären einen Jungen für ein paar Tage bei sich aufzunehmen. Genaueres hatte sie ihnen damals nicht erklärt. Nun war der Notfall wirklich eingetreten.

Man war sehr höflich und nett zu mir, aber ich spürte ganz deutlich: Diese Leute hatten große Angst. Sie stellten mir viele Fragen und baten mich immer sehr leise zu sprechen und ja nicht an ein Fenster zu treten. Sobald ich in ein Zimmer kam, schlossen sie sofort die Vorhänge. Ich informierte sie über alles, was ich wusste.

Am Abend kam Alexandre. Ich war sehr froh ihn zu sehen. Irgendwie hoffte ich, er würde sagen: »Du kannst morgen wieder zu uns kommen, die Gefahr ist vorbei.« Leider war das nicht der Fall.

»Madame Bougard ist wieder zu Hause«, teilte er mir mit. »Die Ärmste muss furchtbar aussehen. Die Gestapo hat sie wohl stundenlang verhört und geschlagen und wollte unbedingt wissen, wo sie die Juden versteckt hätte. Sie hat immer nur geantwortet: ›Ich habe keine Juden versteckt. Ich habe sie wirklich nicht versteckt.‹ Das stimmte ja auch. Anscheinend wusste die Gestapo nichts Genaueres. Irgendjemand muss Madame Bougard angezeigt haben. Das ist klar. Nachdem man sie die ganze Nacht über verhört hatte, verlor die Gestapo gegen Morgen offensichtlich das Interesse an ihr und man wollte sie wieder loswerden. Jemand gab ihr eine Spritze in den Arm, dann wurde sie rücksichtslos auf die Straße gesetzt, wo sie zusammenbrach und das Bewusstsein verlor. Sie kam erst wieder zu sich, als ein Mann sich über sie beugte und sie fragte, ob er ihr helfen könne. Er brachte sie in ein Krankenhaus, wo man sie ärztlich versorgte. Inzwischen hat ihr Sohn sie nach Hause geholt. Sie liegt jetzt im Bett und eine Krankenpflegerin kümmert sich um sie. Madame Bougards ganzer Körper ist voller Prellungen, ihr Gesicht ist stark geschwollen und sie scheint einseitig gelähmt zu sein. Das könnte von der Spritze kommen, meint der Arzt. Wir hoffen, dass es sich mit der Zeit bessern wird. Allerdings weiß niemand, was in der Spritze war. Wir können jetzt nur für ihre Gesundung beten.«

Alexandre hatte mir meinen Koffer mitgebracht. Nachdem er mir beim Auspacken geholfen hatte, machte er sich auf den Heimweg. Vorher versicherte er seinen ängstlichen Verwandten mehrmals, dass man sich bereits um ein anderes Versteck für mich bemühte.

Die nächsten fünf Monate erschienen mir wie ein unendlicher Alptraum. Nirgends konnte ich lange bleiben. Immer geschah etwas, was es notwendig machte für mich eine neue Unterkunft zu suchen. Der Ortswechsel musste oft sehr schnell vor sich gehen. Adressen und Namen durfte ich natürlich nicht aufschreiben, aber ich machte mir Zeichen in meinen Kalender. Ein bestimmtes Zeichen bedeutete Ankunft, ein anderes Abfahrt. Es konnte sein, dass ich nur zwei Nächte im selben Haus blieb. Dann ging es wieder zwei oder gar drei Wochen lang gut. Wie ein Paket wurde ich von einem zum anderen weitergegeben. Meistens musste ich weg, weil Nachbarn oder Besucher zu viele Fragen gestellt hatten:

»Wer ist eigentlich dieser große Junge bei euch?«

»Warum geht er nicht zur Schule?«

»Ist der junge Mann krank – oder warum arbeitet er nicht?«
In der Regel antwortete man, dass ich nur auf ein paar Tage zu Besuch sei, dass meine Eltern gerade umzögen, dass wir im Moment keine Wohnung hätten . . . Diese Antworten führten dazu, dass man mich nie längere Zeit beherbergen konnte. Meine Gastgeber wurden unruhig und nervös und sahen zu, mich möglichst schnell aus dem Haus zu kriegen.

Am Anfang war es mir immer sehr peinlich in ein neues Haus zu kommen und dann zu sehen, wie man sich bald darauf bemühte mich wieder loszuwerden. Mit der Zeit wurde ich etwas dickfelliger und machte mir nicht mehr so viel daraus.

Ich hatte das Gefühl, dass die Zeit im Schneckentempo voranschlich. Was sollte ich den ganzen Tag über tun?

Gab es in einer Unterkunft viel zu lesen, so war ich oft damit beschäftigt. In manchem Haus stand auch ein Klavier, das ich aber wegen der Nachbarn meist nicht spielen durfte. Gesellschaft in meinem Alter fand ich nie. Ich verbrachte viel Zeit am Radio, um Nachrichten zu hören. Deutschland hatte inzwischen unter enormen Verlusten die Eroberung von Stalingrad aufgegeben. In Afrika wurden weite Gebiete geräumt und Amerika stand auch auf Seiten der Aliierten im Kriegsgeschehen.

Alles schien auf ein Ende hinzudeuten, aber was war, wenn man uns doch noch erwischte? War wieder mal ein »Umzug« nötig, so fiel es mir oft schwer zuversichtlich zu sein. Zwar waren meine Gastgeber immer freundlich zu mir und riskierten viel für einen völlig Fremden, aber, wie sich bei Madame Bougard gezeigt hatte, gab es keine absolute Sicherheit. Alles in allem lebte ich in diesen fünf Monaten bei zwölf verschiedenen Familien.

Eines Tages kamen Alexandre und Elmire Doulière zu Besuch in mein Versteck. Nach einem prüfenden mütterlichen Blick auf mich sagte Elmire zu ihrem Mann: »Gérard sollte aus Charleroi heraus. Er ist schon ganz blass, nie an der Sonne, das ist doch nicht gut für einen Jungen. Wir müssen unbedingt mit Monsieur Claude sprechen. Vielleicht gibt es eine Möglichkeit ihn auf dem Land unterzubringen.«

Knapp eine Woche nach diesem Gespräch erschien ein netter junger Mann bei meinen »Herbergseltern«, der sich als Armand Nicaise vorstellte und wohl fünfundzwanzig Jahre alt sein mochte. Er trug Holzpantinen, grobe Arbeitskleider und eine Schirmmütze. Rasiert hatte er sich schon länger nicht. Aber er hatte ein offenes Gesicht und sah mich mit lustigen Augen an.

»Das ist also unser neuer Helfer!«, meinte er. »Wir freuen uns schon auf dich, denn wir haben viel Arbeit. Du siehst so aus, als ob dir frische Luft und Arbeit im Freien gut tun würden. Zunehmen wirst du bei uns auch. Bei Bauern und Schlachtern gibt es immer etwas zu essen.« Mit diesen Worten legte er zwei Brote und eine große Wurst für meine Gastgeber auf den Tisch. »Das hat meine Mutter für Sie mitgeschickt«, erklärte er.

Meine Habseligkeiten waren schnell in ein Bündel verschnürt und schon waren wir aus dem Haus. Armand redete die ganze Zeit. Er schien sich weder Sorgen zu machen noch ängstlich zu sein. Wir fuhren mit der Eisenbahn. Etwa eine Stunde später stiegen wir an einem winzigen Bahnhof aus und setzten uns auf eine Bank in der Sonne.

»Nun wird erst mal gegessen«, ordnete Armand an und packte herrliche Butterbrote aus. »Brot wird bei uns im Haus gebacken«, erwähnte er beiläufig. »Den Schinken räuchere ich selbst.« Auch eine Flasche Bier gehörte zu unserer Vespermahlzeit. Armand trank aus der Flasche und bot mir zwischendurch ganz selbstverständlich davon an. »Langsam, langsam«, lachte er, »das Bier ist sehr kräftig.«

Als wir uns genug gestärkt hatten, machten wir uns auf den Weg. Wir hatten über eine Stunde zu laufen und es fing bald an zu regnen. Bis auf die Haut durchnässt, aber gut gelaunt, kamen wir bei seinen Eltern an. Fünf Kühe wurden gerade in den Stall getrieben und sahen mich neugierig mit ihren großen Augen an. Ich war begeistert von diesem meinem sechzehnten Versteck und hoffte bis Kriegsende dort bleiben zu können.

Bauernsohn

Aufstehen, Gérard, es ist schon halb fünf!« Armand schüttelte mich, er wusste nicht, was ihn erwartete. Ich war schon seit einigen Minuten wach und hatte mich gut auf diesen Moment vorbereitet. Ein Topf mit kaltem Wasser war unter meiner Decke versteckt. Dieses Wasser goss ich Armand jetzt schwungvoll über den Kopf. Gleichzeitig gab ich ihm einen kräftigen Schubs und da lag er auch schon, völlig überrumpelt und nass auf dem Fußboden. Mit einem Satz warf ich mich auf mein Opfer. Doch mein Triumph war nur von kurzer Dauer. Armand rappelte sich schnell auf und schleuderte mich in hohem Bogen durch die Luft zurück in mein Bett. Das restliche Wasser aus dem Topf ergoss sich nun über meinen eigenen Kopf. Wir lachten beide ausgelassen.

Seit einer Woche waren wir mitten in den Erntearbeiten und mussten noch früher aufstehen als sonst. Jeden Morgen weckte mich Armand kurz nach Sonnenaufgang, denn die Kühe wollten gemolken werden, der Stall musste gesäubert werden und Hühner und Schweine ihr Futter bekommen. Das war meine Arbeit. Ich hatte mich freiwillig dazu gemeldet, da ich gerne mit Tieren umging. Sie stellten keine Fragen, ich musste nicht auf jedes Wort achten, das aus meinem Mund kam, ja, ich konnte sogar deutsch mit ihnen reden. Tiere waren keine Gefahr, nur Menschen waren gefährlich für mich.

Armand erzählte mir später, wie unglaublich schwierig ich in den ersten Wochen gewesen war. »Überlasst mir den Jungen«, hatte er zu seinen Eltern gesagt, »der kommt schon bald wieder in Ordnung.« Nach den vielen Umzügen und Ortswechseln der letzten Zeit war ich nervös, gereizt, ängstlich und aufgeregt.

Armand behandelte mich verständnisvoll wie einen kleineren Bruder. Er erwartete viel von mir, war aber jederzeit bereit mir zu helfen und mir alles zu erklären. Als mir die Arbeit einmal zu viel war, sagte ich so etwas wie »Dumme Bauernarbeit!« Im nächsten Moment lag ich oben auf dem Misthaufen. Armand lachte und streckte mir bereits beide Hände entgegen, um mir herunterzuhelfen. Ich war von seiner raschen Reaktion beeindruckt und musste auch lachen. Armand war für mich nicht nur ein Freund, sondern auch ein Vorbild, das ich sehr schätzte. Ich nahm mir vor einmal wie Armand zu werden. Unser Äußeres wurde immer ähnlicher. Wie er trug ich Hosen und ein Hemd aus grobem, blauem Stoff. Ich hatte mir das Tragen von Holzpantinen angewöhnt und klapperte mit ihnen hinter Armand her. Wie Armand rasierte auch ich mich jetzt nur noch am Sonntag.

Armand war sehr religiös, aber doch ganz anders als viele der Familien in Charleroi. Er war der Welt gleichzeitig mit Zuversicht und Freude zugewandt. »Soyez joyeux« (Seid fröhlich!), zitierte er oft die Bibel. Bei ihm lernte ich eine heitere Seite des Christentums kennen. »Bei Juden wird der Glaube oft auch ganz unterschiedlich gelebt«, sagte ich einmal zu Armand, der sich für alles interessierte. »Es gibt eine große Vielfalt, angefangen von den ganz Frommen, Orthodoxen, die mit langen Bärten und der schwarzen Kleidung eines polnischen Adeligen aus dem 18. Jahrhundert herumlaufen, bis zu den reformierten, modernen Juden, denen man es weder ansieht noch anmerken kann, was sie sind. Die befolgen auch die vielen Gesetze und Gebote nicht.«

Die Arbeit, das gute Essen und der Aufenthalt in der frischen Luft taten mir gut, wie Armand vorausgesagt hatte. Ich wurde groß und kräftig und lud wie alle anderen die Einzentnerkornsäcke auf unseren Leiterwagen. Damit durfte ich dann zur Mühle fahren. Stolz saß ich auf dem Bock des Karrens, die Zügel in der Hand. Das schwere Pferd tat, als ob es mir gehorchte, aber es wusste wahrscheinlich viel besser als ich, wo es hinzugehen hatte. Zusammen mit Armand lud ich die schweren Säcke ab. Ich spürte meine Kräfte. Manchmal konnte ich fast vergessen, dass ich untergetaucht war.

Ein paar Mal hatte ich Ilse gesehen. Sie war auch nicht mehr in Charleroi, sondern ganz in der Nähe bei einer sehr netten Familie untergebracht. Ihre Anwesenheit war bei den Nachbarn leicht zu erklären: Sie sei die Tochter einer Freundin aus Antwerpen, wo es nicht viel zu essen gäbe. Sie solle von der Landluft etwas kräftiger werden und würde außerdem bei der Haus- und Feldarbeit gebraucht. In der Familie Arcq gab es ein elfjähriges Mädchen, Marthe, das für Ilse wie eine Schwester wurde.

An einem Sonntag fuhren Ilse und Marthe mit dem Fahrrad in ein Nachbardorf, um dort zur Kirche zu gehen. Plötzlich tauchte deutsche Feldgendarmerie auf und hielt die beiden an. Ilse wurde nach ihrem Ausweis gefragt. Noch bevor sie ihre falschen Papiere hervorkramen konnte, durchsuchte einer der Männer das Paket, das Ilse am Gepäckträger festgebunden hatte. Er blätterte in den christlichen Gesangbüchern und winkte ab. »Lass die mal weiterfahren«, sagte er zu seinem Kollegen, »die müssen zum Singen in die Kirche!«

Erleichtert stieg Ilse auf ihr Farrad. Der Schreck war ihr sehr in die Glieder gefahren und sie bewegte sich in Zukunft weniger unbekümmert auf den Landstraßen.

Für Papa hatte sich ebenfalls etwas Beständigeres gefunden. Nachdem es im Feriencamp von Limauges keine Arbeit mehr für ihn gab, hatte er seine Bleibe häufig wechseln müssen. Oft wusste er am Morgen nicht, wo er die Nacht verbringen sollte.

Irgendwann wurde ihm dann die Unterkunft bei einer sehr frommen christlichen Familie auf dem Land angeboten. Die Familie nahm später auch noch meinen Cousin Gerhard, einen von Tante Tillys erwachsenen Söhnen, auf.

Da Papa nicht allzu weit weg von Ilse und mir wohnte, konnten wir uns gelegentlich besuchen. Papa war sehr abgemagert, weshalb ihm Armand, der uns begleitete, immer was zu essen mitbrachte. Auch aus Deutschland trafen von Zeit zu Zeit Pakete ein. Erna und Gusch schickten uns, obwohl sie auch nicht gerade viel hatten, Lebensmittel an unsere alte Adresse nach Brüssel. Herr Vaume nahm die Post in Empfang und Papa riskierte immer mal wieder eine Fahrt nach Brüssel, um alles abzuholen. Herr Vaume unterstützte ihn mit Geld, denn Papa verdiente ja nun nichts mehr.

War mein Vater in Brüssel, so übernachtete er bei Oma, die tatsächlich weiterhin unbehelligt auf ihrem Zimmer wohnte. Auch Oma steckte Papa ab und zu etwas zu, denn sie konnte mit ihrer Näherei immer noch ganz gut über die Runden kommen.

»Wenn wir mal alle in Ecuador sind«, träumte Papa manchmal laut, »dann werden wir unsere Oma auf Händen tragen.«

Mutti war unterdessen schon in Ecuador angekommen und es ging ihr gut. »In unendlicher Sehnsucht gedenke ich stets Euer!«, schrieb sie in einem der 25-Wörter-Briefe.

Armand besuchte am Abend oft die Familie Arcq. Eines Tages verriet er mir: »Deine Schwester gefällt mir, sie ist der beste Mensch, dem ich je begegnet bin.« Ich sah Armand von der Seite an und witzelte: »Du willst wohl mein Schwager werden?« Armand wurde rot. Es war das einzige Mal, dass ich ihn in Verlegenheit gebracht hatte. »Erst muss der Krieg zu Ende gehen«, murmelte er ernst. »Danach muss Ilse ihre Mutter wieder sehen, alles andere wird sich finden.«

»Elsie Nicaise, Elsie Nicaise«, rief ich ausgelassen, um Armand aufzuziehen. »Geh du sofort die Kühe melken«, schrie er, »die brüllen ja schon.«

»Du auch«, sagte ich aus sicherer Entfernung. Armand drohte mir mit der Faust. Ich machte, dass ich davonkam.

Mitten in der Nacht war ich mit Zahnschmerzen aufgewacht. Der Backenzahn hatte mir schon seit einigen Tagen Beschwerden verursacht. Nun spürte ich ein unerträgliches Pochen und Reißen. »Du hast ja eine ganz dicke Backe«, stellte Frau Nicaise fest. Ich erzählte ihr von meinen Schmerzen. Nun wurde Kriegsrat gehalten.

»Zum Dorfzahnarzt kannst du auf keinen Fall gehen«, sagte Herr Nicaise. »Der ist prodeutsch. Wir gehen schon lange nicht mehr zu ihm. Und die Einstellung von unserem jetzigen Zahnarzt kenne ich nicht, der redet nicht viel.«

»Dann muss Dr. Dujardin helfen«, schlug Armand vor. »Wir gehen da gleich um neun Uhr hin. Jetzt schläft er noch. Der braucht nicht zu melken«, setzte er mit einem Blick auf mich hinzu.

Ich verbiss den Schmerz und ging in den Stall. Doch Frau Nicaise kam und molk selber zwei Kühe. »Setz dich solange in die Küche«, sagte sie. »Da steht dein Kaffee. Heute habe ich dir Haferflocken gekocht. Da brauchst du nichts zu beißen.«

Armand führte mich durch eine Hintertür in die Praxis des Arztes und gleich nach oben, wo Dr. Dujardin mit seiner Familie lebte. Niemand hatte uns gesehen.

»Nanu«, begrüßte uns der gemütliche alte Herr, »wer von euch ist denn so krank, dass er nicht unten auf mich warten kann?« Armand deutete auf mich. Der Arzt streckte mir seine Hand entgegen und fragte: »Wie heißt du denn, dich habe ich ja noch nie gesehen. Sonst kenne ich doch alle Leute hier.«

»Ich habe Zahnschmerzen«, sagte ich statt zu antworten und zeigte auf meine dicke Backe.

»Und ausgerechnet der alte Dr. Dujardin soll dir helfen, hier in seinem Wohnzimmer, und warten kannst du auch nicht? Setz dich mal, ich komme gleich wieder.«

Wir hörten ihn die Treppe hinuntergehen. Dann kam er mit einer ganzen Reihe von Instrumenten zurück. »Vor dem Zahnarzt hier hast du wohl Angst?«, meinte er mit einem Seitenblick auf Armand. Der nickte. Dr. Dujardin untersuchte den Zahn vorsichtig und sorgsam, klopfte hier und da, dann seufzte er ein bisschen und sagte: »Ich habe nur eine Möglichkeit dich von deinem Schmerz zu befreien. Ich muss den Zahn ziehen.«

Das hatte ich geahnt. Aber ich ließ mir meine Angst nicht anmerken und nickte nur. »Weh wird es dir nicht tun, denn eine Spritze kannst du von mir bekommen. Aber den Zahn verlierst du. Das ist schade, denn ein Zahnarzt könnte ihn retten.«

Wenn das alles ist, will ich dem Krieg gern dieses Opfer bringen, dachte ich mir. Laut sagte ich: »Können Sie es bitte gleich machen, es tut sehr weh.« Dr. Dujardin lächelte und sagte zu Armand: »Mut hat Ihr Verwandter ja.«

Dr. Dujardin schleppte einen Holzstuhl aus der Küche und ließ mich rittlings darauf setzen. Die Spritze wirkte schnell, der Zahn kam heraus. Ich spuckte etwas Blut. Dr. Dujardin brachte uns allen einen Schnaps. »Vielen Dank, Herr Doktor«, sagte Armand. »Was schulden wir Ihnen?«

»Die Gläser müsst ihr hier lassen«, erwiderte der Arzt und füllte sie noch einmal. Er klopfte mit der etwas blutigen Zange auf die Flasche: »Hausgemacht, das nimmt jeden Schmerz weg, besser als jede Medizin.«

»Danke sehr«, wiederholte Armand nun etwas lauter. Er

dachte wohl, der Doktor hätte ihn nicht verstanden. »Ich möchte jetzt gerne gleich bezahlen.« Dr. Dujardin drängte uns aus dem Zimmer. »Nach dem Krieg können wir ja mal darüber reden. Dann kriegt ihr auch wieder einen Schnaps. Aber jetzt hat der Junge erst einmal genug gehabt. Sonst fängt er auf der Straße noch an zu tanzen und zu singen.« Er schob uns in Richtung Treppe. »Die anderen Patienten werden schon ungeduldig!« Damit verschwand er in seiner Wohnung.

Verfrühte Zukunftspläne

Der Sommer war vorbei, der Winter stand vor der Tür. Ich feierte meinen sechzehnten Geburtstag.

Inzwischen war es ganz klar, dass Deutschland den Krieg verlieren würde. Überall waren die Deutschen auf dem Rückzug. Nachts konnte ich oft nicht schlafen, denn das Brummen der Motoren in der Luft war zu laut. Riesige englische und amerikanische Fluggeschwader flogen hoch im dunklen Himmel. Schwer mit Bomben beladen flogen sie tief nach Deutschland hinein, um ihre tödliche Ladung abzuwerfen. Welle um Welle zog über uns hinweg. Nach etwa zwei Stunden hörte ich sie dann wieder. Ich konnte am Geräusch der Motoren deutlich erkennen, in welche Richtung sie flogen, und freute mich über jedes Flugzeug, welches den Weg zurück nach England schaffte, denn viele von ihnen wurden über Deutschland abgeschossen. Das Motorengetöse erschien mir oft wie ein Zuruf: »Durchhalten, durchhalten, durchhalten . . .«

Von Radio BBC, welches wir gegen Abend immer heimlich

abhörten, wussten wir, dass sich in England ein enormes Heer auf eine Invasion in Frankreich vorbereitete.

Mit Einbruch des Winters änderte sich meine Arbeit. Auf den Feldern gab es nichts mehr zu tun. Eines Tages gab Armand mir ein paar Schaftstiefel. »Probier mal, ob sie dir passen. Du wirst nun mein Schlachterlehrling!«

Armand war in der ganzen Gegend als sehr geschickter Schlachter bekannt. Wollte ein Bauer ein Schwein schlachten, so schickte er einen Boten zu Armand. Die Boten taten oft sehr geheimnisvoll, aber wir wussten, worum es ging: Es war den Bauern von den Deutschen verboten worden zu schlachten. Jedes Schwein sollte, wenn es fett genug war, für das deutsche Heer abgeliefert werden. Aber die Bauern schafften es immer ein paar Ferkel der Kontrolle zu entziehen. Wenn es dann so weit war, wurde das Schwein heimlich geschlachtet.*

Wir rückten zur erwünschten Zeit an und Armand schlachtete das Tier. Ich half ihm dabei. Anfangs hatte ich Mitleid mit den armen Schweinen und ich musste mich ziemlich überwinden. Es war doch eine recht blutige Angelegenheit. Armand ließ mir allerdings keine Zeit viel darüber nachzudenken. Ich musste kräftig zupacken, denn nicht selten wog so ein Tier 300 Pfund und kämpfte mit aller Gewalt gegen die Stricke an.

Manchmal kam mir bei dieser Arbeit meine Mutter in den Sinn. Was würde sie wohl sagen, wenn sie mich anstatt am Klavier beim Schlachten sehen würde? »A la guerre comme à la guerre!«, fiel mir dazu nur wieder ein. Ich gewöhnte mich nicht nur an die Arbeit, sondern das Gefühl hier wirklich gebraucht zu werden und etwas zu leisten befriedigte mich sehr.

---

* Es gab zu diesem Zeitpunkt sogenannte »weiße Schweine« und »schwarze Schweine«. Letztere wurden nicht bei den Deutschen abgeliefert.

Am nächsten Tag, wenn das Fleisch verwertet wurde, half meist die ganze Familie des Bauern mit. »Mein Cousin Gérard«, stellte mich Armand jeweils vor, »er ist Flame.« Ich sprach zwar längst fließend französisch, hatte aber immer noch einen hörbaren Akzent. Bei einem Flamen war das nicht ungewöhnlich.

Nachdem das in zwei saubere Hälften geteilte Schwein im Keller hing, zerschnitt Armand diese sachgemäß in Stücke, die mit großen Mengen Salz in einen tiefen Betontrog geschichtet und eingelagert wurden. Ich drehte inzwischen kleinere Fleischteile durch einen Fleischwolf. Die Masse wurde gewürzt, in Därme gestopft und so zu Wurst verarbeitet. In der Küche war die Bäuerin damit beschäftigt, Koteletts zu braten. Bald zog ein köstlicher Duft durchs ganze Haus. Nach getaner Arbeit wurden Armand und ich an den Küchentisch gebeten. Zum gebratenen Fleisch gab es frisch gebackenes Brot, Butter und Schnaps. An solchen Tagen verzehrte ich enorme Mengen von Fleisch und trank reichlich Schnaps dazu, bis mir Armands strenger Blick Einhalt gebot.

Obwohl die Arbeit nicht selten von früh um sechs bis nachts um elf Uhr dauerte, bekam mir die körperliche Betätigung und das damit verbundene gute Essen großartig. Ich nahm weiter an Gewicht zu und meine Schultern wurden breiter.

Die Bauern waren oft recht großzügig mit Trinkgeldern für den jungen Gehilfen. Ich durfte das Geld behalten und konnte damit nicht nur ein paar dringend notwendige Kleidungsstücke kaufen, sondern auch Papa ab und zu etwas abgeben.

Armand war zufrieden mit mir. Eines Tages machte er mir einen Vorschlag: »Gérard, was hieltest du davon, nach dem Krieg eine Schlachterschule zu besuchen? Dort könntest du alles von der Pieke auf lernen, wie ich das bei meinem Onkel getan habe. Später könnten wir dann Partner werden. Ich kaufe das Vieh ein und bringe es auf den Weiden oder in den Ställen meiner Eltern unter. Wir würden dann irgendwo einen Laden aufmachen und so billig wie wir würde keiner sein Fleisch beziehen!« Ich war Feuer und Flamme und sah mich schon als Vieh- oder Fleischgroßhändler.

Es sah ganz so aus, als ob ich hier das Ende des Krieges abwarten könnte, als an einem regnerischen Nachmittag ein aufgeregter Nachbar erschien, um die Familie Nicaise zu warnen. Armand war gerade auf ein paar Tage zu einem Onkel auf Besuch gefahren. Der Nachbar hatte von seinem Bruder, der bei der Polizei arbeitete, erfahren, dass in der kommenden Nacht eine große Anzahl von Höfen von den Deutschen und der belgischen Polizei durchsucht werden sollte, um junge Belgier ausfindig zu machen, die ihrem Arbeitsbefehl nach Deutschland nicht nachgekommen waren.[*]

Herr und Frau Nicaise erschraken, denn der Mann von Armands Schwester, der bei uns wohnte, war auch seinem Arbeitsbefehl nicht nachgekommen. Kaum hatte er den Wink erhalten, saß er auch schon auf dem Fahrrad und machte sich auf den Weg zu einem Versteck. Doch was sollte aus mir werden? Wenn die Deutschen mich bei der Durchsuchung fänden, würden sie sicher kurzen Prozess mit mir machen.

»Wenn nur Armand hier wäre, der wüsste guten Rat!«, seufzte ich.

Der alte Herr Nicaise sah mich irritiert an und antwortete

---

[*] Im Januar 1942 waren noch 250 000 belgische Arbeiter freiwillig nach Deutschland aufgebrochen, um dort Arbeitsplätze in der Industrie zu besetzen. Das waren 14% der belgischen Arbeiter. Als in der Rüstungs-, Bauindustrie und der Landwirtschaft der Bedarf an Arbeitskräften stieg, wurden Fremdarbeiter aus Belgien, den Niederlanden, Frankreich und den besetzten Ostgebieten zwangsrekrutiert. Bis Ende 1944 ließ Deutschland 7,5 Millionen Fremdarbeiter ins Land schaffen.

fast beleidigt: »Das können wir auch ohne Armand lösen. Du schläfst einfach mal eine Nacht auf dem Heuboden!«

»Auf dem Heuboden schauen die doch zuerst nach«, behauptete ich voller Überzeugung, »da bleibe ich lieber im Bett, das ist unverdächtiger und mein falscher Ausweis wird sie vielleicht täuschen!«

Frau Nicaise teilte meine Ansicht nicht, aber ich wollte mich auf keinen Fall auf das vorgeschlagene gefährliche Versteck einlassen. »Im Heuboden mache ich mich doch erst richtig verdächtig«, beschwor ich sie, »wer schläft schon zu seinem Vergnügen dort?«

In meiner Angst und Verzweiflung wurde ich immer ungehaltener. »Wenn Armand hier wäre, würden Sie solche dummen Vorschläge erst gar nicht machen!«, schrie ich schließlich kopflos. »Sie verstehen ja sowieso überhaupt nichts und wollen auch gar nichts Vernünftiges hören!«

Ich war mal wieder über das Ziel hinausgeschossen. Mein unüberlegter Gefühlsausbruch tat mir sofort Leid, aber jetzt war es zu spät. Das hatten die guten Leute wirklich nicht verdient. Armands Schwester, die meine letzten Worte gehört hatte, brachte mich zum Schweigen und schlug dann vor mich für die nächste Nacht zu Tante Adèle zu bringen, die im Nachbarort wohnte. Wir fuhren sofort los.

Am anderen Tag war die Gefahr vorbei und ich kehrte zurück. Viele junge Männer waren gefunden und verhaftet worden. Zur Familie Nicaise war niemand gekommen. Aber wer hätte das wissen können?

Ich hatte ein furchtbar schlechtes Gewissen, war sehr höflich zur Familie Nicaise und versuchte überall meine Hilfe anzubieten. Monsieur Nicaise war auffallend wortkarg.

Ich wartete auf Armand, um alles mit ihm zu besprechen, aber anderentags, es war Sonntag, kam zu meiner großen Überraschung Monsieur Claude. Er begrüßte mich nicht gerade freundlich und mir schwante Böses, als wir in den Garten gingen.

»Mein lieber Gérard«, sagte er, »du warst sehr unhöflich zu deinen Pflegeeltern und hast dich geweigert ihnen zu gehorchen.« Aufgeregt unterbrach ich ihn und versuchte ihm meine Reaktion zu erklären.

»Das mag ja alles stimmen«, wandte er ruhig ein, »aber Tatsache ist, dass die Familie Nicaise mich bat dich woanders unterzubringen. Sie haben Angst bekommen und wollen dich nicht länger behalten. Ich habe allerdings auch keinen Platz für dich und kann dir nicht helfen.«

Ich war wie betäubt. Was hatte ich da angerichtet?

»Kann ich nicht ins Ferienlager«, fragte ich schnell, »oder vielleicht zu Ihnen?«

Monsieur Claude schüttelte energisch den Kopf. »Das geht nicht, wir haben wirklich keinen Platz!«* Monsieur Claude konnte mir nicht helfen. Er beendete unser Gespräch ziemlich abrupt. »Ich werde deinen Pflegeeltern mitteilen, dass du in den nächsten Tagen umziehst. Das wird sie beruhigen. Du solltest dich aber auf jeden Fall entschuldigen.«

Als Armand am Abend endlich nach Hause kam, wurde er von seinen Eltern in meiner Gegenwart über alles Vorgefallene unterrichtet. »Morgen werde ich mich bemühen einen sicheren Platz für Gérard zu finden. Jetzt gehen wir schlafen. Bonne nuit!«, war seine sachliche Reaktion.

Im Hinausgehen strich er mir übers Haar. Da wusste ich, dass zwischen uns alles beim Alten bleiben würde. Als ich schon im Bett lag, sah ich durch die halboffene Tür, dass er noch lange betete.

---

* Erst viel später erfuhr ich, dass mein Freund Richard Wolff bei ihm versteckt war und dass Harry Wolff sich im Ferienlager einen Verschlag unter der Erde gebaut hatte, wo er nachts schlief.

Die Befreiung

Es war gar nicht so leicht etwas für mich zu finden. Die Suche zog sich über eine Woche hin. Armands Eltern zeigten keinerlei Ungeduld, aber an ihrem Entschluss änderte sich nichts und sie atmeten wohl auf, als Armand eines Abends verkündete: »Ein Bekannter von mir ist bereit dich aufzunehmen. Herr Dubois hat große Obstanlagen, außerdem kauft und verkauft er manchmal Vieh. Ich kenne ihn, weil ich schon ab und zu eine Notschlachtung dort vornehmen musste. Es wird dir sicher nicht langweilig werden. Es gibt viel Arbeit und ich habe Herrn Dubois schon gesagt, dass man dich überall gut einsetzen kann und dass du besonders mit Tieren sehr gut umzugehen weißt!« Armand lächelte mir aufmunternd zu. Mir fiel ein Stein vom Herzen und ich war stolz, dass Armand mich so schätzte und mich bei seinem Freund offensichtlich gelobt hatte. Den kleinen Gert aus Hamburg gab es längst nicht mehr. Ich hatte inzwischen gut zupacken gelernt.

Zu seinen Eltern sagte Armand noch, dass die Leute, die mich verstecken sollten, zwar zu keiner christlichen Gemeinde gehörten, aber eine sehr patriotische Einstellung hätten und absolut zuverlässig seien.

Schon am nächsten Morgen machten wir uns mit den Fahrrädern auf den Weg. Als ich vor dem Weggehen einen raschen Blick in den Spiegel warf, wurde mir mit einem Schlag klar, dass ich mich in meinem Äußeren überhaupt nicht mehr von den Bauernjungen des Dorfes unterschied. Das konnte nur nützlich sein.

Wir fuhren um die große Gedenkstätte von Waterloo herum. An diesem Ort war Napoleon entscheidend geschlagen worden. Würde hier vielleicht wieder eine Schlacht stattfinden, fragte ich mich, und würde diese Schlacht mir endlich die Freiheit bringen? Ich war so enttäuscht, dass ich nochmals zu neuen Leuten umziehen musste.

Bald waren wir vor einem schönen, großen, vollkommen allein stehenden Haus angekommen, aus dem jetzt ein jüngeres Ehepaar heraustrat. Es gab nur eine kurze Begrüßung: »Wie wär's mit einem Frühstück?«, schlug der Mann gleich vor. Er drehte sich zu mir: »Du kannst mich ruhig beim Vornamen nennen. Ich heiße Vital und das ist meine Frau.« Eine zweite Frau erschien. »Das ist meine Schwiegermutter Laure, mit der musst du dich gut stellen, denn sie macht hier das Essen.«

In meinem neuen Heim ging es mir gut. Die Familie war freundlich zu mir, die Arbeit war viel leichter als bei den Nicaises, nur der Umgang mit Armand fehlte mir sehr. Ich sehnte mich nach einem normalen Leben. Wann kam endlich das Ende?

Es wurde Frühling. Am 6. Juni 1944 hörten wir die überwältigende Nachricht aus dem englischen Radio: »Die Amerikaner und die Engländer sind in der Normandie gelandet.« Es war der erste Tag der lang ersehnten Invasion. Aufgeregt verfolgten wir nun täglich die Nachrichten. Der deutsche Widerstand war stark, die Invasion stockte. Dann bewegte sich die Front wieder etwas vorwärts. Mir ging es viel zu langsam. »Ich habe Angst im letzten Moment doch noch geschnappt zu werden«, gestand ich Madame Laure, die meine Vertraute geworden war.

Untertags war ich meist mit Obstpflücken beschäftigt. Vital besaß hunderte von Obstbäumen: Kirschen, Pflaumen, Pfirsiche. Von morgens bis abends pflückten wir zu dritt. Madame Laure kochte gut und reichlich für uns. Ein Neffe, Robert, kam zum Helfen. Er war genauso alt wie ich. Wir schliefen in einem Raum und freundeten uns schnell an. Er wusste nicht, wer und was ich war, sondern nahm mich als einen der üblichen Erntehelfer. Ich war froh, dass Robert da war.

Abends spielten wir oft Schach. Mit Vital konnte ich mich nicht oft unterhalten. Er verbrachte jede freie Minute auf seinem Taubenboden. Er konnte das Kriegsende aus anderen Gründen nicht erwarten: Er wollte seine Brieftauben endlich wieder fliegen lassen, was im Moment von den Deutschen verboten war.* Natürlich wollte auch er, dass sein Land endlich von der verhassten Besatzung erlöst würde.

Ich konnte mich wirklich über nichts beklagen, aber ich hatte einfach keine Geduld mehr. Die Freiheit schien so nahe, wenn nur der Vormarsch der Amerikaner nicht im letzten Augenblick zum Stillstand käme.

Papa sah ich nun öfters. Er konnte mich in meiner neuen Bleibe sogar besuchen. Der Weg von seiner Unterkunft zu mir führte größtenteils durch Felder und Wiesen, da war keine Kontrolle zu befürchten. Einmal traf er mich ganz verzweifelt an. Ich fühlte mich miserabel, da ich von einem Tag zum nächsten einen furchtbaren Ausschlag im Gesicht und an den Händen bekommen hatte. Das Melken fiel mir schwer und ich wusste mir keinen Rat. Nach Rücksprache mit Familie Dubois nahm mich mein Vater mit, da er einen zuverlässigen Arzt kannte, der mich versorgen sollte. Es stellte sich heraus, dass meine Hände nicht mit Wasser in Berührung kommen durften und verbunden werden mussten. Das Gesicht sollte mehrmals täglich mit einer Tinktur behandelt werden. Außerdem bekam ich jeden zweiten Tag eine Spritze. Ich legte also eine Arbeitspause ein und hatte das Glück bei den Leuten, die meinen Vater und meinen Kusin Gerhard versteckten, vorübergehend wohnen zu dürfen. Wir spielten pausenlos Skat, das ging auch mit bandagierten Händen, und nach vierzehn Tagen war der Ausschlag verschwunden.

---

* Schon 1940 wurden die Taubenzüchter aufgefordert ihre Flugtauben auf der Kommandantur in Brüssel abzugeben. Die Bevölkerung ging mit dieser Anordnung ähnlich um wie mit der Aufforderung die Schweine abzuliefern.

»Ich muss zurück«, erklärte ich, »die brauchen mich dort!«
Gerhard grinste und sagte: »Ja, die Arbeit ruft, aber das
Essen ist bei den Dubois wohl auch nicht schlecht und du
hast dort ein eigenes Bett!« Er hatte mich durchschaut.

Am 25. August rückten amerikanische Truppen in Paris ein
und befreiten die französische Hauptstadt.

Eines Morgens erwachte ich ganz früh. Es mochte fünf Uhr
sein. Im Haus war noch alles still. Auch Robert schlief fest.
Ich glaubte ein fernes Grollen zu hören. Oder täuschte ich
mich? Ich stützte mich auf die Ellenbogen und lauschte
angestrengt. Tatsächlich! Das musste Geschützdonner von
der Front sein. Das waren keine Flugzeuge. Waren die Befrei-
er schon so nahe? Robert war auch aufgewacht.

»Lass uns sehen, was los ist«, rief er und sprang aus dem
Bett. Ich vergaß alle Vorsicht. Wir jagten in der Morgendäm-
merung zur großen Chaussee, die nicht weit vom Haus
vorbeiführte. Welch ein Anblick! Aufgelöste Kolonnen er-
schöpfter deutscher Soldaten schleppten sich mühsam voran. Ihre Uniformen waren verdreckt und zerrissen. Manche
Männer schoben Fahrräder. Abgemagerte Pferde zogen Wagen, auf denen Verwundete lagen. Es schien, als hätten die
Deutschen keine Militärfahrzeuge und kein Benzin mehr. Die
Soldaten sahen weder nach rechts noch nach links. Offenbar
gab es nur ein Ziel für sie: Zurück, zurück! Irgendwo zu einer
Rheinbrücke und dann hinüber nach Deutschland.

Das waren sie also, die arroganten Sieger von 1940, die
Eroberer, die sich für unschlagbar gehalten hatten, die Reste
des tausendjährigen Reiches[*]! Ich dachte an den Mai 1940,
an die langen Kolonnen der Lastwagen mit den Männern in

---

[*] Hitler hatte ein deutsches tausendjähriges Reich versprochen und dementspre-
chende Opfer von den Deutschen gefordert. Sein Reich dauerte genau zwölf Jahre
und kostete Millionen Deutsche das Leben!

den verhassten Uniformen. So hochmütig waren sie mir damals vorgekommen. Nun humpelten sie mit müden Gesichtern über die Landstraße gen Osten.

Robert und ich vergaßen die Zeit. Als die letzten Soldaten verschwunden waren, herrschte eine große Stille. Robert lief nach Hause, wo man uns sicher schon vermisste. Nun war ich alleine. Ich mochte auch niemanden bei mir haben. Stunden vergingen. Den so herbeigewünschten Moment der Befreiung wollte ich ganz alleine auskosten. In meiner Hosentasche steckte der Stoffaffe, den Mutti mir vor vielen Jahren geschenkt hatte. Ich hatte ihn überall mit mir herumgeschleppt. Jetzt dachte ich an Mutti, die so weit von uns allen entfernt in Südamerika lebte. Ich lief weiter zum nächsten Ort Joli Bois.

Aus einem Fenster wurde eine belgische Fahne gehängt. So etwas hatte man seit Jahren nicht mehr gesehen. Sie wurde mit Applaus begrüßt. Eine alte Frau weinte unaufhörlich. Immer mehr Fahnen flatterten aus den Fenstern. Noch eine Kolonne deutscher Soldaten rollte vorbei. Sie kümmerten sich weder um die Fahnen noch um die leisen, aber höhnischen Zurufe der Menschen am Straßenrand. Ihre Gewehre hatten sie schon irgendwo weggeworfen.

Mit einem Mal tauchten Männer auf, die belgische Armbinden trugen. Es waren Mitglieder der »Resistance«. Sie hatten ihre Verstecke verlassen und ihr Erscheinen kündigte die Befreiung endgültig an.

Ein tiefes Trauergefühl überwältigte mich beim Anblick dieser Männer. Ich musste an Pierre Vansteenberghe aus dem Ferienlager denken. Ich hatte gehört, dass er sich einer Widerstandsgruppe angeschlossen hatte und bei einem Unternehmen der Resistance von den Deutschen gefangen genommen wurde. Als Saboteur wurde er zum Tode verurteilt.

Drei Tage nach der Verhandlung war das Urteil durch Erschießen vollstreckt worden.

Doch jetzt wurde ich aus meiner Schwermut herausgerissen. Die Menge drängte zur Mitte der Straße. Da sah ich sie, die ersten Jeeps, gefolgt von rasselnden Tanks. Je näher sie kamen, desto ohrenbetäubender wurde der Lärm. Britische Soldaten saßen auf den Tanks. Sie winkten uns freundlich zu. Nun gab es kein Halten mehr: Aus allen Häusern strömten jubelnde Menschen. Ein paar englische Soldaten gingen neben ihren Jeeps her. Mädchen umarmten sie und die Soldaten ließen sich gerne küssen. Auch ich hatte plötzlich das Bedürfnis sie anzufassen. Ich rannte auf einen jungen Soldaten zu und streckte ihm beide Hände entgegen. Er nahm sie und schüttelte sie kräftig. Ich lief neben ihm her, wäre am liebsten mit ihm bis ans Ende der Welt gelaufen. Der Soldat sah den großen Jungen, der ihn gar nicht mehr loslassen wollte, etwas befremdet an. Da kam ich wieder zu mir. Ich nahm den Stoffaffen aus der Hosentasche, warf ihn immer wieder hoch in die Luft und schrie dabei: »Wir sind befreit, wir sind gerettet, es ist geschafft, Gott sei Dank! Mutti, wir kommen!«

Ich musste sofort zu Papa. So schnell mich meine Beine trugen, lief ich los, über Straßen und Feldwege; ich nahm Abkürzungen über die Wiesen, schaute weder nach rechts noch nach links. Zwei Stunden später lagen wir uns in den Armen. »Nun zu Ilse!«, sagten wir beinahe im selben Moment. Papa schaffte es irgendwo ein Tandem aufzutreiben und wieder ging es über Straßen und Feldwege. Als wir bei Ilse ankamen, war Armand schon da: Ich wunderte mich nicht. Wir waren alle fassungslos vor Glück und konnten die Tränen nicht mehr zurückhalten. Das Wunder war geschehen: Nach 26 Monaten im Versteck konnten wir endlich wieder auftauchen.

Ende gut, alles gut?

Es sollte noch zwei lange Jahre dauern, bis wir endlich nach Ecuador fahren konnten. Belgien war zwar befreit, aber der Zweite Weltkrieg wütete noch weiter. Erst am 8. Mai 1945 kapitulierte Deutschland bedingungslos.

Vor 1946 gab es keine Reisemöglichkeit für uns. Wir konnten allerdings gleich nach der Befreiung brieflich Kontakt mit Mutti aufnehmen.

Am Flugplatz von Guayaquil erkannte mich meine Mutter nicht wieder. Ich war inzwischen fast achtzehn Jahre alt und sah dem kleinen Jungen, den sie zuletzt in Antwerpen gesehen hatte, kaum mehr ähnlich. Lachend steckte ich ihr den kleinen Stoffaffen zu, das sagte ihr mehr als alle Worte.

In Ecuador fanden Ilse und ich nach einiger Zeit wieder zu unserem Judentum zurück. Ilse heiratete einen jungen jüdischen Emigranten und hat drei Kinder. Einige Jahre später heiratete auch ich und ich stehe meiner Schwester in der Anzahl der Kinder nicht nach.

Anfang 1960 verließ ich mit meiner Familie Ecuador und wir fanden eine neue und endgültige Heimat in San Diego, Kalifornien. Ilse kam mit ihrer Familie nach und auch unsere Eltern folgten bald. Die beiden starben hochbetagt, nachdem sie noch über dreißig Jahre miteinander verbracht hatten, vereint mit ihren Kindern, Enkeln und Urenkeln.

Oma Koppel war zunächst noch in Belgien zurückgeblieben. Sie hoffte immer noch, dass wenigstens eines ihrer Kinder oder einer ihrer Enkel zurückkäme. Nach einem Jahr vergeblichen Wartens versuchte sie sich mit dem grausamen Schicksal abzufinden. »Ich möchte jetzt zu euch kommen«, schrieb sie eines Tages. Meine Eltern konnten ihr einen ruhigen und sorglosen Lebensabend ermöglichen. Sie starb im Alter von 88 Jahren und wurde in Guayaquil begraben.

Onkel Herbert, Omas zweitältester Sohn, lebte nach seiner Auswanderung in Palästina. Omas größter Wunsch ihn und seine Familie dort zu besuchen und ihre Urenkel kennen zu lernen erfüllte sich noch vor ihrem Tod.

Bruno und Bertel Gumpel wanderten noch 1938 nach Ecuador aus. Ihre Kinder leben heute auch in San Diego.

Die Familie meiner Mutter fand sich größtenteils in Ecuador wieder. Der Schwester meiner Mutter, Lieschen Gumpel, war es im April 1939 gelungen zusammen mit ihrem Mann und ihren zwei Kindern dorthin auszuwandern. Oma Partos schaffte es 1940 im letzten Augenblick gerade noch ebenfalls nach Ecuador auszureisen. Auch sie ist in diesem Land begraben. Die übrigen Familienmitglieder kamen schließlich nach und nach alle nach San Diego.

Meine Kusine Inge, Tochter der ältesten Schwester meiner Mutter, die sich so für meinen Vater eingesetzt hatte, musste sich in den letzten Kriegsmonaten auch noch verstecken, obwohl ihr Vater kein Jude war. Sie heiratete einen Holländer und lebt heute im Kreise ihrer drei Kinder, Enkel und Urenkel in den Niederlanden.

Onkel Laczi Partos und seine Familie kehrten nach dem Krieg aus Ungarn als Einzige wieder nach Hamburg zurück und arbeiteten dort in der alten Branche.

Wir sind in San Diego wieder eine große Familie, aber so wie vor dem Krieg in Hamburg wird es nie wieder sein . . .

Mein Freund Richard Wolff und seine Familie überstanden die schlimmen Jahre. Er lebt heute in Chicago. Nach Absolvieren eines Theologie-Studiums widmete er sein Leben der christlichen Arbeit. Trotz unserer verschiedenen Lebenswege fühlen wir uns noch immer sehr miteinander verbunden.

Es fällt mir schwer über die Opfer zu berichten.

Tante Tilly Wulf, die älteste Schwester meines Vaters, wurde nach Auschwitz deportiert und kam dort um. Ihr Mann Paul Wulf wurde am 12. August 1942 ebenfalls nach Auschwitz deportiert und fand im Vernichtungslager sein Ende. Ihr ältester Sohn Gerhard, der mit meinem Vater versteckt war, überlebte. Er wanderte zunächst in die USA aus, wo er jedoch sehr bald geisteskrank wurde. Er wähnte sich den Rest seines Lebens immer noch versteckt und verfolgt und verbrachte die 45 Jahre bis zu seinem Tod in einer Heilanstalt bei Hamburg. Sein Bruder Heinz schaffte es gleich nach der Befreiung nach Palästina zu kommen. Er nahm dort am israelischen Befreiungskrieg 1948 teil und fiel mit der Waffe in der Hand in seiner neuen Heimat.

Tante Trudel Gumpel, die mit uns in Belgien gelebt hatte, wurde am 20. Juli 1942 zusammen mit ihrem 18-jährigen Sohn Kurt von Drancy nach Auschwitz deportiert. Am 23. September 1942 folgten ihnen meine geliebte Kusine Fee und ihr Bruder Tommy dorthin. Sie waren dreizehn und elf Jahre alt. Keiner kam zurück.

Tante Edith, die jüngste Schwester meines Vaters, und ihr Mann Gerhard Stoppelmann wurden ebenfalls von Drancy nach Auschwitz deportiert und es gab auch für sie keine Rückkehr. Die Eltern von Gerhard Stoppelmann kamen heil durch den Krieg. Da sie ihren einzigen Sohn verloren hatten, gingen sie zu Verwandten nach England, wo sie noch eine Reihe von Jahren lebten.

Onkel Erich, der jüngste Bruder meines Vaters, starb zusammen mit seiner Verlobten in Auschwitz. Er war erst 28 Jahre alt.

Renate und Peter Pollak aus Hamburg, die zunächst bei den

Stoppelmanns gewohnt hatten und dann wieder nach Deutschland zurückgekehrt waren, wurden dort am 6. Dezember 1941 zusammen mit ihrer Mutter nach Riga deportiert. Alle drei kamen um. Von den Lehrern der Talmud Tora Schule schafften es viele nicht, rechtzeitig auszuwandern. Leopold Hirsch und Emil Nachum wurden mit ihren Familien deportiert und kamen nie wieder. Auch der betagte Lehrer Mathias Stein und seine Frau wurden Opfer der Nazimörder.

Viele meiner Retter sah ich inzwischen wieder. Ich reiste mehrmals, auch mit meinen erwachsenen Kindern, nach Belgien.

Mein guter Freund Richard Doulière (»Moustique«) wurde Pastor. Er lebt heute mit seiner Familie in Frankreich und leitet dort ein Ferienlager, in dem ähnlich wie damals in Limauges, christliche Kinder aus Belgien und Frankreich den Sommer verbringen können. Auch Richards Bruder Ivan wurde Pastor. Richards Mutter Elmire sieht in mir heute noch beinahe einen dritten Sohn.

Ich habe auch Armand Nicaise noch vor seinem Tod besucht. Er war verheiratet (allerdings nicht mit meiner Schwester) und lebte weiterhin in seinem Dorf, das inzwischen ein Vorort von Brüssel geworden ist. Auf den Feldern und Äckern, die früher bewirtschaftet wurden, stehen heute Häuser.

Monsieur Vandenbroeck habe ich nicht mehr wiedergesehen, aber ich konnte seiner Enkelin erzählen, was ihr Großvater für uns getan hat.

Erna und ihr Mann überlebten die schweren Bombardierungen Hamburgs. Erna hielt stets den Kontakt zu uns und ich habe sie einige Male in Hamburg besucht.

Ich bin dankbar, dass ich am Leben blieb, dass ich lernen konnte, eine Familie gründen durfte und so viel Schönes erleben sollte. Warum ich und nicht die anderen? Gibt es auf diese Frage überhaupt eine Antwort?

Nachwort

Der Text von Gert Koppel hat mich in mehrfacher Hinsicht berührt. Autor und Nachwortschreiber sind nicht nur ungefähr gleich alt, sondern beide in Hamburg – wenn auch in verschiedenen Stadtteilen – aufgewachsen. Aber unter welch verschiedenen Bedingungen! Dass ich damals nicht wusste, was »sonst noch geschah«, verursacht mir eine nicht geringe Pein. Ich muss mich damit auseinander setzen. Ich möchte das nicht als eine Art »Entschuldigung« verstanden wissen – jemand entschuldigen können immer nur andere. Ich will aber ein wenig von mir erzählen. Vor allem, um den Lesern und Leserinnen zu verdeutlichen, was in der unseligen Zeit des Nationalsozialismus derart dicht beieinander möglich war.

Ich war durch die Trennung meiner Eltern – jedenfalls will es mir heute so scheinen – stärker betroffen als durch die politischen Veränderungen, die in meiner Vaterstadt (und im gesamten Deutschland) passierten. Dadurch, dass es wirtschaftlich »aufwärts« ging, dass die Arbeitslosen von den Straßen verschwanden und dass »Ruhe und Ordnung« eingekehrt waren (unter deren Schutz, wie man heute weiß, der Krieg umso intensiver vorbereitet werden konnte), fühlten wir uns in den 30er Jahren ganz wohl. Man muss auch bedenken, dass – als ich bewusst zu leben begann – wir schon mitten in der NS-Zeit lebten. Ein Vorher kannten wir nur aus den Erzählungen der Älteren, aber das blieb gleichsam abstrakt wie der Erste Weltkrieg, von dem uns der in ihm schwer verwundete Vater gelegentlich erzählte. Wir – mein um ein Jahr älterer Bruder und ich – besuchten eine Waldorfschule, dort blieb uns NS-Propaganda erspart. Erst ab »Führergeburtstag«, 20. April 1939, ich war gerade zehn Jahre alt, »griff« die Hitlerjugend nach uns. Aber wir gingen gar nicht widerwillig hin, die Eltern, seit kurzem wieder verheiratet, wollten es uns nicht unnötig schwer machen und ließen uns gehen – was sollten sie auch machen, war doch die Hitlerjugend seit 1939 Pflicht wie die Schule, und wer nicht zum »Dienst« kam, konnte von der Polizei geholt werden. Dort war die »Jugend unter sich«, gab es Abenteuer in Form von »Geländespielen« (aus heutiger Sicht klar eine »vormilitärische Ausbildung«, wir mussten »Anschleichen und Melden« üben, uns gut tarnen lernen etc.), einmal die Woche fand auch der sogenannte »Heimabend« mit Absingen der bekannten HJ-Lieder und Schulung statt. Sicher – ich kann mich an die einzelnen Themen nicht mehr erinnern – ging es dabei auch um die »jüdische Weltgefahr« und die Überlegenheit der germanischen »Rasse«. Bei den Riesen-Aufmärschen zum Beispiel an »Führergeburtstag« und zum »1. Mai«, dem »Tag der deutschen Arbeit«, war »was los«. Man wurde mitgerissen, fühlte sich als Teil einer großen Einheit und Gemeinschaft. Wir lernten die HJ-Fahnensprüche (»Jungvolkjungen sind hart, schweigsam, treu . . . des Jungvolkjungen Höchstes ist die Ehre«) und den Lebenslauf des »Führers« auswendig. Und während man all dieses erlebte, während man singend mitmarschierte und duldete, dass Passanten, die die Fahne der Vorbeimarschierenden nicht grüßten, zurückgeschleppt wurden, geschahen, nur wenige Kilometer entfernt, ganz andere Dinge, so wie sie Gert Koppel beschreibt: Zunehmende Einschränkung, Entrechtung, Isolierung, Angst bei absoluter Wehrlosigkeit. Freunde setzen sich von einem ab, sehen weg, leiden vielleicht darunter, sehen trotzdem weg. Täglich erlebte Diskriminierung und Demütigung. Dem Staatsterror hilflos ausgeliefert. Die endlosen Gespräche am Familientisch: Soll man weggehen oder ist der Höhepunkt nicht vielleicht schon überschritten? Noch schlimmer kann es ja nicht werden ...

Ich nehme an, dass meine Eltern mehr davon wussten, als sie an uns hinter vorgehaltener Hand weitergaben, wir sollten ja nicht weitersagen, was wir gehört hatten. Sie waren Sozialdemokraten (gewesen), hatten sich in der Sozialistischen Jugend kennen gelernt. Der Vater hatte erlebt, wie in seiner Firma die sozialdemokratischen und jüdischen Vorstandsmitglieder und Abteilungsleiter »entfernt« worden waren, teilweise »verschwanden« (wohin?). Der eine Onkel (Vaterbruder), Sozi, noch 1933 junger Reichstagsabgeordneter, war in »Schutzhaft« genommen worden, unter der Bedingung entlassen sich politisch nicht mehr zu betätigen, von Hamburg nach Berlin entwichen, weil er dort nicht so bekannt war. Noch nach dem Machtantritt der Nazis steckte meine Mutter statt der Hakenkreuzfahne einen nackten Besenstiel aus dem Fenster als Protest. Der Mut hielt aber nicht lange vor, man hatte Kinder ...

Ich will damit sagen, dass – während ich eine ziemlich unbeschwerte Jugend verbrachte – buchstäblich neben uns ungeheuerliche Dinge vor sich gingen, dass uns die Eltern bewusst verschonten, um uns nicht zu belasten und uns unsere Zukunft nicht zu verbauen. Denn sie selber waren keineswegs ahnungslos. Dass aus meiner Schulklasse, vielleicht 1937, ein Mädchen mit seiner Familie, weil »jüdisch«, nach Amerika auswanderte – eines Tages war ihr Platz leer –, erschütterte uns nicht sehr, hatte lediglich ein wenig Getuschel zur Folge, wurde von uns Achtjährigen wie ein unbeeinflussbares Schicksal hingenommen.

Dass zwei derart unterschiedliche, ja gegensätzliche Schicksale, so nahe beieinander und dennoch um Welten getrennt, ablaufen konnten, das beschäftigt mich heute sehr. Gewiss hatten wir auch Sorgen, aber sie waren mehr privater Natur. Und wir hatten auch »Sternstunden«, so wenn wir den Besuch amerikanischer Verwandter in einem Café im Hamburger Stadtpark feierten oder mit den frisch wieder verheirateten Eltern über München, wo der Vater im »Haus der deutschen Kunst« in der Ausstellung »Entartete Kunst« seine geschätzten Expressionisten wieder sah, drei Wochen nach Ramsau in den oberbayrischen Bergen verreisten. Ich spreche hier allerdings nur von der Vorkriegszeit.

Die Ahnungslosigkeit setzte sich, für mich jedenfalls, fort. Als ich Anfang der 50er Jahre am Pädagogischen Institut in Hamburg studierte, um mich auf den Lehrerberuf vorzubereiten, da wusste ich nicht, dass das besagte Institut in der ehemaligen Talmud Tora Schule am Grindelhof untergebracht war, von der Gert Koppel so eindringlich erzählt (und die auch in Ralph Giordanos »Die Bertinis« eine so unheilvolle Rolle spielt). Niemand sagte es uns – die inzwischen wieder angebrachte Inschrift am Eingang des Instituts war noch unter den Nazis entfernt worden. Ich wusste auch nicht, dass vis-à-vis des Seminargebäudes am Bornplatz, wo ich literaturwissenschaftliche Seminare besuchte und mein Doktorvater ein Zimmer hatte, die im Krieg zerstörte und spurenlos entfernte Synagoge gestanden hatte. Der Platz wird heute durch einen ehemaligen Luftschutzbunker, in dem Universitätsinstitute untergebracht sind, und eine erst um 1990 hergerichtete Gedächtnisstätte für die Synagoge eingenommen und hatte Studenten jahrzehntelang als wilder Parkplatz gedient. In diese Schule ging also der Junge Gert, machte er seine Schulerfahrungen. In dem Viertel am Grindel mit seinen Jugendstilbauten und Torwegen hatte er seine angstbesetzten Begegnungen mit aufgehetzten Hitlerjungen. Gewiss ist seiner nächsten Familie das Schlimmste erspart geblieben – nicht aber die Kette der Demütigungen, die Erfahrung des Ausgestoßenwerdens, ohne dass er jemals erfuhr, warum, warum. Er hatte sich durchaus als deutscher Junge gefühlt – und war nachdrücklich daran erinnert worden, Jude zu sein und was es heißt im NS-Deutschland Jude zu sein. Er hatte sich mit seinem Land identifiziert wie viele andere auch und wurden ausgestoßen. Was muss in dem so zurück- und ausgestoßenen Jungen vor sich gegangen sein? Davon erzählt Gert Koppel in seiner Jugendgeschichte. Und der Autor reist aus seiner neuen Heimat Amerika seit vielen Jahren nach Deutschland und Hamburg, um uns zu helfen mit dieser Schuld fertig zu werden. Nun hat er endlich seine Geschichte zu Papier gebracht. Ich danke ihm dafür.

Malte Dahrendorf

*1. Schuljahr an der Talmud Tora Schule in Hamburg, 1934: vorne 4. v. l.:
Gert Koppel, hinten Mitte: Lehrer Leopold Hirsch.*

Das Gebäude der Talmud Tora Schule in Hamburg.

Links oben: John Koppel als Soldat in Russland, 1915. Rechts oben: Drei Generationen: Opa Max, Vater John und Sohn Gert Koppel, ca. 1935. Links unten: Erna Jarcho, die Treue. November 1938. Rechts unten: Gert Koppel, 1939.

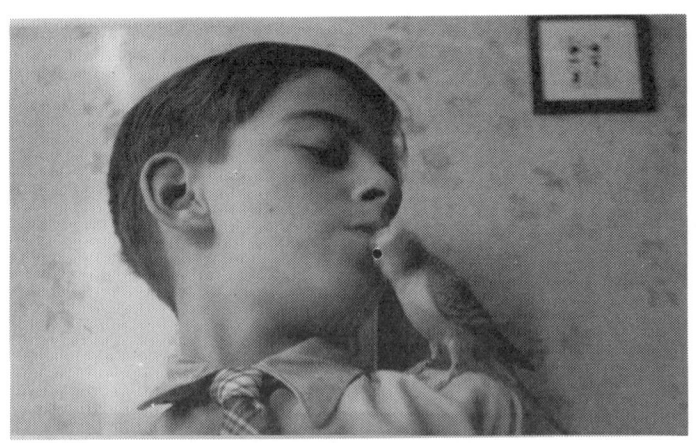

Oben: Abschied von Pisi, Februar 1939.

Unten: Zolldokumente.

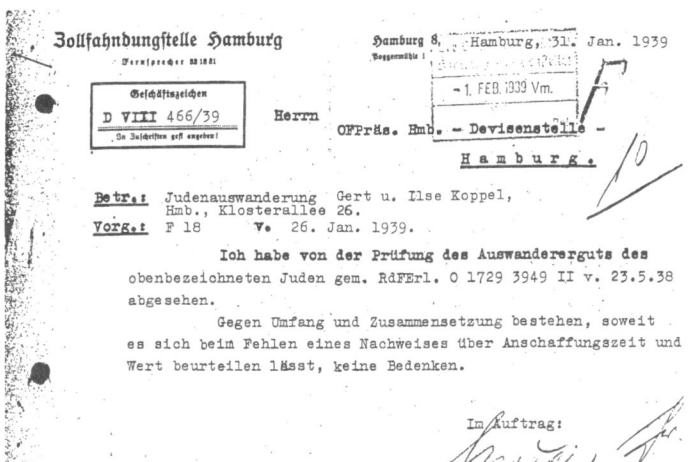

Zollfahndungstelle Hamburg
Fernsprecher 33 10 81

Hamburg 8, Poggenmühle I

Hamburg, 31. Jan. 1939

- 1. FEB. 1939 Vm.

Geschäftszeichen
D VIII 466/39
In Zuschriften gefl. angeben!

Herrn

OFPräs. Hmb. - Devisenstelle -

H a m b u r g .

Betr.: Judenauswanderung Gert u. Ilse Koppel,
        Hmb., Klosterallee 26.
Vorg.: F 18   **V.** 26. Jan. 1939.

        Ich habe von der Prüfung des Auswandererguts des
obenbezeichneten Juden gem. RdFErl. O 1729 3949 II v. 23.5.38
abgesehen.

        Gegen Umfang und Zusammensetzung bestehen, soweit
es sich beim Fehlen eines Nachweises über Anschaffungszeit und
Wert beurteilen lässt, keine Bedenken.

                                        Im Auftrag:

Antwerpen, Juli 1939:
v. l. n. r.: Fee und Tommy
Gumpel, Gert Koppel, Kurt
Gumpel.

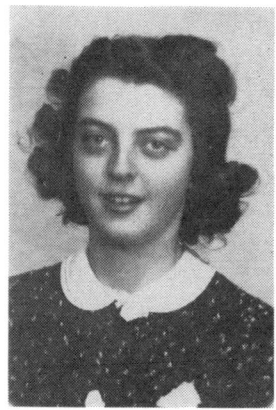

Ilse Koppel, 1939.

Oben: John und Magda Koppel, 1939.

Unten: Oma Koppel und Oma Partos, 1939.

Oben: Herr Harrington, blind und mit über 90 Jahren, zusammen mit Magda Koppel 1939 in London. Unten: Eine Postkarte des Camp de Limauges, 1942.

Oben links: Monsieur Claude, der Leiter des Camp de Limauge, August 1942. Oben rechts: Im Ferienlager, August 1942: v. l. n. r.: Gert und Ilse Koppel, Richard Wolff.
Unten: Erster links: Richard Doulière (»Moustique«), Mitte links: Richard Wolff, Mitte rechts: Gert Koppel. Im Ferienlager, August 1942.

Le 15 juillet 19 42.

Liebe Oma

Sei nun ja nicht zu erschrecken über die Neuichkeit welche ich
Dir jetzt mitteilen muss, heute morgen ist Mutti und Kurt
weggekommen zum arbeiten aber sie bleiben in Frankreich auch
sind sie noch alle in Tour um sie erst zu untersuchen, die welche krank sind kommen wieder zurück. Wir kinder sind alle
hier geblieben und sind sehr gut aufgehoben man hat uns
sehr gut verpflegt wir haben sehr gut zu essen bekommen
besser als sonst, kioks, brot mit butter u.s.w. Auch schlafen wir heute nacht bei einer familie womit Mutti sich schon
angefreundet hat, sie sind sehr nett zu uns. Um halb zehn
müssen wir uns in einer Baracke wieder versammeln und
dan werde ich neues zu hören bekommen ich hoffe gute Neuichkeiten, nur rege Dich nicht zu sehr auf es ist nemlich
nur für kurze zeit. Zeite diesen Brief an die ganze familie
mit daar ich nicht an alle schreiben kann. Es ist sehr traurig in kamt daar nur noch alte Männer und Frauen da
sind. Sie haben jeder ein Koffer mit und 200 F
und eine Decke, eine dicke von uns. Wir haben heute abend
gar nichts mehr gehört. Für heute muss ich schliessen Vile vile
                    Grüsse und Küsse Deine Fee

Liebe Oma
Mit dieser neuichkeit habe ich glaube ich genung wie viel ... ...
ich, müsst hier runter weck dar nur beten schreib ich mir keinen so ... ...
Liebe grüsse und küsse deinen Tommy.

Stammbaum der Familie Koppel

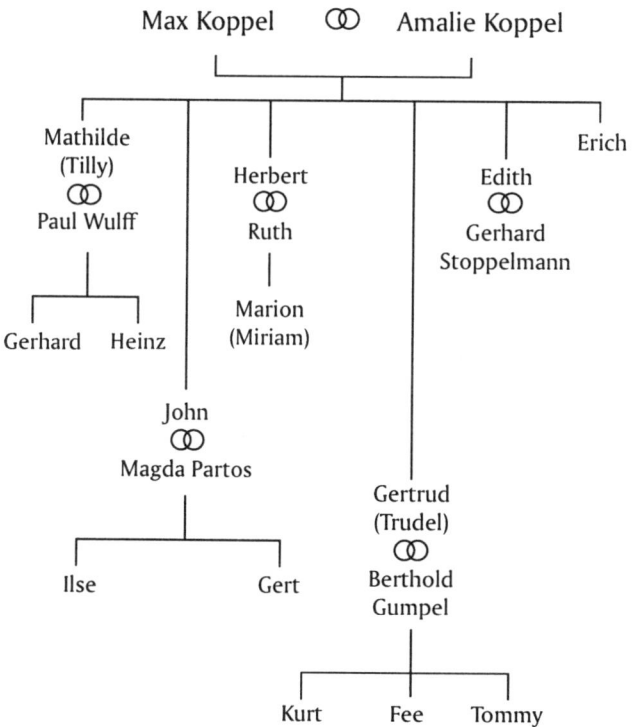

Max Koppel ⚭ Amalie Koppel

Mathilde (Tilly) ⚭ Paul Wulff

Gerhard   Heinz

Herbert ⚭ Ruth

Marion (Miriam)

John ⚭ Magda Partos

Ilse   Gert

Edith ⚭ Gerhard Stoppelmann

Erich

Gertrud (Trudel) ⚭ Berthold Gumpel

Kurt   Fee   Tommy

Stammbaum der Familie Partos

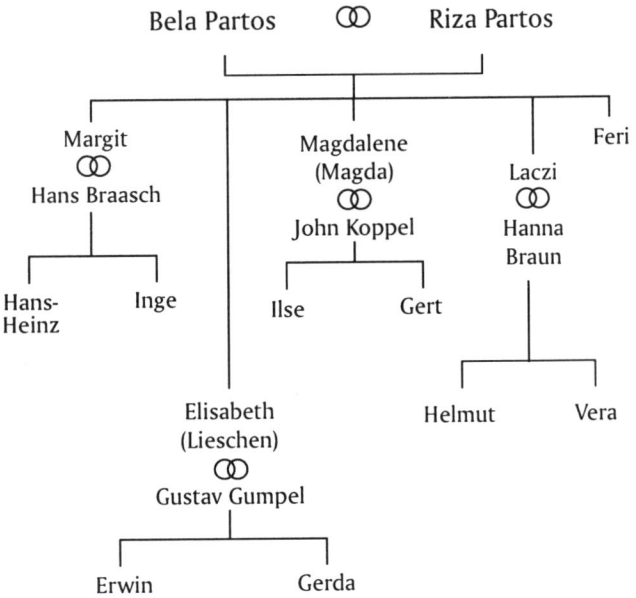

ADRIAAN VENEMA

Esther und Thomas

10. Mai 1940. Die deutschen Truppen fallen in die
Niederlande ein. Die junge Jüdin Esther und Thomas,
ihr bester Freund, erleben bestürzt, wie sich das Leben
unter der Besatzung verändert. Dennoch versucht
Thomas, ermutigt von seinem Vater, Esther zu
schützen – bis der Vater verhaftet und Esther mit ihrer
ganzen Familie deportiert wird. Aber Thomas wird
nicht aufgeben. Bei der Rückkehr von Überlebenden
aus dem KZ Bergen-Belsen wartet er in unerschütter-
licher Hoffnung am Bahnhof auf seine Freundin.

176 Seiten. Gebunden. Ab 12

Arena

Auf der Suche
nach dem wahren Leben

Sheila Och
Karel, Jarda und
das wahre Leben

Sheila Och
Karel, Jarda und das wahre Leben

»Wir müssen reich werden!« beschließen die unzer-
trennlichen Freunde Karel und Jarda. Es ist eine Zeit
nach der »Sanften Revolution«, die den Tschechen fast
überfallartig die Segnungen westlichen Lebens beschert
hat. Nur Karels und Jardas Eltern haben als einzige weit
und breit noch nicht begriffen, dass Geld erstens fast
alle Probleme löst und es zweitens geradezu auf der
Straße liegt. So nehmen die beiden Prager Jungen ihr
Glück selbst in die Hand. Denn sie sind mit ihren zwölf
Jahren ja sowieso schon beinahe erwachsen. Und was
dabei herauskommt, ist eine verrückte, burleske
Geschichte, die zugleich voller Lebensweisheit steckt.

186 Seiten. Gebunden. Ab 12

Arena